Angelika Diller, Hans Rudolf Leu, Thomas Rauschenbach (Hrsg.)

Der Streit ums Gütesiegel

Qualitätskonzepte für Kindertageseinrichtungen

Verlag Deutsches Jugendinstitut, München 2005

Das Deutsche Jugendinstitut e.V. (DJI) ist ein zentrales sozialwissenschaftliches Forschungsinstitut auf Bundesebene mit den Abteilungen »Kinder und Kinderbetreuung«, »Jugend und Jugendhilfe«, »Familie und Familienpolitik«, »Geschlechterforschung und Frauenpolitik« und »Social Monitoring« sowie dem Forschungsschwerpunkt »Übergänge in Arbeit«. Es führt sowohl eigene Forschungsvorhaben als auch Auftragsforschungsprojekte durch. Die Finanzierung erfolgt überwiegend aus Mitteln des Bundesministeriums für Familie, Senioren, Frauen und Jugend und im Rahmen von Projektförderung aus Mitteln des Bundesministeriums für Bildung und Forschung. Weitere Zuwendungen erhält das DJI von den Bundesländern und Institutionen der Wissenschaftsförderung.

Alleinauslieferung: VS Verlag für Sozialwissenschaften, Wiesbaden

© 2005 DJI Verlag Deutsches Jugendinstitut, München
Layoutkonzeption und Umschlag: Anja Rohde, Hamburg
Redaktion: Angelika Diller
Lektorat: Eva Killmann von Unruh, Cornelia Ott
Gesamtherstellung: grafik+druck GmbH, München

ISBN 3-87966-433-1

Inhalt

Vorwort 7

Fachliche Grundlagen und kontroverse Perspektiven 11

Kontroverse Perspektiven auf die Festlegung von Qualitätskriterien
Hans Rudolf Leu 13

Allgemeines pädagogisches Gütesiegel für Kindertageseinrichtungen
Wolfgang Tietze, Charis Förster 31

Kosten und Nutzen eines Gütesiegels im Kita-Bereich
Dieter Dohmen 67

Das Gütesiegel – Spiegel eines Strukturdilemmas
Zeichen einer verfahrenen und doch notwendigen Reformdiskussion im Bereich Tageseinrichtungen für Kinder
Hilmar Hoffmann 109

Die Qualitätsdebatte
Thesen zu einer kontroversen Diskussion
Angelika Diller 121

Qualitätsentwicklung und Qualitätssicherung in der Schule
Martin Bonsen 135

Qualitätsverfahren in der Praxis 161

Die Qualitätsmanagement-Politik der Bundesarbeitsgemeinschaft der Freien Wohlfahrtspflege
Nachhaltige Qualitätsentwicklung auf der Basis von QM-Systemen
Brigitte Döcker 163

AWO-Qualitätsmanagement zur Steuerung der fachlichen Qualität in Tageseinrichtungen für Kinder
Dagmar Schulze-Oben, Ulrich Wittenius 175

AWO-Qualitätsmanagement in der Praxis
Der PDCA-Regelkreis in der Alltagsarbeit der Kindertageseinrichtungen
Beate Dreiner-Tönnes, Ulla Sevenich-Mattar 197

Das KTK-Gütesiegel® – ein verbandlich abgestimmtes Entwicklungs- und Zertifizierungsinstrument für Kindertageseinrichtungen
Ralf Haderlein 209

Eigene Wege der Qualitätsentwicklung in evangelischen Kindertageseinrichtungen
Doris Beneke 219

Qualität in Kindertageseinrichtungen des Paritätischen Wohlfahrts-
verbandes
Maria Groß, Martin Hoyer, Tina Kuhne, Martin Peters, Gerwin
Roth, Walter Steinmetz 235

Autorinnen und Autoren 261

Vorwort

Die Diskussion von Qualitätsfragen ist ein Thema, das die Arbeit auch im Bereich der Kindertageseinrichtungen schon lange begleitet. Die inhaltlichen Schwerpunkte und der Grad an Öffentlichkeit, mit denen Qualitätsfragen debattiert werden, haben sich im Laufe der Zeit aber erheblich verändert. Bis Anfang der 90er-Jahre waren diese Diskussionen Angelegenheit der engeren Fachöffentlichkeit, in der etwa die Frage der Lebensweltorientierung, die Integration von behinderten Kindern oder auch die Gestaltung des Eingewöhnungsprozesses von Kindern in Kindertageseinrichtungen eine wichtige Rolle spielten. Einen deutlich anderen Akzent und eine größere öffentliche Aufmerksamkeit erhielten diese Diskussionen mit der Verbreitung von Konzepten der Neuen Steuerung. Inhaltlich wurden damit der Aspekt der »Dienstleistung« und damit verbunden die Erwartungen der Eltern zu einem wichtigen Element von Qualität. Gefordert wurde auch eine größere Transparenz über Organisation und Qualität der Arbeitsprozesse. Solche Forderungen erschienen umso berechtigter, als die öffentlichen Mittel, die in den Bereich der Kindertagesbetreuung fließen, seit der Wiedervereinigung und der Festschreibung eines Rechtsanspruches auf einen Platz für Kinder im Kindergartenalter erheblich zugenommen hatten.

Einen wichtigen Beitrag zur Qualitätsdiskussion leistete auch die vom Bundesministerium für Familie, Senioren, Frauen und Jugend initiierte »Nationale Qualitätsinitiative im System der Kindertagesbetreuung«, einem Verbund von fünf Teilprojekten, in denen umfangreiche Kataloge von Qualitätskriterien für die Arbeit in Krippen, Kindergärten und Horten und für die Einschätzung der Trägerqualität und Verfahren sowohl zur internen als auch zur externen Evaluation entwickelt wurden. Die im Rahmen dieses Projektverbundes entwickelten Konzepte und Verfahren haben eine beachtliche Schnittmenge, ohne dass es allerdings zur gemeinsamen Festlegung eines einheitlichen Katalogs von Qualitätskriterien gekommen wäre, der als allgemeinverbindlich vorgegeben werden könnte. Die Träger ihrerseits haben auf die neuen Anforderungen beim Nachweis von Qualität mit der Erstellung umfangreicher Handbücher und Materialien zu Qualitätsmanagement und -entwicklung reagiert, begleitet von intensiven Fortbildungsmaßnahmen zu diesem Thema. Neben diesen breiten Entwicklungen wird schon seit einigen Jahren der Vorschlag der Einführung eines »Gütesiegels« diskutiert, das Einrichtungen verliehen werden soll, die sich nach einheitlichen, standardisierten Verfahren einer Fremdevaluation unterzogen haben.

Insgesamt gesehen hat sich in der Diskussion von Qualitätsfragen in den letzten Jahren eine Menge getan. Unklar ist allerdings immer noch, in welcher Weise welche Verfahren zur Qualitätsfeststellung und -entwicklung für alle Kindertageseinrichtungen verbindlich gemacht werden sollen. Das Postulat einer Evaluation von Einrichtungen nach einer standardisierten Erfassung pädagogischer Qualität, das mit dem Vorschlag des Gütesiegels verbunden ist, hat dabei in besonderem Maße kontroverse Äußerungen hervorgerufen. Der These, dass nur auf diese Weise eine für die ganze Bundesrepublik gültige, vergleichbare Feststellung von Qualität möglich sei, steht der Einwand gegenüber, dass die damit angesprochenen Aspekte nur einen schmalen Ausschnitt der Arbeit von Kindertageseinrichtungen in den Blick nehmen und mit einem solchen Verfahren Besonderheiten der einzelnen Einrichtungen, die für die Qualität von deren Arbeit wesentlich sind, systematisch ausgeklammert und übersehen werden.

Das Deutsche Jugendinstitut hat diese Kontroverse in einer Veranstaltung in der Reihe »DJI-Fachforum Bildung und Erziehung« aufgegriffen, die unter dem Titel »Der Streit ums Gütesiegel – Instrumente zur Qualitätsfeststellung und Qualitätsentwicklung auf dem Prüfstand« im Juli 2004 in München durchgeführt wurde. Vor diesem Hintergrund entstand auch die vorliegende Publikation. Einige der vorgetragenen Referate wurden in überarbeiteter Form in diese Veröffentlichung aufgenommen. Sie wurden ergänzt um weitere Beiträge mit dem Ziel einer Publikation, die zum einen eine differenzierte Sicht der Argumente für das Gütesiegel enthält, die ergänzt wird um eine Kosten-Nutzen-Analyse der Maßnahmen, die für die Einführung eines solchen Instrumentes erforderlich wären. Zum anderen werden verschiedene der von den größeren Trägern von Kindertageseinrichtungen inzwischen entwickelten Verfahren zum Qualitätsmanagement vorgestellt, die auch als Alternative zur Einführung eines Gütesiegels verstanden werden. Außerdem enthält der Band im ersten Teil neben den Artikeln zum Gütesiegel auch Beiträge, in denen gewissermaßen von außen auf die Qualitätsdiskussion geblickt und zentrale Argumente der laufenden Debatten genauer in den Blick genommen werden. Eine Sonderstellung hat hier der Text von Martin Bonsen, weil er sich nicht unmittelbar auf Kindertageseinrichtungen bezieht. Seine systematische Darstellung der Komplexität von Qualitätsentwicklung und Qualitätssicherung in der Schule behandelt aber zahlreiche Aspekte, die auch für die Qualitätsdiskussion im Bereich der Kindertageseinrichtungen bedenkenswert sind.

Wir hoffen, dass diese Publikation, in der Konzepte und Aktivitäten rund um das Thema Qualitätsfeststellung und -entwicklung im Kindertagesstättenbereich materialreich dokumentiert und Linien zur Einordnung der Argumente aus einer Metaperspektive aufgezeigt werden, zur Strukturierung und Klärung dieser wichtigen Debatte beiträgt und weiterführende Schritte erleichtert.

Eine solche Veröffentlichung hat wie immer einen beträchtlichen Vorlauf und ist auf die Kooperation vieler angewiesen. Das gilt sowohl für die Autorinnen und Autoren, die uns ihre Texte zur Verfügung gestellt haben, als auch für all jene, die an der Durchführung der Tagung und der Fertigstellung der Publikation mitgewirkt haben. Ihnen allen sei an dieser Stelle herzlich gedankt.

München, im August 2005
Die Herausgeber

Fachliche Grundlagen und kontroverse Perspektiven

Kontroverse Perspektiven auf die Festlegung von Qualitätskriterien
Hans Rudolf Leu

1	Stationen der Qualitätsdebatte	14
2	Zur Begründung von Gütesiegeln bzw. Zertifizierungsverfahren	19
3	Fremdevaluation anhand einheitlich festgelegter Kriterien	21
4	»Diskursive« Festlegung von Evaluationskriterien	24
5	Fazit	27
6	Literatur	29

Mit der wachsenden Anerkennung der gesellschaftlichen Bedeutung von Kindertageseinrichtungen und den beträchtlichen öffentlichen Aufwendungen, die dafür getätigt werden, wird in den letzten Jahren zunehmend gefordert, die Qualität dieser Einrichtungen und die von ihnen geleistete Arbeit deutlich und transparent zu machen und nachzuweisen. Unverkennbar ist dabei, dass hier wirtschaftliche Gesichtspunkte eine erhebliche Rolle spielen. Einschlägige Schlagworte sind »neue Steuerung«, damit verbunden die Vorstellung einer »ergebnisorientierten Finanzierung«, »Effektivität« im Sinne der Überprüfung der Erreichung von Vorgaben und Zielen und von »Effizienz« als Überprüfung eines sparsamen Mitteleinsatzes. Konsens besteht darin, dass Kinder und Eltern ein Recht auf »gute Qualität« haben und diese Qualität nachprüfbar sein muss. Dabei ist nicht zu übersehen, dass die Möglichkeit einer Messung pädagogischer Qualität noch vor nicht allzu langer Zeit sehr skeptisch beurteilt wurde und gerade bei Fachkräften diesbezüglich erhebliche Bedenken bestanden.

Darauf wird im Folgenden zunächst kurz eingegangen, um zu zeigen, dass die breite Diskussion um Qualität und Evaluation, die im Arbeitsfeld der Kindertageseinrichtungen inzwischen geführt wird, für alle beteiligten Akteure positive Wirkungen zeitigt. Allerdings gibt es erhebliche Unterschiede, wenn es um die Festlegung von Qualitätskriterien und Verfahren der Evaluation geht. Vor dem Hintergrund dieser Ausführungen werden abschließend auf einer allgemeinen Ebene Möglichkeiten und Grenzen, Stärken und Schwächen einer Qualitätsfeststellung im Sinne eines Gütesiegels auf der einen Seite und von mehrperspektivischen Qualitätsmanagementverfahren andererseits verglichen, wie sie in Beiträgen im vorliegenden Band enthalten sind.

1 Stationen der Qualitätsdebatte

1.1 Von der Konzentration auf Strukturqualität zu einem erweiterten Qualitätsdiskurs

Noch vor wenigen Jahren war es nicht ungewöhnlich, in Publikationen die Möglichkeit des Messens pädagogischer Qualität eng auf strukturelle Merkmale zu begrenzen: Quadratmeter pro Kind, Innenraum und Außengelände, Vorschriften zu Hygiene und Sicherheit, vor allem aber die Gruppengröße galten als fassbare Qualitätsindikatoren. Das eigentlich Pädagogische, so die Überzeugung dieser Autoren, sei in einer Weise und einem Ausmaß von individuellen Besonderheiten geprägt, die sich empirischer Operationalisierung und Messung entzögen. Neben solchen grundsätzlichen Bedenken stand mindestens ebenso mächtig die Befürchtung vor einer »Ökonomisierung« der Kinder- und Jugendarbeit im Raum, die Befürchtung, dass Ansätze zur Messung von Qualität letztlich lediglich dazu dienen sollten, die Mittel, die in diesen Bereich fließen, nach Gesichtspunkten zu kürzen oder umzuverteilen, die dem eigentlichen Auftrag der Kinder- und Jugendhilfe nicht mehr gerecht werden. Und nicht zuletzt speisten sich die Vorbehalte gegen umfassende Qualitätsuntersuchungen auch aus der Befürchtung von Kontrolle und Reglementierung der eigenen Arbeit.

Andererseits war unübersehbar, dass mit vergleichbarer struktureller Qualität qualitativ sehr unterschiedliche pädagogische Arbeit geleistet wurde. Untersuchungen von Zimmer u. a. (1997) und von Tietze (1998) hatten dies auch belegt. Zudem wurde zunehmend Literatur aus dem angelsächsischen Raum rezipiert, in der Instrumente zur empirischen Erfassung unterschiedlicher Aspekte pädagogischer Qualität vorgestellt und über damit ermittelte Forschungsergebnisse berichtet wurden. Heute gilt unstrittig, dass es auch für die im engeren Sinne pädagogische Qualität eine Vielzahl aussagekräftiger Indikatoren gibt, die empirisch erhoben werden können. Nicht verschwiegen werden sollen dabei die bestehenden Differenzen in der Diskussion um die angemessene methodische Vorgehensweise.

Auf die Entwicklung der Qualitätsdebatten in den 90er-Jahren zurückblickend kann man festhalten, dass die Vehemenz, mit der anfangs Vorbehalte gegenüber einer Qualitätsmessung geäußert wurden, nur von kurzer Dauer war. Sehr bald schon wurde die Qualitätsdebatte nicht einfach als etwas »von oben« Angeordnetes wahrgenommen. Vielmehr entdeckten ErzieherInnen, dass sie selber davon profitierten. Die Beschäftigung mit Qualität brachte ihnen u. a. mehr Klarheit und auch Anerkennung für ihre Arbeit. Ulrike Ziesche sieht darin einen wichtigen Beitrag zur Überwindung von Berufsunzufriedenheit: »Fehlen Orientierung, regelmäßige Auseinandersetzung mit der eigenen Arbeit und die Anerkennung für Geleistetes, ist die Gefahr groß, dass Engagement und Freude an der Arbeit, fachliche und persönliche Ressourcen verkümmern oder oft nur mit sehr großer individueller Kraftanstrengung aufrechtzuerhalten sind« (Ziesche 1999, S. 14).

Ähnlich lautet das Urteil, mit dem die Verantwortlichen des Fachausschusses »Kindheit und Familie« der AGJ einen 1998 abgehaltenen Workshop zusammenfassten, bei dem eine breite Palette von Qualitätsfeststellungs- und -entwicklungskonzepten, vom Kronberger Kreis über QM-Systeme bis zur Kindergarten-Einschätz-Skala (KES), vorgestellt wurden. »Beeindruckend ... ist ... die Erkenntnis, welchen Motivationsschub die Befassung mit Qualitätsentwicklungs-/-sicherungs-Konzepten für die Praxis brachte. Von allen ExpertInnen wurde vermittelt, daß durch die Auseinandersetzung mit den jeweiligen QE/QS-Konzepten eine intensive Auseinandersetzung und kritische Reflektion der drei zentralen Qualitätsebenen (Struktur-, Prozeß- und Ergebnisqualität) ihrer Arbeit erfolgte. In den Einrichtungen und insbesondere bei den beteiligten Personen nahm die Identifikation mit ihrer Arbeit und die Motivation zur Verbesserung deren Qualität zu. Mit der Erweiterung des Blickfeldes auf ökonomische und strukturelle Aspekte sowie auf gesellschaftliche Prozesse wuchs die Notwendigkeit zu mehr Transparenz und Partizipation. Dieser Prozeß führte darüber hinaus zu einer Steigerung des Selbstbewußtseins bezüglich der Bedeutung der eigenen Arbeit« (AGJ/Deutsches Nationalkomitee der Weltorganisation für frühkindliche Erziehung OMEP 1999, S. 70).[1]

So gesehen stellt sich die Einführung von Qualitätssicherungs- und entwicklungsverfahren als Situation dar, von der alle Beteiligten profitieren konnten.[2] Die pädagogischen Fachkräfte in den Einrichtungen erhielten dadurch auf neue Weise und mehr öffentliche Anerkennung, gleichzeitig aber auch Orientierung für ihre Arbeit, deren ökonomischer und gesellschaftlicher Rahmen zudem deutlicher artikuliert und wahrgenommen wurde. Zudem wurden sie zur kritischen Reflexion der eigenen Arbeit angeleitet. Das sind wichtige Ressourcen, die durch die Beschäftigung mit Qualitätsfragen mobilisiert wurden und die zugleich für die Qualitätssicherung und -entwicklung von großer Bedeutung sind. Aus der übergeordneten Sicht

---

1 Dass in dieser Aufbruchstimmung vieles noch unklar wahrgenommen und diffus diskutiert wurde, hat Diskowski (2000) in seinem Beitrag »Irgendwas mit Qualität machen« anschaulich dargestellt.
2 Allerdings darf man auch nicht übersehen, dass eine solche offensive Auseinandersetzung mit Qualitätsfragen nur in einem Teil der Einrichtungen stattfand. Auch wenn es dazu keine genaueren Angaben gibt, wird man davon ausgehen müssen, dass gerade weniger qualifiziert arbeitende Einrichtungen auch weniger bereit waren, sich mit diesem Thema zu befassen.

von Träger und öffentlicher Hand eröffnet diese breite Qualitätsdiskussion bessere Informationen über den Qualitätsstand der Arbeit in den Einrichtungen und eröffnet Hinweise zur Effektivität und Effizienz der Mittelverwendung.³

1.2 Fremd- oder Selbstevaluation?

Ähnlich wie der Einstieg in eine breite Erfassung von Qualitätsmerkmalen war auch der Beginn der Debatten über Evaluationsfragen zunächst geprägt von entgegengesetzten Positionen. Auf der einen Seite standen die Befürworter von externen Evaluationsverfahren. Als zentrales Ziel von Evaluation galt ihnen eine fachlich begründete, objektive Feststellung von Qualität, vorgenommen von sachlich distanzierten Experten, die, gestützt möglichst auf quantifizierbare Qualitätskriterien, alle relevanten Aspekte präzise erfassen. In dieser Perspektive muss Evaluation eine Fremdevaluation sein und an Experten vergeben werden, die weder zu der zu evaluierenden Organisation gehören noch in irgendeiner Weise an den zu evaluierenden Aktivitäten beteiligt oder von ihnen betroffen sind.

Demgegenüber führten die Verfechter von Selbstevaluationsverfahren ins Feld, dass externe Experten gar nicht in der Lage seien, die zu evaluierenden Maßnahmen mit all den besonderen Aspekten, die den Alltag von Kindertageseinrichtungen prägen, angemessen zu berücksichtigen. Standardisierte Qualitätskriterien mit dem Anspruch auf allgemeine Gültigkeit gehen dieser Sicht zu Folge an der Wirklichkeit vorbei, weil mit ihnen Kindertageseinrichtungen mit ihren unterschiedlichen Profilen und regional bedingt unterschiedlichen Anforderungen in unangemessener Weise über einen Kamm geschoren werden. Von daher wird – nach den Überlegungen des Kronberger Kreises beispielsweise – dafür plädiert, die Entwicklung von Kriterien und Verfahren zur Qualitätserfassung und -entwicklung in einem partnerschaftlichen Diskurs von Eltern, Kindern und Fachkräften auf der Grundlage gegenseitiger Achtung und Wert-

---

3 Noch einmal andere Aspekte der Qualitätsdiskussion bringen einzelne Kapitel des jüngst veröffentlichten Bandes »Was ist ein guter Kindergarten?« von Honig u. a. (2004) ins Spiel. Im Rahmen von ethnographischen Studien wird dort untersucht, wie sich etwa die immer wieder als Ziel genannte Eigenständigkeit der Kinder in der Alltagspraxis ausnimmt und wie die Ambition, Qualität herzustellen, in täglichen Interaktionen und Repräsentationen zum Ausdruck kommt. Leider ist es im Rahmen dieses kurzen Beitrags nicht möglich, auf diese neue Seite der Qualitätsdebatte weiter einzugehen.

schätzung zu erarbeiten und zu praktizieren (vgl. Wolff 1999, S. 191). So gesehen erscheinen allein Verfahren der internen bzw. Selbst-Evaluation angemessen, bei denen »die Untersuchungen und Bewertungen des Evaluationsgegenstandes von Personen vorgenommen werden, die an der Gestaltung dieses Gegenstandes selber beteiligt sind, eventuell sogar als wesentliche Mitarbeiter oder Verantwortliche« (Westermann 2002, S. 11, zit. nach BMFSFJ 2003, S. 103).

Die neuere Entwicklung hat nun gezeigt, dass vieles dafür spricht, die beiden Verfahren miteinander zu kombinieren. Auf diese Weise können auf der einen Seite die speziellen Kenntnisse der »Insider« genutzt werden. Auf der anderen Seite hilft die Fremdevaluation, dem Problem zu begegnen, dass bestimmte Mängel und Probleme übersehen oder eine kritische Sicht auf die eigene Arbeit systematisch abgewehrt wird, wie das nicht zuletzt bei weniger qualifiziert arbeitenden Einrichtungen zu erwarten ist. Dass die Kombination der beiden Verfahren für die praktische Arbeit die optimale Lösung ist, kann man auch als ein Fazit der Arbeiten im Rahmen der Nationalen Qualitätsinitiative festhalten. Unterschiede gibt es allerdings im relativen Gewicht, das diesen beiden Formen zugemessen wird. Während für die einen externe Evaluationsverfahren auch ein eigenständiger Zugang zur Qualitätsfeststellung und Rechenschaftslegung sind, verstehen die anderen sie lediglich als Korrektiv oder Ergänzung zur internen Evaluation, ohne der externen Evaluation einen davon unabhängigen Status einzuräumen (vgl. BMFSFJ 2003, S. 92 ff.).

Die skizzierten Erfahrungen in der Auseinandersetzung mit Qualitätsfragen spielen auch in der aktuellen Debatte um das Gütesiegel im Sinne einer Zertifizierung von Einrichtungen durch eine externe Evaluationsinstanz eine Rolle. Allerdings ist zu beachten, dass im Rahmen der eben skizzierten Debatte um das Verhältnis von interner und externer Evaluation jeweils die Frage der Qualitätsentwicklung im Vordergrund steht, während es beim Gütesiegel in erster Linie um eine Qualitätsfeststellung geht. Für eine vergleichende Gegenüberstellung von Feststellungsverfahren und Ansätzen zur Qualitätsentwicklung muss diese Differenz berücksichtigt werden. Trotzdem gilt, dass beide Zugänge zumindest an zweiter Stelle auch die jeweils andere Zielsetzung verfolgen: Auch die Anwendung des Gütesiegels soll dazu beitragen, dass die Qualität gesteigert wird; zum einen, indem dafür gesorgt wird, dass die Marktchancen von Einrichtungen mit schlechter Qualität sinken, zum anderen aber auch dadurch, dass Einrichtungen motiviert werden, ihre Qualität zu steigern. Genauso kommen Ansätze zur Qualitätsentwicklung nicht ohne eine Form von Qualitätsfeststellung aus und ebenso haben sie den Anspruch, dazu beizutragen, dass keine ungenügenden Angebote mit nachteiligen Folgen für die Kinder gemacht werden.

Der Unterschied, auf den im Folgenden ausführlicher eingegangen werden soll, ist die Frage der Festlegung und Einheitlichkeit von Qualitätskriterien, an denen sich Evaluations- bzw. Zertifizierungsprozesse orientieren. Während einheitlich definierte und konkretisierte Qualitätskriterien ein wesentliches Merkmal des von Tietze vorgeschlagenen Gütesiegels sind, gehen Qualitätsmanagementverfahren von allgemeineren Leitzielen aus, die jeweils institutionenspezifisch und in Abstimmung mit den unterschiedlichen beteiligten Akteuren präzisiert werden. Die aktuelle Diskussion zu diesem Thema neigt zu Polarisierungen, ohne die spezifischen Stärken, aber auch Grenzen der beiden Zugänge gegeneinander abzuwägen. Die folgende Skizze möchte einen Beitrag zu einer etwas differenzierteren Sicht dieses Verhältnisses leisten, indem angesprochen wird, welche unterschiedliche »Qualität« von Wissensbeständen und welche unterschiedlichen Zweckmäßigkeiten mit den beiden Sichtweisen ins Spiel kommen. Dem vorangestellt wird eine knappe Darstellung des Anliegens von Zertifizierungsprozessen, die sich an der Argumentation von Merchel (2004) orientiert.

2   Zur Begründung von Gütesiegeln bzw. Zertifizierungsverfahren

Merchel (2004) unterscheidet in seinem Beitrag »eher außengerichtete« und »eher innengerichtete Motive«, die für eine Zertifizierung vorgebracht werden. Als eher außengerichtete Motive nennt er:
- Das Bemühen um Transparenz, Eindeutigkeit und Sicherheit. Damit soll der Unübersichtlichkeit und der daraus resultierenden Unsicherheit sowohl bei den Adressaten als auch bei den Finanzgebern von Dienstleistungen entgegengewirkt werden.
- Ein marktstrategisches Kalkül. Mit der Beteiligung an Zertifizierung sollen Wettbewerbsfähigkeit signalisiert und die eigene Marktposition verbessert werden.

- Die Verteidigung autonomer Handlungsspielräume freier Träger gegenüber dem Staat. Durch »die Präsentation einer ›Qualitätsgarantie‹ soll die Legitimationsschwelle zum Eingriff staatlicher Institutionen in den Handlungsbereich freier Träger möglichst hoch« gehalten werden.

Als »eher innengerichtete« Motive nennt Merchel die Hoffnung,
- »dass fachliche und verfahrensorientierte Standards definiert und in Geltung gesetzt werden,
- dass auf diese Weise qualitative Standards und Anforderungen überprüfbar und damit für alle Mitarbeiter verbindlich gemacht werden und
- dass durch die Regelmäßigkeit der Auditierung und der Erneuerung von Zertifikaten das Bewusstsein für Qualitätskriterien und Qualitätsstandards wach gehalten wird ...«

Das sind zentrale Argumente, die sich in ähnlicher Form in unterschiedlichen Begründungen für Zertifizierungsverfahren finden (vgl. dazu verschiedene Beiträge in diesem Band). Speziell mit Blick auf Kindertageseinrichtungen weisen Spieß/Tietze (2002) darauf hin, dass die Qualität dieser Dienstleistung von Eltern besonders schwer einzuschätzen ist, u.a. weil Eltern bei der Leistungserstellung nicht unmittelbar anwesend sind und es ihnen von daher schwer fällt, die Qualität einzuschätzen. Außerdem sind viele Eltern zeitlich und fachlich überfordert mit der Aufgabe, sich über die Kindertageseinrichtung mit der erforderlichen Gründlichkeit zu informieren. Vorliegende Studien weisen darauf hin, dass Eltern gerade die pädagogische Qualität von Kindertageseinrichtungen, die von ihren Kindern besucht werden, überschätzen. Eine solche Fehleinschätzung erscheint bei Bildung, Erziehung und Betreuung besonders problematisch, weil eine unzureichende Qualität zu erheblichen Nachteilen und Schäden für die Kinder führen kann. Ein Qualitätssiegel, das in prägnanter Form valide Aussagen über die Qualität von Kindertageseinrichtungen macht, soll Eltern helfen, diese Informationslücke zu schließen und ihnen ein gezieltes Wahlverhalten zu ermöglichen. Nicht zuletzt versteht sich ein solches Qualitätssiegel auch als Beitrag zur Sicherung vergleichbarer Qualität in allen Regionen Deutschlands und quer durch alle Stadtteile und damit auch als Beitrag zur Verbesserung der Chancengleichheit von Kindern. Es soll verhindert werden, dass Kindertageseinrichtungen in benachteiligten

Gegenden schlechter ausgestattet sind und arbeiten als in vergleichsweise bevorzugten Gegenden.

3 Fremdevaluation anhand einheitlich festgelegter Kriterien

Ein Gütesiegel, das über eine größere Zahl von Einrichtungen hinweg Qualitätsaussagen nach einem einheitlichen Maßstab machen will, muss von einem definierten Satz von Qualitätsindikatoren ausgehen. Nur so ist eine Qualitätsbestimmung möglich, die einen unmittelbaren Vergleich aller in das Verfahren einbezogenen Einrichtungen erlaubt. Das ist ebenso zwingend wie schwierig. Besonders eindrücklich wird das, wenn man sich vergegenwärtigt, dass die Projekte der Nationalen Qualitätsinitiative insgesamt weit über 1.000 Qualitätskriterien formuliert haben. Eine Auswahl ist unvermeidlich, was bedeutet, dass vieles von dem, was Qualität ausmacht, nicht berücksichtigt werden kann. Dabei wird man sich zunächst eine inhaltliche Beschränkung überlegen müssen, weil es nicht möglich ist, die Vielzahl von Bereichen, für die es berechtigterweise Qualitätskriterien gibt, in einem Evaluationsverfahren zu berücksichtigen.[4] So legt die im Zusammenhang mit dem Gütesiegel diskutierte »Kindergarten-Einschätz-Skala« (KES) den Schwerpunkt auf die Qualität pädagogischer Prozesse. Hier wird ein wichtiger Ansatzpunkt gesehen, um die bisher dominante Input-Steuerung durch eine Output-Steuerung abzulösen, die sich an den erzielten Effekten orientiert (vgl. den Beitrag von Tietze in diesem Band). Gleichzeitig werden in diesem Instrument die ausgewählten Qualitätsdimensionen als Qualitätsstandards gefasst, die eindeutig operationalisiert sind und damit als Grundlage für eindeutige, vergleichende Qualitätsmessungen fungieren können. Nicht zuletzt hängen die damit erfassten Qualitätsaspekte wissenschaftlich nachgewiesen positiv mit der kognitiven und sozialen Entwicklung von Kindern zusammen.[5]

---

4 Pädquis (vgl. Tietze/Viernickel 2002) hat Kriterien für 20 unterschiedliche Qualitätsbereiche entwickelt, die in sich alle noch einmal nach 6 Leitgesichtspunkten unterteilt werden. Beim Situationsansatz (vgl. Preissing 2003) werden 16 konzeptionelle Grundsätze mit jeweils 20–25 Kriterien operationalisiert: Die Qualitätskriterien für den Hortbereich nach QUAST (vgl. Strätz u. a. 2003) werden in 5 Qualitätsbereiche unterteilt, die jeweils in sich noch einmal bis zu 5 Dimensionen umfassen, für die getrennt Qualitätskriterien formuliert werden.
5 Vgl. Tietze u. a. 1998; für eine aktuelle Studie, in der dieser Zusammenhang aufgrund einer Untersuchung mit der englischen Version der Kindergarten-Einschätz-Skala festgestellt wurde, vgl. Sammons u. a. 2002 und 2003.

Diese Orientierung an wissenschaftlich fundierten Aussagen ist eine wichtige Grundlage für das gesellschaftliche Ansehen und die gesellschaftliche Anerkennung der Arbeit in Kindertageseinrichtungen, zugleich aber auch für die Entwicklung einer konsensuellen Fachlichkeit. Solche Forschungsergebnisse belegen, dass es nicht beliebig ist, was in Kindertageseinrichtungen läuft, sondern dass bestimmte Rahmenbedingungen oder Interaktionsmuster zwischen ErzieherInnen und Kindern die Entwicklung von Mädchen und Jungen in besonderer Weise unterstützen oder aber auch behindern. Gewonnen werden solche Aussagen durch empirische Forschung, bei der es darum geht, die Wirkung einzelner Variablen durch ihre möglichst exakte Definition und Operationalisierung herauszufinden und festzustellen, welche »Effekte« bestimmte Ausprägungen des erforschten Aspektes haben. Dafür sind Verfahren erforderlich, die sicherstellen, dass die untersuchten Aspekte bzw. Variablen von allen mit einer entsprechenden Untersuchung bzw. Evaluation Beauftragten in allen evaluierten Einrichtungen in gleicher Weise wahrgenommen und eingestuft werden. Dabei ist die Untersuchung einer Vielzahl von Einrichtungen erforderlich, weil man nur so zu Aussagen kommt, die über den Einzelfall hinaus verallgemeinert werden können und denen man in diesem Sinne eine fachlich begründete Allgemeingültigkeit zumessen kann.

Das Ergebnis ist ein nach Kriterien der Wissenschaft abgesichertes Urteil über die Ausprägung einer definierten Qualität, die – so im Beispiel der KES – für die kognitive und soziale Entwicklung der Kinder erwiesenermaßen wichtig ist. Die standardisierte Erfassung durch Externe soll gewährleisten, dass die in die Evaluation einbezogenen Aspekte in allen Einrichtungen in gleicher Form erfasst wurden und es zu keinen nennenswerten Verzerrungen aufgrund unterschiedlicher Interpretationen relevanter Sachverhalte oder aufgrund der Voreingenommenheit der Evaluatoren kommt.

Mit dieser Orientierung an einem definierten Satz von Qualitätskriterien sind aber auch bestimmte Beschränkungen verbunden. Das betrifft zunächst die Selektivität der Auswahl von Kriterien. Wissenschaftlich belegte Aussagen gelten immer nur für eine relativ eng begrenzte Zahl von Qualitätsaspekten. Eine Vielzahl anderer Aspekte bleibt außen vor. Das ist ein Problem, mit dem jede Form der Evaluation konfrontiert ist. Zu beachten ist aber, dass aufgrund der Orientierung an wissenschaftlich fundierten, verallgemeinerbaren Ergebnissen die Besonderheiten einzelner Einrichtungen systematisch ausgeblendet werden.

Eine weitere Einschränkung ergibt sich daraus, dass Zusammenhänge zwischen den festgestellten Qualitätsmerkmalen und den erwarteten Ergebnissen (Förderung der Entwicklung der Kinder) immer nur in Form von Wahrscheinlichkeitsaussagen getroffen werden können. Es gibt hier keine eindeutigen Kausalzusammenhänge, sondern nur angebbare Wahrscheinlichkeiten, dass bestimmte Zusammenhänge bestehen. Für die Begründung von bildungspolitischen Maßnahmen, die eine größere Zahl von Kindertageseinrichtungen betreffen, ist dies kein Problem, wenn die Wahrscheinlichkeit des Auftretens bestimmter Zusammenhänge insgesamt groß genug ist. Es ist aber nicht zu übersehen, dass die Wirksamkeit dieser Qualitätsmerkmale im Einzelfall durch andere Faktoren erheblich beeinträchtigt werden kann. Hinzu kommt, dass die Variablen, die im Rahmen eines solchen Untersuchungsverfahrens berücksichtigt werden können, nur einen Teil der wünschenswerten Entwicklungen erklären.

Insgesamt dürfte die Orientierung an wissenschaftlichen Kriterien und Erhebungsverfahren eine optimale Strategie sein, um eine gleichartige Erfassung von Qualitätsmerkmalen zu gewährleisten, die nachweislich mit der Ausprägung bestimmter wünschenswerter Qualitätsmerkmale zusammenhängen. Sie entspricht dem Postulat, unabhängig vom jeweiligen Kontext allgemein gültige Kriterien zu berücksichtigen.

Ein weiterer Aspekt, der bei einem Qualitätsfeststellungsverfahren zwar auch erwünscht, grundsätzlich aber sekundär ist, betrifft die Qualitätsentwicklung. Hier stellt sich die Frage, wie sich eine externe Evaluation nach einheitlichen Kriterien auf die Bereitschaft und Möglichkeit der Fachpraxis auswirkt, die Qualität ihrer Arbeit zu verbessern. Aus dem oben kurz geschilderten Verlauf der Qualitätsdebatte wissen wir, dass zumindest ein Teil der pädagogischen Fachkräfte an der Auseinandersetzung mit Qualitätsfragen sehr interessiert ist und die Arbeit mit unterschiedlichsten Ansätzen als gewinnbringend erfährt. Dazu gehört in der Regel gerade auch die kritische Auseinandersetzung mit Vorgaben, wie das beispielsweise auch für den Einsatz der KES geschildert wird (vgl. z.B. Hofmann/ Saupe 2000). Ob eine Fremdevaluation ein ähnliches Engagement auslösen könnte, ist fraglich. Andererseits ist aber auch zu fragen, ob die erhebliche Zahl von Einrichtungen, die sich in ihrer Arbeit bisher nicht intensiv mit Qualitätsfragen auseinandergesetzt haben, gerade oder erst durch von außen vorgegebene Evaluationsformen zu einer Beschäftigung mit Qualitätsfragen gebracht werden können.

4 »Diskursive« Festlegung von Evaluationskriterien

Der Vorschlag der Vergabe von Gütesiegeln aufgrund einer standardisierten Fremdevaluation hat eine Reihe von kritischen Stimmen hervorgerufen. Ein prominentes Beispiel dafür ist die Buchpublikation »Beyond Quality in Early Childhood Education and Care« von Dahlberg, Moss und Pence (1999). Sie sehen in der Orientierung an solchen Kriterien vorrangig den Ausdruck der Suche nach einer klar geordneten Welt, frei von Durcheinander und Komplexität, indem in einer distanzierten Haltung und ohne Bezug zum Kontext universelle und zeitlose Kriterien zur Qualitätsbestimmung genutzt werden. Diesem »modernistischen Qualitätsdiskurs« stellen sie eine postmoderne Sicht entgegen, der zufolge Qualität und Qualitätsstandards in Aushandlungsprozessen festgelegt werden. Was gute Qualität ausmacht, ist in diesem Verständnis immer an spezifische Kontexte gebunden und ein Produkt diskursiver Praxis (vgl. ebd., S. 106f.).

Aufgegriffen wird eine solche Vorstellung an vielen Stellen der Qualitätsdiskussion, indem neben dem Bezug auf wissenschaftliche Forschungsergebnisse bzw. auf Einschätzungen von Expertinnen und Experten die Bestimmung von Qualitätskriterien als gemeinsame Aufgabe aller an Kinderbetreuung beteiligter Interessengruppen verstanden wird. Betont werden dabei der »subjektive« Charakter und die Veränderbarkeit von Qualität (vgl. z. B. Hartmann/Stoll 1999, S. 15). Eine solche Sicht gibt auch Raum, um den Aspekt der Dienstleistung in die Qualitätsdiskussion einzubeziehen, wie er in formalen Qualitätsdefinitionen wie »Qualität ist die Erfüllung vereinbarter Kundenerwartungen« (vgl. Irskens/Vogt 2000, S. 15) zum Ausdruck kommt. Das jeder Erfassung von Qualität auferlegte Problem der Selektion von berücksichtigten Dimensionen und Kriterien wird hier in einem Diskurs gelöst, bei dem wissenschaftliche Forschungsergebnisse (höchstens) als eine unter mehreren möglichen Grundlagen für die Bestimmung von Qualitätskriterien in Betracht zu ziehen sind. Zu einem konstitutiven Element der Qualitätsfeststellung werden demgegenüber Besonderheiten der Arbeitssituation einzelner Einrichtungen, wie sie von den beteiligten Interessenvertretern in diesen Diskurs eingebracht werden. In den aktuellen Qualitätsdebatten herrscht die Einschätzung vor, eine solche Berücksichtigung unterschiedlicher Perspektiven auf Qualität sei ein wichtiger Beitrag für eine produktive Bearbeitung von Qualitätsfragen. Angesichts der breiten Palette unterschiedlicher Angebote und der unterschiedlichen Aufgabenprofile, die Einrichtungen haben, sei diese Möglichkeit, die regionalen und institutionellen Besonderheiten von Einrichtungen in den Blick zu nehmen, ein wichtiger Gesichtspunkt, der eine situationsangemessenere Erfassung von Qualität verspricht.

Mit dem Qualitätsmanagement nach DIN EN ISO 9000 : 2000 wird von zahlreichen Trägern ein Weg beschritten, auf dem in einer systemischen Perspektive die Steuerung aller relevanten Prozesse und deren Wechselwirkungen durch vorgängig definierte Qualitätsziele erreicht und Qualität systematisch weiterentwickelt werden sollen. Die Beteiligung aller relevanten Akteure an der Bestimmung von Qualitätskriterien und am Prozess der Evaluation ist in der Regel eine der zahlreichen Qualitätsdimensionen. Anstelle einer möglichst testfest standardisierten Operationalisierung von Qualitätsmerkmalen werden allgemeinere Leitziele formuliert, die in den Einrichtungen im Einzelnen unterschiedlich ausgestaltet werden können und deren Erfüllung in unterschiedlicher Weise nachgewiesen werden kann. Die oben beschriebenen Erfahrungen im Laufe des Qualitätsdiskurses der letzten Jahre lassen vermuten, dass diese Art der Beschäftigung mit Qualitätsfragen bei den ErzieherInnen große Motivationspotenziale freisetzt, die Qualität der eigenen Arbeit kritisch zu überprüfen und weiterzuentwickeln. Die Aussicht, in den Qualitätskriterien zentrale Aspekte der eigenen Tätigkeit wahrzunehmen, dürfte deutlich größer sein als bei einem Verfahren, bei dem eine Evaluation ohne Bezug zu den Besonderheiten der einzelnen Einrichtung nach extern festgelegten Kriterien vorgenommen wird. Für Prozesse der Qualitätsentwicklung verspricht ein solches Verfahren Vorteile.

Auf der anderen Seite wirft dieses Vorgehen auch eine Reihe von Fragen auf. Dazu gehört nahe liegend die Frage, wie sichergestellt werden kann, dass wissenschaftlich belegte Qualitätskriterien angemessen berücksichtigt werden. Eine weitere Frage betrifft die Ökonomie des Verfahrens. Es ist zu vermuten, dass die Qualitätsfeststellung im Sinne eines an einheitlichen wissenschaftlichen Kriterien begründeten externen Evaluationsverfahrens erheblich weniger aufwändig ist als ein systematisch mehrere Perspektiven einbeziehendes Qualitätsmanagement. Andererseits ist zu bedenken, dass die Verfahren zum Qualitätsmanagement mit Qualitätsentwicklung verknüpft sind und damit ein deutlich breiteres Aufgabenspektrum abdecken als eine reine Qualitätsfeststellung.

Nicht verschwiegen werden soll, dass gerade Merchel, auf den oben bei der Darstellung der Argumente für Gütesiegel Bezug genommen wurde, sich grundsätzlich kritisch gegen jede Form der Zertifizierung wendet, egal, ob sie sich an von außen vorgegebenen oder diskursiv ermittelten Kriterien orientiert. Ein zentrales Argument seiner Kritik ist die These, dass ein Zertifikat die genaue Beschaffenheit und Qualität einer Leistung nicht durchschaubar macht und der Informationsgehalt eines Gütesiegels ohne genaue Kenntnisse der zugrunde liegenden Maßstäbe äußerst fragwürdig sei. Außerdem warnt er davor, dass Zertifizierungsverfahren dazu führen können, dass Qualitätsfragen nur noch formal abgehandelt werden, indem Wege gesucht und gefunden werden, die Anforderungen der Zertifizierung ohne tatsächliche Auseinandersetzung mit Qualitätsfragen zu erfüllen. Er sieht ein »erhebliches Risiko«, dass es dadurch zu einer Verschiebung des Qualitätsthemas auf eine Ebene der Formalisierung und damit auf ein faktisches Unterlaufen des Sinngehalts von Qualitätsentwicklung kommt. Diese Gefahr ist nicht von der Hand zu weisen und dürfte umso größer sein, je weniger in der konkreten Arbeitssituation Raum für Qualitätsentwicklung gegeben ist und je weniger die maßgeblichen Qualitätsindikatoren von den Arbeitskräften als wesentliche Elemente ihrer Tätigkeit wahrgenommen werden. Auf der anderen Seite erinnert das von Merchel stark hervorgehobene Argument, dass Standardisierungen jeglicher Art in Spannung geraten »zur Bindung an konkrete Interaktionen und an dynamische Handlungssituationen, die für sozialpädagogische Prozesse als typisch gelten«, doch auch an Positionen, mit denen am Beginn der breiten Qualitätsdebatte die Möglichkeit einer Konkretisierung pädagogischer Qualität grundsätzlich in Frage gestellt wurde.

5 Fazit

Ein grundlegender Unterschied zwischen einem in erster Linie an wissenschaftlichen Kriterien orientierten Verfahren und einem Verfahren, das darauf zielt, die Perspektiven der unterschiedlichen Akteure einzubeziehen, besteht darin, dass bei Letzterem regional- und institutionenspezifische Merkmale zum Zuge kommen, dass es aber nie zu einer nach einheitlichen Kriterien definierten und operationalisierten Qualitätseinschätzung führen und dem Anspruch auf »universelle Vergleichbarkeit« gerecht werden kann. Die einen sehen darin eine erhebliche Einbuße, einen Verlust an Objektivität in der Qualitätsmessung und ein Hindernis in dem Bemühen, Grundlagen für die Sicherung vergleichbarer Lebensbedingungen zu schaffen. Die anderen gehen davon aus, dass nur so angemessene Aussagen über Qualität gemacht werden können angesichts der Vielfalt unterschiedlicher Aspekte, die je nach Situation auch unterschiedlich zu gewichten sind. Anliegen dieses Beitrages ist es, deutlich zu machen, welche Stärken und Grenzen die beiden unterschiedlichen Zugänge haben, um so eine rationale Entscheidung für die eine oder andere Seite oder auch für eine gemischte Vorgehensweise zu fördern.

Um die Argumente noch einmal zusammenzufassen: Die Entscheidung für das eine oder andere Vorgehen bzw. für eine Kombination beider Zugänge sollte aufgrund einer Abwägung unterschiedlicher Aspekte, wie sie eben beispielhaft genannt wurden, getroffen werden und ist letztlich nicht wissenschaftlich zu begründen. Fest steht allerdings, dass die Abstraktion von einer Vielzahl von Besonderheiten einzelner Einrichtungen und ihrer Angebote eine notwendige Voraussetzung ist, um zu wissenschaftlich begründeten und verallgemeinerbaren Erkenntnissen über die Bedeutung einzelner Qualitätsmerkmale zu kommen. Im Kontext von quantitativ-empirischen Untersuchungen ist ein solches Vorgehen, das von Besonderheiten abstrahiert und Forschungsergebnisse auf der Grundlage einer großen Fallzahl gewinnt, unabdingbar. Im Rahmen von Evaluation ist die Anwendung dieses wissenschaftlichen Paradigmas aber keineswegs zwingend, weil es dort um die Anwendung und nicht um die Gewinnung wissenschaftlicher Erkenntnisse geht. Diese Differenz wird in der laufenden Debatte leicht übersehen, wenn die einen gegenüber einem mehrperspektivischen Vorgehen den Vorwurf ungenügender wissenschaftlicher Begründung erheben, die anderen gegenüber der Fokussierung auf einheitlichen und wissenschaftlich begründeten Kriterien den Vorwurf einer Ausklammerung wesentlicher Aspekte. Für beides gibt es gute Gründe, und beide Formen haben ihre Stärken und Grenzen, wie sie oben in Ansätzen ausgeführt wurden.

Für das Abwägen zwischen unterschiedlichen Verfahren der Qualitätsfeststellung und -entwicklung gibt es zurzeit keine auch nur annähernd befriedigende Informationsgrundlage. Dafür fehlt in Deutschland noch weitestgehend eine entsprechende Praxis, die man bereits hätte untersuchen können. Mit Blick auf Entscheidungen über Verfahren, die in diesem Bereich künftig auf breiter Basis Geltung erlangen sollen, sollten aber Erfahrungen aus anderen Ländern sorgfältig untersucht und geprüft werden, welche Formen des Umgangs mit Qualitätsfragen mit welchen Erfahrungen und Konsequenzen verbunden sind. Von besonderem Interesse dabei wären Hinweise darauf, wie es gelingen kann, die Berücksichtigung wissenschaftlich begründeter Fachlichkeit mit regionalen Besonderheiten zu verknüpfen und die motivationalen Voraussetzungen für eine anhaltende Qualitätsentwicklung zu sichern. Wichtig ist in diesem Zusammenhang auch die Frage nach dem Verhältnis von Aufwand und Ertrag unterschiedlicher Verfahren (vgl. dazu den Beitrag von Dohmen in diesem Band).

Bei allen diesen Gegenüberstellungen geht es auf der einen Seite um Objektivität von Messungen und die Einhaltung wissenschaftlich begründeter und allgemein verbindlicher Standards und auf der anderen Seite um die Beachtung lokaler und institutioneller Besonderheiten der Einrichtungen, um deren Evaluation sowie um die Einsicht in die Dynamik gesellschaftlicher Prozesse der Normierung, in die zwangsläufig unterschiedliche Interessen eingehen. Anzustreben ist eine Form der Qualitätssicherung, in der diese unterschiedlichen Aspekte angemessen berücksichtigt werden und es überdies gelingt, bei den Mitarbeiterinnen und Mitarbeitern die motivationalen Potenziale zu mobilisieren, die für eine dauerhafte Qualitätssicherung und -entwicklung erforderlich sind.

6 Literatur

Arbeitsgemeinschaft für Jugendhilfe/Deutsches Nationalkomitee der Weltorganisation für frühkindliche Erziehung OMEP (Hrsg.) (1999): Workshop zur Qualitätsdiskussion in Tageseinrichtungen für Kinder – Einführung und Praxiserfahrungen. Bonn

Bundesministerium für Familie, Senioren, Frauen und Jugend (Hrsg.) (2003): Auf den Anfang kommt es an! Perspektiven zur Weiterentwicklung des Systems der Tageseinrichtungen für Kinder in Deutschland. Weinheim, Basel, Berlin

Diskowski, D. (2000): »Irgendwas mit Qualität machen« – Acht Thesen zur gegenwärtigen Debatte. In: klein&groß, Heft 3

Hartmann, W./Stoll, M. (1999): Mehr Qualität für Kinder. Qualitätsstandards und Zukunftsperspektiven für den Kindergarten. Band 1 der Schriftenreihe des Charlotte Bühler-Instituts. Wien

Hofmann, R./Saupe, M. (2000): So haben wir es gemacht. KES in der Praxis. In: Irskens, B./Vogt, H. (Hrsg.): Qualität und Evaluation. Sonderdruck 31 des Deutschen Vereins für öffentliche und private Fürsorge. Frankfurt a.M.

Honig, M. S./Joos, M./Schreiber, N. (2004): Was ist ein guter Kindergarten? Theoretische und empirische Analysen zum Qualitätsbegriff in der Pädagogik. Weinheim und München

Irskens, B./Vogt, H. (2000): Kernfragen der Qualitätsdiskussion. In: Diess. (Hrsg.): Qualität und Evaluation. Eine Orientierung – nicht nur für Kindertageseinrichtungen. Frankfurt a.M.

Merchel, J. (2004): Zertifizierung und Qualitätssiegel: Risiken für den Prozess der Qualitätsentwicklung in der Sozialen Arbeit. In: Peterander, F./Speck O. (Hrsg.): Qualitätsmanagement in sozialen Einrichtungen. München, Basel, S. 44-63

Preissing, C. (Hrsg.) (2003): Qualität im Situationsansatz. Qualitätskriterien und Materialien für die Qualitätsentwicklung in Kindertageseinrichtungen. Weinheim, Basel, Berlin

Sammons, P./Sylva, K./Melhuish, E./Siraj-Blatchford, I./Taggart, B./Elliot, K. (2002): Measuring the Impact of Pre-School on Children's Cognitive Progress over the Pre-School Period. Technical Paper 8a. Institute of Education University of London

Sammons, P./Sylva, K./Melhuish, E./Siraj-Blatchford, I./Taggart, B./Elliot, K. (2003): Measuring the Impact of Pre-School on Children's Social/Behavioral Development over the Pre-School Period. Technical Paper 8b. Institute of Education University of London

Spieß, K. C./Tietze, W. (2002): Qualitätssicherung in Kindertageseinrichtungen. Gründe, Anforderungen und Umsetzungsüberlegungen für ein Gütesiegel. In: Zeitschrift für Erziehungswissenschaft, Heft 1, S. 139–162

Strätz, R./Hermens, C./Fuchs, R./Kleinen, K./Nordt, G./Wiedemann, P. (2003): Qualität für Schulkinder in Tageseinrichtungen. Ein nationaler Qualitätskatalog. Weinheim, Basel, Berlin

Tietze, W. (Hrsg.) (1998): Wie gut sind unsere Kindergärten? Eine Untersuchung zur Qualität in deutschen Kindergärten. Neuwied, Kriftel, Berlin

Tietze, W./Viernickel, S. (Hrsg.) (2002): Pädagogische Qualität in Tageseinrichtungen für Kinder. Ein nationaler Kriterienkatalog. Weinheim, Berlin, Basel

Westermann, R. (2002): Merkmale und Varianten von Evaluation. Überblick und Klassifikation. In: Zeitschrift für Psychologie, 210, S. 4–26

Wolff, R. (1999): Chancen dialogischer Qualitätsentwicklung in der Kindertageserziehung: Praxis verstehen, Praxis entwickeln. In: Bremische Evangelische Kirche – Landesverband Evangelischer Tageseinrichtungen für Kinder (Hrsg.): Qualität für Kinder. Zwischen Markt und Menschlichkeit. Analysen, Bedingungen, Konzepte. Seelze, S. 191-200

Ziesche, U. (1999): Werkstatthandbuch zur Qualitätsentwicklung in Kindertagesstätten. Neuwied, Berlin

Zimmer, J./Preissing, Ch./Thiel, Th./Heck, A./Krappmann, L. (1997): Kindergärten auf dem Prüfstand. Dem Situationsansatz auf der Spur. Seelze

Allgemeines pädagogisches Gütesiegel für Kindertageseinrichtungen
Wolfgang Tietze, Charis Förster

1	Ausgangspunkt: Konsens über quantitativen Ausbau und qualitative Verbesserung	32
2	Pädagogische Qualität verbessern und steuern	33
3	Pädagogisches Gütesiegel als neues Instrument der Qualitätssicherung	40
4	Qualitätsinformation auf verschiedenen Ebenen	59
5	Ausblick	61
6	Literatur	63

1 Ausgangspunkt: Konsens über quantitativen Ausbau und qualitative Verbesserung

Die Betreuung, Bildung und Erziehung von Kindern im frühen Kindesalter, speziell soweit sie in öffentlich verantworteten Formen erfolgt, kann schon seit einigen Jahren eine hohe fachpädagogische und gesellschaftliche Aufmerksamkeit für sich verbuchen. In der jüngeren Vergangenheit hat dazu eine Reihe von Ereignissen beigetragen, die einerseits als Ausdruck des zugrunde liegenden gesellschaftlichen Problems verstanden werden können, die andererseits aber auch entsprechende Lösungsnotwendigkeiten über die engeren Fachkreise hinaus breit im gesellschaftlichen Bewusstsein verankert haben. Zu nennen sind hier u. a. die Empfehlungen des Arbeitsstabs Forum Bildung (2001) mit der besonderen Betonung der frühen Förderung, die Forderung nach frühen Bildungsanstrengungen im Kontext der sog. PISA-Debatte (Baumert 2001), die Bemühungen der Bundesländer um Bildungspläne für den Elementarbereich (Hovestadt 2003), die seit mehreren Jahren laufende Nationale Qualitätsinitiative im System der Tagesbetreuung von Kindern (vgl. BMFSFJ 2003, S. 92 ff.) und nicht zuletzt auch die im Auftrag des Bundesfamilienministeriums erstellten Gutachten, die Betreuung, Bildung und Erziehung in Einrichtungen wie auch in der Tagespflege einer kritischen Prüfung unterziehen und detaillierte Empfehlungen für die Weiterentwicklung der Systeme beinhalten (BMFSFJ 2003; Jurczyk u. a. 2004). Einen aktuellen Ausdruck findet der wahrgenommene gesellschaftliche Problemdruck im kürzlich verabschiedeten Tagesbetreuungs-Ausbaugesetz (TAG v. 28.10.2004) und in der öffentlichen Reaktion auf den Bericht der OECD zum deutschen Früherziehungssystem (vgl. OECD 2004).

Die bisherige Debatte hat zu einem durchaus bemerkenswerten Konsens geführt, und zwar sowohl im Hinblick auf quantitative als auch im Hinblick auf qualitative Aspekte der öffentlichen Früherziehung. In quantitativer Hinsicht gilt es als weitgehend unbestritten, dass speziell in den alten Bundesländern deutlich mehr Ganztagsplätze in den Kindertageseinrichtungen für die Drei- bis Sechsjährigen angeboten werden müssen als bisher und dass besonders für die Altersgruppe der Unter-Dreijährigen ein nachhaltiger Ausbau des Platzangebots in Einrichtungen und in der Tagespflege erforderlich ist. In qualitativer Hinsicht besteht Einigkeit dahingehend, dass die Erweiterung des Platzangebotes nicht auf Kosten der Qualität erfolgen darf, dass es vielmehr gilt, die gegebene Qualität in den Einrichtungen wie in der Tagespflege nachhaltig zu verbessern.

Wenn wir im Folgenden die Idee und Grundzüge eines allgemeinen, trägerunabhängigen pädagogischen Gütesiegels vorstellen und ausgewählte Schritte einer empirischen Umsetzung und Erprobung berichten, so geschieht dies im Rahmen dieser konsensuellen Forderung nach Verbesserung und Sicherung pädagogischer Qualität der öffentlich verantworteten Angebote früher Betreuung, Bildung und Erziehung. Ziel ist es, ein Instrumentarium zu entwickeln, mit dessen Hilfe

- die gegebene Qualität in Kindertageseinrichtungen zuverlässig festgestellt werden kann,
- verschiedene beteiligte Gruppen und Instanzen (Eltern, Träger, Mitarbeiter von Einrichtungen, Jugendbehörden, Fachpolitik und die Gesellschaft allgemein) über die vorhandene Qualität verlässlich informiert werden können,
- systematische Qualitätsverbesserungen eingeleitet werden können
- und eine auf Qualitätssicherung (und -verbesserung) bezogene Systemsteuerung erfolgen kann.

Die folgenden Ausführungen sind auf die institutionelle Tagesbetreuung von Kindern bezogen. Sie können jedoch sinngemäß auch auf andere Formen, wie die Tagespflege, übertragen werden (vgl. Jurczyk u. a. 2004, S. 189 ff.; 344 ff.).

2 Pädagogische Qualität verbessern und steuern

2.1 Bezugsrahmen zur Verbesserung und Steuerung pädagogischer Qualität

Wer pädagogische Qualität in Tageseinrichtungen für Kinder feststellen, verbessern und steuern will, benötigt eine ordnende Konzeption, die es erlaubt, verschiedene Qualitätsbereiche zu differenzieren sowie Zusammenhänge zwischen Qualitätsbereichen zu spezifizieren und zu überprüfen. Daneben gilt es, erwünschte wie unerwünschte Ergebnisse für die hauptsächlichen Adressaten, Kinder und Eltern, in den Blick zu rücken sowie Ansatzpunkte für Qualitätsverbesserungen und -steuerung zu benennen. In der Abbildung 1 ist eine solche, in vielfacher Hinsicht stark vereinfachende Konzeption wiedergegeben.

Abbildung 1: Zusammenhang von Input (Rahmenbedingungen, Ressourcen) und Output (realisierte pädagogische Prozesse) sowie Outcomes (Effekte bei Kindern und Eltern) in Kindertagesstätten

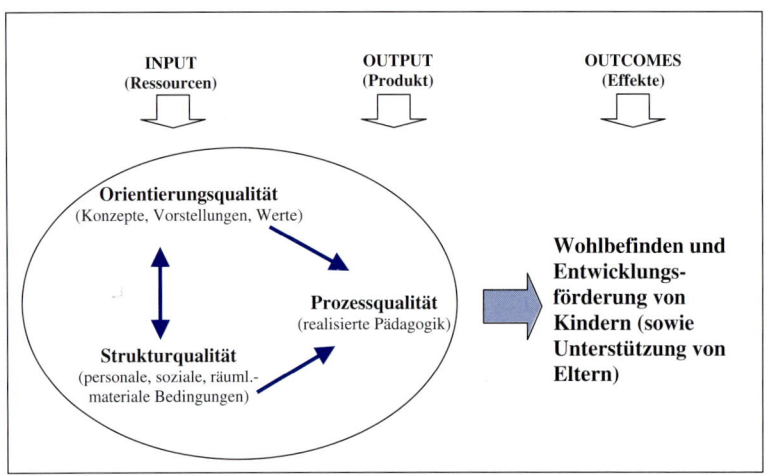

In dieser Konzeption wird eine Kindertagesstätte als eine Dienstleistungsorganisation betrachtet, deren Aufgabe es ist, die pädagogische Dienstleistung »Betreuung, Bildung und Erziehung« in möglichst guter Qualität, zumindest aber nicht unterhalb eines bestimmten Qualitätsniveaus, bereitzustellen. Wir bezeichnen die Dienstleistung als das *Produkt* oder den *Output*, den die Tageseinrichtung hervorbringt: Es sind die alltäglichen pädagogischen Abläufe, die Art und Weise, wie mit Kindern umgegangen wird, welche Erfahrungen sie machen können, welche bildungs- und entwicklungsfördernden Anregungen sie erhalten; aber auch, wie Eltern informiert und einbezogen werden und wie deren Bedürfnisse nach Betreuung, Bildung und Erziehung ihrer Kinder berücksichtigt werden. Diese Dienstleistungen und ihre Qualität stehen allerdings nicht frei im Raum, sondern sind rückgebunden an bestimmte Rahmenbedingungen und Ressourcen, unter denen das Produkt »Betreuung, Bildung und Erziehung« in seiner konkreten *Prozessqualität* hervorgebracht wird. Wir bezeichnen diese Ressourcen und Rahmenbedingungen als den *Input* der Organisation. Diese Ressourcen, die wir hier in die zwei Bereiche *Orientierungs-* und *Strukturqualität* unterteilen, beinhalten verschiedene Faktoren. Sie sind den einzelnen Einrichtungen vorgegeben, zumeist *politisch reguliert* und von diesen kaum veränderbar. Als Inputbedingungen im Bereich der *Strukturqualität* können beispielsweise Faktoren gelten wie Gruppengröße, Erzieher-Kind-Schlüssel, Arbeitszeitkontingente für das pädagogische Personal zur Vor- und Nachbereitung der pädagogischen Arbeit, Raumgrößen innen und außen. Zu den Inputbedingungen im Bereich der Orientierungsqualität gehören Rahmenrichtlinien und Curricula, pädagogische Konzeptionen auf der Ebene der einzelnen Einrichtung, aber auch fachliche Ausbildung und Fortbildung des pädagogischen Personals.

Mit der in Abbildung 1 wiedergegebenen Grundkonzeption wird davon ausgegangen, dass die Inputbedingungen der Struktur- und Orientierungsqualität Einfluss auf den Output, d.h. die realisierte Prozessqualität haben. Darüber hinaus wird angenommen, dass die drei Qualitätsbereiche zusammengenommen sich auf die *Outcomes* bei Kindern (z.B. Bildungsförderung) und Eltern (z.B. Zufriedenheit) auswirken.

2.2 Empirische Evidenz

Mittlerweile gibt es eine große Zahl von Studien, die sich in den o.a. Bezugsrahmen einordnen lassen und die dort enthaltenen Zusammenhänge konkretisieren. Aus der Fülle des Materials sollen hier drei für den weiteren Gedankengang wichtige Befunde herausgegriffen werden:

1. Die pädagogische Prozessqualität, also die Qualität der Dienstleistung »Betreuung, Bildung und Erziehung«, variiert zwischen den einzelnen Einrichtungen erheblich. Dies gilt nicht nur für staatlich wenig regulierte und eher marktwirtschaftlich orientierte Systeme wie in den USA (vgl. Cost, Quality and Child Outcome Study Team 1995), sondern auch für die im Regelfall staatlich stärker geregelten Tagesbetreuungssysteme in europäischen Ländern (vgl. Tietze et al. 1996). Auch in Deutschland findet sich die gesamte Spannbreite von unzureichender bis guter und ausgezeichneter Prozessqualität mit im Durchschnitt eher nur mittelmäßiger Qualität (Tietze u.a. 1996, Tietze u.a. 1998).

Sofern man ein öffentliches Interesse an einem durchgängig zufriedenstellenden Niveau an Prozessqualität ohne exzessive Diskrepanzen unterstellt, verweist der genannte Befund auf offensichtliche Steuerungsdefizite. Allem Anschein nach gelingt es mit den gegenwärtig eingesetzten Steuerungsinstrumenten nicht, Prozessqualität angemessen zu steuern, d. h. ein durchgängig zufriedenstellendes Niveau zu sichern und unvertretbare Ausschläge nach unten zu vermeiden.

2. Zahlreiche Studien belegen, dass der Dienstleistungs*output*, die pädagogische *Prozessqualität*, zu einem erheblichen Teil von vorgegebenen *Input*bedingungen abhängt. Die International Child Care and Education Study mit ihren gepoolten Daten der European Child Care and Education Study (Deutschland, Österreich, Portugal, Spanien) und der US-amerikanischen Cost, Quality and Child Outcomes Study belegt, dass je nach Land zwischen 26 % und 55 % der Varianz der Prozessqualität durch Inputbedingungen bestimmt werden (Cryer u. a. 1999).
In Deutschland ergaben sich bei einer detaillierten Analyse 48 % durch Input-Bedingungen erklärte Kriteriumsvarianz bei der heterogenen, aus fünf Bundesländern gezogenen Stichprobe von Kindertageseinrichtungen (Tietze u. a. 1998). Weitere von uns durchgeführte Untersuchungen an regional homogenen Stichproben zeigen allerdings geringere Varianzaufklärungen durch Inputfaktoren. Die Befunde verweisen auf zwei in unserem Zusammenhang zentrale Punkte: Die pädagogische Prozessqualität (Output) wird zu einem beträchtlichen Anteil durch vorgegebene Inputbedingungen bestimmt. Insofern kommt der Regulierung der Rahmenbedingungen und ihrer Sicherung auf einem zureichenden Niveau, unter denen die Einrichtungen arbeiten und ihre pädagogische Dienstleistung erzeugen, eine große Bedeutung zu. Die Befunde zeigen aber auch, dass die Qualität der Dienstleistung (Prozessqualität) keineswegs durch die Inputbedingungen vollständig determiniert wird. Ein Steuerungsansatz, der nur auf die Regulierung von Inputbedingungen setzt, greift damit erkennbar zu kurz.

3. Die adressierten Bereiche der Orientierungs-, Struktur- und Prozessqualität mit ihren jeweiligen Faktoren haben nachhaltige Auswirkungen auf die kurz- wie auch mittelfristige Entwicklung

und Bildungsförderung von Kindern[1]. Dies gilt für das Kindergarten- wie für das Grundschulalter. Zusammenfassungen der englischsprachigen Literatur belegen, dass die Qualität der Rahmenbedingungen in den Einrichtungen wie auch die Prozessqualität in bedeutsamer Weise mit Bildungs- und Entwicklungs*outcomes* der Kinder im kognitiv-sprachlichen wie auch im sozialen Bereich verbunden ist (vgl. Burchinal 1999, Vandell/Wolfe 2000, Roßbach 2004). Die Effekte, die von der Qualität der Tagesbetreuung in Einrichtungen auf die kindliche Förderung ausgehen, sind zwar geringer als die, die auf Unterschiede in der Qualität des Familienmilieus zurückgeführt werden können; gleichwohl sind sie substanziell.

In der deutschen Untersuchung von Tietze u.a. (1998) ergab sich, dass im Extremfall Entwicklungsunterschiede von bis zu einem Jahr bei Kindergartenkindern auf Qualitätsunterschiede in den Einrichtungen (Struktur-, Orientierungs- und Prozessqualität zusammengenommen) zurückgeführt werden können. Weiterhin zeigte sich, dass die Effekte unterschiedlicher Kindergartenqualität auch nach vier Jahren, am Ende der zweiten Grundschulklasse, im Schulleistungs- und Entwicklungsstand der Kinder feststellbar waren (Tietze u.a. 2005).

Solche Befunde zusammengenommen belegen, wie wichtig es ist, in einem öffentlich verantworteten System der Betreuung, Bildung und Erziehung von Kindern über die gegebene Qualität in den Bereichen Orientierungs-, Struktur- und Prozessqualität Bescheid zu wissen und diese durch geeignete Steuerungsmaßnahmen auf einem hinreichend hohen Niveau zu sichern.

2.3 Gegenwärtige Steuerungsansätze und ihre Defizite

Hier ist nicht der Ort, die Probleme der Information über die pädagogische Qualität in der Tagesbetreuung von Kindern und die Fragen der Qualitätssteuerung im gegenwärtigen System systematisch zu erörtern. Es sollen jedoch zumindest ausschnitthaft einige As-

---

[1] Die positiven langfristigen Auswirkungen, die im Zusammenhang mit experimentell orientierten Längsschnittuntersuchungen an speziellen Stichproben ermittelt wurden, sollen hier nicht weiter betrachtet werden (vgl. Barnett 1998, Schweinhart 2004).

pekte angesprochen werden, die charakteristisch für die Defizite des gegenwärtigen Systems sind.

1. Legt man den in Abbildung 1 dargestellten Bezugsrahmen zugrunde, dann fällt auf, dass im gegenwärtigen System der Qualitätssicherung in Kindertageseinrichtungen der zentrale Bereich der Prozessqualität (Output) überhaupt nicht in den Blick gerät. Mit welchem Niveau der pädagogischen Dienstleistung »Betreuung, Bildung und Erziehung« wir es in den Einrichtungen zu tun haben, ist (außerhalb von wissenschaftlichen Untersuchungen) unbekannt.
Weder der einzelnen Einrichtung noch dem Träger oder der entsprechenden Trägerorganisation noch der öffentlichen Jugendhilfeadministration oder der Fachpolitik stehen entsprechende Informationen zur Verfügung.
Dem Mangel an Information über diesen Qualitätsbereich entspricht die Tatsache, dass dieser Qualitätsbereich dementsprechend auch nicht der direkten Steuerung zugänglich ist. Damit bleibt der zentrale Qualitätsbereich, der die Schnittstelle mit den kindlichen Erfahrungen wie auch zu den Eltern markiert, außerhalb des Horizontes.

2. Die gegenwärtige Qualitätssteuerung stellt im Wesentlichen eine Inputsteuerung dar, wobei zusätzlich einengend hinzukommt, dass meist nur einer der Qualitätsbereiche *Orientierungs-* oder *Struktur*qualität in den Blick gerät und innerhalb dieser Bereiche oft nur einzelne Inputbedingungen betrachtet werden.
Orientierungsqualität: Tief verwurzelt ist der Glaube, pädagogische Qualität auf der Ebene der Prozesse und erwünschte Outcomes bei Kindern über pädagogische Konzepte, also über Faktoren der Orientierungsqualität, sichern zu können. Dem liegt der naive, jedenfalls ungeprüfte Glaube zugrunde, dass sich die hohe Qualität eines pädagogischen Konzeptes gleichsam bruchlos in einer entsprechenden Prozessqualität niederschlägt und dass die intendierten Effekte in entsprechenden Bildungsoutcomes der Kinder wieder zu finden sind.
Die Annahme, dass beispielsweise die Inanspruchnahme des Situationsansatzes (Zimmer 1985, 1998) als Merkmal der *Orientierungs*qualität zu einer entsprechenden pädagogischen Praxis (Prozessqualität) führt und bei den Kindern entsprechende Bil-

dungs*outcomes* (Bewältigung von Lebenssituationen, Autonomie) induziert, ist sehr fragwürdig und bedürfte der Untersuchung. Die wenigen, und von der Aussagekraft eingeschränkten, empirischen Befunde geben eher zu Zweifeln Anlass (vgl. Wolf u. a. 2003), als dass sie solche weitreichenden Hypothesen stützen. Hinzu kommt, dass bei solchen Ansätzen der Steuerung ausschließlich über Konzepte/Orientierungsqualität andere Inputbedingungen wie Gruppengrößen, Erzieher-Kind-Schlüssel oder räumliche Bedingungen, also solche der Strukturqualität, außer Acht bleiben.

Strukturqualität: Eine weitere Form der Inputsteuerung richtet sich auf die Steuerung von strukturellen Merkmalen. Zentrale Merkmale dieser Art sind Gruppengrößen, Erzieher-Kind-Schlüssel, formales Ausbildungsniveau des pädagogischen Personals oder auch Raum- und Sachausstattung innen und außen. Es handelt sich hierbei um den klassischen, von der Fachpolitik und Jugendhilfeadministration bevorzugten Ansatz, bei dem wichtige strukturelle Rahmenbedingungen über Rechts- und Verwaltungsvorschriften bzw. finanzielle Leistungen reguliert werden. Auch bei diesem Ansatz rücken die anderen Qualitätsbereiche kaum oder gar nicht in den Blick. Die Orientierungsqualität wird – von sehr allgemeinen Aussagen in den jeweiligen Kita-Gesetzen der Länder abgesehen – im Kern als Angelegenheit einer pluralen Trägerlandschaft betrachtet, die Prozessqualität und Outcomes befinden sich als direkte Steuerungsbereiche überhaupt nicht im Blickfeld. Wie bei der Orientierungsqualität wird auch bei diesem Steuerungsansatz implizit angenommen, dass die Sicherung einer hinreichenden Strukturqualität zu einer hohen Qualität des Outputs »Betreuung, Bildung und Erziehung« mit entsprechend günstigen Outcomes bei Kindern und Eltern führt. Abgesehen davon, dass ausweislich empirischer Untersuchungen (vgl. oben) Prozessqualität und Outcomes nur deutlich unterdeterminiert beeinflusst werden können, hat dieser Ansatz seit den 90er-Jahren zusätzlich an Regelungskraft eingebüßt. Denn mit der Deregulierung von Standards der Strukturqualität, wie sie im Zuge der durch den Rechtsanspruch auf einen Kindergartenplatz erzwungenen quantitativen Ausweitung von Kindergartenplätzen erfolgte (vgl. Reidenbach 1996), und der vielerorts vorgenommenen Kommunalisierung der Kindertagesbetreuung, wurde dieser Steuerungsansatz zusätzlich geschwächt.

3. Bedauerlicherweise unterliegen auch die meisten der aktuell mit großer Vehemenz diskutierten Vorschläge für eine Verbesserung der pädagogischen Qualität den Begrenzungen der Inputsteuerung. Verdeutlichen lässt sich dies an den gegenwärtig in allen Bundesländern eingeführten oder vor der Einführung stehenden Bildungsplänen (Beschluss der Jugendminister 2002, Hovestadt 2003) oder auch den Vorschlägen für eine verbesserte Erzieherinnenausbildung (BMFSFJ 2003). So wichtig jede dieser Maßnahmen für sich ist, so nüchtern muss festgestellt werden, dass es sich um Einzelinstrumente einer Qualitätssicherung durch Input-Steuerung mit deren prinzipiell begrenzter Reichweite handelt. Es ist allzu offenkundig, dass Anstrengungen zur Qualitätsverbesserung und Qualitätssicherung, die nur auf solche einzelnen Steuerungsfaktoren setzen, zu kurz greifen. Hinzu kommt eine strukturelle Interessenkollision, die daraus resultiert, dass die Inputstandards setzenden Instanzen zugleich für deren Finanzierung einstehen müssen.

3 Pädagogisches Gütesiegel als neues Instrument der Qualitätssicherung

3.1 Voraussetzungen und Anforderungen

Wenn wir im Folgenden die Grundzüge eines allgemeinen pädagogischen Gütesiegels entwickeln, so geschieht dies vor dem Hintergrund, die gegebenen Defizite in der Sicherung pädagogischer Qualität ernst zu nehmen sowie eine breitere und damit angemessenere Perspektive auf pädagogische Qualität mit ihren verschiedenen Bereichen zu entwickeln. Zugleich gilt es, die Möglichkeiten eines Steuerungsansatzes zu reflektieren, der nicht von vornherein in der Gefahr des kompromittierenden Kompromisses zwischen Qualität und ihrer Finanzierung steht. Dies wird gewährleistet, indem Fragen, was unter zureichender Qualität zu verstehen ist und wer diese feststellt, von Fragen getrennt werden, wer die für die Erreichung und Sicherung hinreichender Qualität erforderlichen Ressourcen bereitstellt. Für die Qualitätssicherung in Kindertageseinrichtungen über ein allgemeines pädagogisches Gütesiegel gilt es eine Reihe von Voraussetzungen und Anforderungen zu beachten (vgl. Spieß/Tietze 2002):

Qualitätskonsens: Im Voranstehenden wurde deutlich, dass die den gegenwärtigen Ansätzen zur Qualitätssicherung zugrunde liegenden Sichtweisen auf Qualität durch starke Verengungen und Einseitigkeiten gekennzeichnet sind. Pädagogische Qualität ist aber offensichtlich ein vieldimensionales Gebilde. Ihre Verbesserung und Sicherung setzt daher eine hinreichend breite und differenzierte Wahrnehmung des Gegenstandes voraus. Wir gehen davon aus, dass ein pädagogisches Gütesiegel alle drei Qualitätsbereiche, den Bereich der Orientierungs-, der Struktur- und der Prozessqualität, berücksichtigen sollte. Ebenfalls sollte es die Abstimmung mit den Eltern als der für junge Kinder zentralen Erziehungsinstanz thematisieren. Innerhalb der Bereiche sind die Dimensionen von besonderem Interesse, deren Bedeutung für (erwünschte) Outcomes bei Kindern (und Eltern) empirisch belegt ist bzw. die von Experten als besonders wichtig angesehen werden. Neben der *Dimensionierung* von Qualität muss ein Qualitätskonsens auch eine Verständigung über Mindest- und wünschenswerte *Standards* enthalten. Solche können nicht aus empirischen Untersuchungen abgeleitet werden. Empirische Untersuchungen können aber helfen, die Folgen der einen oder anderen Standardsetzung abzuschätzen und damit die Standardsetzung nicht der Beliebigkeit anheim fallen zu lassen. Auf den hier reklamierten Qualitätskonsens kann gegenwärtig sicherlich nicht im Sinne eines vorhandenen, einfach abrufbereiten Gebildes zurückgegriffen werden. Jedoch erscheint der fachliche Wissensbestand zur Fundierung eines Qualitätskonsenses ausreichend; auch zeigen Erfahrungen mit der Entwicklung eines Qualitätskriterienkatalogs, wie im Rahmen der Nationalen Qualitätsinitiative geschehen (vgl. Tietze/Viernickel 2003), dass entsprechende Konsense organisierbar sind.

Messbarkeit: Wenn die im Qualitätskonsens definierten Dimensionen und Standards zur Qualitätssicherung in Kindertageseinrichtungen herangezogen werden sollen, müssen sie prinzipiell in einer intersubjektiv befriedigenden Weise messbar und überprüfbar sein. Es werden somit Feststellungsverfahren benötigt, mit denen die verschiedenen Qualitätsdimensionen reliabel und valide gemessen werden können. In den Bereichen der Orientierungs- und Strukturqualität wird dieses Messen, z.B. die Erfassung des Erzieher-Kind-Schlüssels, sich einfacher darstellen als im Bereich der konkreten Prozessqualität. Allerdings stehen auch hier mit der Kindergarten-

Skala (KES-R) (Tietze u.a. 2001) und verwandten Instrumenten (Krippen-Skala, Hort-Skala, Tagespflege-Skala) Möglichkeiten zur Verfügung, mit einem international anerkannten und weit verbreiteten Instrumentarium Prozessqualität in zufrieden stellender Weise zu erfassen. Für alle Messverfahren gilt darüber hinaus, dass sie dem Kriterium der Erhebungsökonomie genügen müssen, da sonst die Anwendung in möglichst flächendeckenden Kontexten von vornherein ausgeschlossen wäre.

Neutralität: Eine der wichtigsten Anforderungen an eine Qualitätsmessung im Rahmen einer Gütesiegelvergabe besteht darin, dass diese von einer unabhängigen Instanz vorgenommen wird. Es sollte sich hierbei um eine Außeninstanz im Verhältnis zur Einrichtung und ihrem Träger handeln, deren Reputation für Neutralität einsteht. Die Neutralität bezieht sich nicht nur auf den Akt der Qualitätsfeststellung, was bedeutet, dass keiner der Träger oder Trägerverbände von Kindertageseinrichtungen mit der Qualitätsfeststellung betraut werden darf, sondern auch auf die zu berücksichtigenden Qualitätsdimensionen, deren Auswahl nicht von einem einzelnen Träger oder Trägerverband bestimmt werden darf (vgl. Qualitätskonsens). Die gegenwärtig zu beobachtende Entwicklung trägerspezifischer Qualitätssicherungsansätze (vgl. die entsprechenden Beiträge in diesem Band) stehen nicht im Einklang mit diesem Prinzip. Auch soweit staatliche Stellen, sei es auf der Ebene von Kommunen oder Bundesländern, mit der Qualitätssicherung befasst sind, wird das Prinzip der Neutralität verletzt. Als maßgebliche Financiers von Kindertageseinrichtungen stecken sie in einem strukturellen Dilemma zwischen Kostenminimierung einerseits und kostenträchtiger Qualitätssicherung und -verbesserung andererseits. Ein Gütesiegel, d.h. die zugrunde liegende Qualitätsmessung wie auch die Gütesiegelvergabe, muss daher von einer träger- und staatsneutralen Außeninstanz verantwortet werden.

Universelle Gültigkeit: Pädagogische Qualität ist für Kinder und Eltern aller Bildungs- und Einkommensgruppen und unabhängig von regionaler oder trägerspezifischer Zugehörigkeit von Bedeutung. Im Sinne der Einheitlichkeit der Lebensverhältnisse, wie im Grundgesetz Artikel 106 gefordert, sollten daher überall einheitliche Qualitätsstandards beim Gütesiegel über regionale und trägerspezifische Grenzen hinweg gelten. Die gegenwärtige Praxis bei Bundesländern und Trägern steht in einem erheblichen Widerspruch zu diesem Grundsatz. So kritisiert z. B. Textor (1999, S. 23), dass es an Anstrengungen, die »zur Vereinheitlichung der unterschiedlichen Kindertagesstättengesetze und entsprechenden Verordnungen der Länder führen« könnten, fehlt. Zwar sind in jüngerer Zeit gewisse Anstrengungen dieser Art auf der Ebene der Jugendminister erkennbar (Jugendministerkonferenz 2002), jedoch bemängelt auch der jüngst erschienene Bericht der OECD (2004) die Diversität von Standards. Die Forderung der Sicherung pädagogischer Qualität auf einem Mindeststandard, unabhängig von sonstigen Bedingungen, impliziert damit, dass es ein *einheitliches* Gütesiegel geben sollte, da nur auf einer solchen Grundlage entsprechende Überprüfungen möglich sind. Die Anwendung eines universellen Gütesiegels schließt im übrigen nicht aus, dass ein Träger – zusätzlich zu den Qualitätsfeststellungen im Rahmen des allgemeinen Gütesiegels – in weiteren Dimensionen mit hohem trägerspezifischen Wert Qualitätsfeststellungen vornehmen lässt und deren Ergebnisse auch nach außen kommuniziert.

Verbesserungsanzeige: Die mit einem Gütesiegel verbundene Qualitätsfeststellung beschreibt zunächst einen Ist-Zustand in den verschiedenen Qualitätsdimensionen. Erst durch die Festlegung von Standards – Mindeststandards wie auch wünschenswerten Standards – gewinnt das Instrument seinen Charakter als Inzentiv für Qualitätsverbesserung.
Bei einem Gütesiegel, das flächendeckend zur Qualitätssicherung eingesetzt wird, sind Mindeststandards zu setzen, die eine Qualitätsgrenze darstellen, die nicht unterschritten werden darf. Um die Mindestqualität allerdings nicht zur orientierenden Norm werden zu lassen, sollten zusätzlich Standards guter und sehr guter Qualität benannt werden, die durch ihre öffentliche Kommunikation Orientierungsmarken für Fachpolitik, Träger und das Praxisfeld setzen. Ein solchermaßen gestuftes Gütesiegel dient beiden Zwecken, der Sicherung von Mindestqualität und der Orientierung auf gute Qualität. Beides wird in den gegenwärtigen Formen der Qualitätssicherung nicht realisiert.

Offenheit: Die für ein Gütesiegel zu treffenden Festlegungen hinsichtlich der zu berücksichtigenden Qualitätsdimensionen, der entsprechenden Standards in diesen Dimensionen sowie auch hinsichtlich bestimmter Messverfahren sind Festlegungen, die den besten Kenntnisstand widerspiegeln sollten. Als solche sind sie aber auch Festlegungen auf Zeit, die auf dem Hintergrund neuer wissenschaftlicher Erkenntnisse oder auch veränderter gesellschaftlicher Anforderungen an Kindertageseinrichtungen weiterentwickelt werden können und sollten. Das Feststellungssystem, das einem Gütesiegel zugrunde liegt, sollte daher nicht als ein statisches Gebilde angesehen werden, sondern als ein offenes und »lernendes« System (Cryer 1999; vgl. auch Textor 1999).

Schrittweise Einführung: Ein Gütesiegel stellt ein neuartiges Instrument für die Qualitätssicherung in Kindertageseinrichtungen dar, das im bisherigen System keine Entsprechung hat. Seine Akzeptanz wird umso eher zu erreichen sein, je besser es gelingt, die verschiedenen Akteursgruppen an der Einführung zu beteiligen und die Einführung als einen gleitenden Prozess zu gestalten. Es sollte daher ein die Entwicklung und Einführung begleitendes Expertengremium geben, das neben Vertretern aus einschlägigen Wissenschaftsbereichen auch Vertreter aus den Bereichen der Trägerschaft und Jugendhilfeadministration, der Aus- und Fortbildung sowie der Personalvertretung und Elternschaft in sich vereinigt. Neben der Beratung käme einem solchen begleitenden Expertengremium auch die Funktion als Bindeglied zu den verschiedenen Praxisfeldern zu. Darüber hinaus kann die Einführung eines Gütesiegels sinnvoller Weise nicht als punktueller Akt geschehen. Abgesehen von den nicht aus dem Stand heraus zu lösenden logistischen Fragen und auch Kosten bei einem von Anfang an flächendeckenden Einsatz (vgl. Dohmen in diesem Band) scheint es auch von der Sache her sinnvoll, ein Gütesiegel auf freiwilliger Basis in regional begrenzten Modellregionen zu erproben, um »Kinderkrankheiten«, mit denen zu rechnen ist, vor einer Einführung auf breiter Front zu beheben.

3.2 Empirische Annäherungen

In der gegenwärtigen Phase kann – aus den verschiedensten Gründen – noch kein geeinter fachpolitischer Wille unter Einschluss der drei staatlichen Ebenen Kommunen, Länder, Bund wie auch der freien Träger vorausgesetzt werden, aus dem heraus es zu einer gemeinsam getragenen und gezielten Entwicklung eines allgemeinen pädagogischen Gütesiegels für Kindertageseinrichtungen kommen könnte. Vermutlich bedarf es einer längeren fachöffentlichen Beschäftigung mit Gütesiegelfragen und auch entsprechender Erprobungserfahrungen, um dem Gedanken einer breiten Einführung näher zu treten. Wir gehen davon aus, dass in diesem Prozess nicht nur Fragen und Anforderungen theoretischer und fachpolitischer Art erörtert werden müssen, sondern konkrete Ansätze und Erprobungen nötig sind.

Vor diesem Hintergrund sollen im Folgenden die Grundzüge eines konkreten Gütesiegelansatzes und Schritte seiner empirischen Umsetzung berichtet werden, die wir im Rahmen von PädQUIS® und in Kooperation mit dem Charlotte-Bühler-Institut (CBI) in Wien unternommen haben und weiter fortsetzen[2]. Die Kooperation wird von dem Gedanken getragen, dass die Fragen und Probleme der Verbesserung und Sicherung pädagogischer Qualität in Deutschland und Österreich ähnlich gelagert sind. Die Arbeiten sind nicht abgeschlossen, so dass die folgenden Ausführungen als Werkstattbericht zu verstehen sind.

3.2.1 Berücksichtigte Qualitätsbereiche

Nach den obigen Ausführungen zum Rahmenkonzept pädagogischer Qualität und den dazu vorliegenden Forschungen betrachten wir es als unverzichtbar, alle drei Qualitätsbereiche, Orientierungs-, Struktur- und Prozessqualität, in das Gütesiegelkonzept aufzunehmen. Die Aufgabe der Tageseinrichtungen für Kinder ist dabei allerdings nicht nur direkt auf ihre Kinder gerichtet, sondern dient – im Sinne eines »joint service« – auch der Unterstützung von Eltern bei der gemeinsamen Aufgabe der Betreuung, Bildung und Erziehung von Kindern. Wir beziehen daher diesen Qualitätsbereich, der die »Außenbeziehung« zu den Eltern thematisiert und den wir als »Elternabstimmung« bezeichnen, als vierten Qualitätsbereich mit ein. Zu den zentralen Qualitätsdimensionen dieses Bereiches gehören Abstimmung der Öffnungszeiten auf Bedürfnisse der Elternschaft, regelmäßige Informationen von Eltern in Bezug auf allgemeine Kita-Angelegenheiten wie auch das jeweilige Kind sowie klare Mitwirkungsmöglichkeiten von Eltern. Die in unserem Gütesiegelansatz

---

[2] Ebenfalls in die Entwicklungsarbeiten einbezogen ist Prof. Dr. H.-G. Roßbach, Universität Bamberg.

berücksichtigten Qualitätsbereiche mit entsprechenden Qualitätsdimensionen in diesen Bereichen (Auswahl) sind in der Abbildung 2 wiedergegeben.

Abbildung 2: PädQUIS® – CBI Gütesiegelansatz

Strukturqualität
- Gruppengröße
- Erzieher-Kind-Schlüssel
- Räume, innen und außen
- Vor- und Nachbereitungszeiten

Orientierungsqualität
- Curriculum
- Einrichtungsspezifische Konzeption
- Ausbildung
- Fortbildung

Prozessqualität
- Sicherheit
- Gesundheit
- Förderung in verschiedenen Kompetenzbereichen (Sprache, Kognition, Motorik, Musik/Kunst, Sozial-Emotionales)
- Berücksichtigung von Individualität, Geschlecht
- Berücksichtigung kultureller Diversität

Elternabstimmung
- Öffnungszeiten-Abstimmung
- Elterninformation allgemein
- Elterninformation in Bezug auf einzelnes Kind
- Elternmitwirkung

Wie ersichtlich, werden in diesem Gütesiegelansatz keine Outcomes bei den Kindern (Förderungs-, Entwicklungsergebnisse) direkt adressiert. Dies geschieht aus einem zweifachen Grund, einem pragmatischen und einem systematischen. Unter pragmatischen Gesichtspunkten scheint es kaum realisierbar, im Rahmen einer Qualitätsfeststellung für ein Gütesiegel bei einer hinreichenden Anzahl von Kindern in jeder Einrichtung differenzierte Outcome-Messungen vorzunehmen. Die inhaltliche und logistische Überfrachtung wie auch die damit verbundenen Kosten würden der Praktikabilität, zumindest einer breiten Anwendung, von vornherein entgegenstehen. Allerdings gibt es auch einen systematischen Grund für den Ausschluss von Outcome-Messungen. Outcomes bei den Kindern werden nur zu einem Teil von der pädagogischen Qualität der Kindertageseinrichtung beeinflusst. Andere Einflussgrößen wie die Familie haben einen rund zwei- bis dreimal so großen Einfluss (vgl. Tietze u.a. 2001, Tietze u.a. 2005, Roßbach 2004). Ohne Kontrolle solcher Einflussgrößen würde die umstandslose Wertung von Outcomes der Kinder als Qualitätsmerkmal der Einrichtung zu Fehlschlüssen führen. Es kann aber im Rahmen einer Qualitätsfeststellung für ein Gütesiegel für Kindertageseinrichtungen keine sinnvolle Aufgabe sein, auch die häusliche Qualität der betroffenen Kinder zu untersuchen.

Der Ausschluss von Outcome-Messungen aus dem Gütesiegel impliziert freilich nicht deren generelle Bedeutungslosigkeit. Vielmehr werden Outcome-Untersuchungen im Rahmen von Validierungsstudien zu einem Gütesiegel eine wichtige Rolle spielen: In solchen Validierungsuntersuchungen mit einem »value added«-Design ist zu belegen, dass sich unter Kontrolle häuslicher Anregungsbedingungen bei höherer pädagogischer Qualität im Sinne des Gütesiegels eine größere Förderung der Kinder ergibt.

3.2.2 Auswahl von Dimensionen und Setzung von Standards

Nach der Auswahl von Qualitäts*bereichen*, die in einem Gütesiegel repräsentiert sein sollen, stellen sich für die weitere Spezifizierung drei grundlegende Fragen:

- Welche einzelnen Qualitäts*dimensionen* sollen innerhalb eines Qualitätsbereiches spezifiziert werden?
- Wie sollen die einzelnen Qualitätsmechanismen konkret messbar gemacht werden?
- Welche Werte sollen als *Standards* auf einer Qualitätsdimension festgelegt werden, d.h. welche Merkmalsausprägung soll als akzeptable Qualität (Mindestqualität) bzw., im Falle mehrerer gestufter Standards (gestuftes Gütesiegel), welche Merkmalsausprägungen sollen als Standards für z.B. gerade »noch akzeptable«, »befriedigende«, »gute« oder »sehr gute« Qualität angesehen werden?

Abbildung 3: Qualitätskomponenten eines pädagogischen Gütesiegels

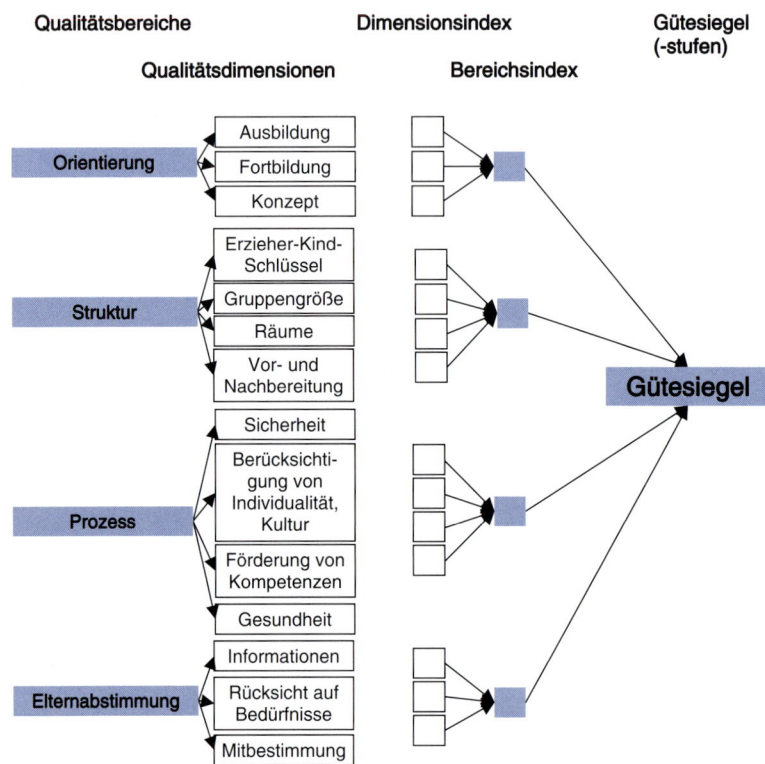

Neben den Antworten auf solche analytisch-detaillierenden Fragen (Qualitätsbereiche → Qualitätsdimensionen → Qualitätsstandards) werden Entscheidungen in gleichsam umgekehrter, synthetisierender Richtung erforderlich:

- Wie werden die Indexwerte eines Qualitätsbereiches (Merkmalsausprägungen in den verschiedenen Qualitätsdimensionen) zusammengefasst, mit welcher Gewichtung gehen die einzelnen Dimensionsindizes in einen Bereichsindex ein?
- Wie werden die Bereichsindizes für die vier Qualitätsbereiche zu einem Gesamtindex zusammengefasst?

Der Zusammenhang der hier aufgeworfenen Fragen ist in der Abbildung 3 (vgl. S. 48) grafisch dargestellt. Die Abbildung 3 enthält auf der linken Seite die vier grundlegenden Qualitätsbereiche, Orientierungs-, Struktur- und Prozessqualität sowie Elternabstimmung. Jeder dieser Qualitätsbereiche wird in mehrere Qualitätsdimensionen aufgefächert. Die ermittelten Messwerte in jeder der Qualitätsdimensionen, hier als (Dimensions-)-Indizes bezeichnet, bilden die Basisinformation für das Gütesiegel. Der Gütesiegelwert selbst (»ja/nein« oder mehrere Qualitätsstufen bei gestuftem Siegel) kommt über zwei Schritte der Informationszusammenfassung zustande: In einem ersten Schritt werden die Indizes der verschiedenen Dimensionen eines Qualitätsbereiches zu einem Bereichsindex zusammengefasst. In einem zweiten und letzten Schritt werden die vier Bereichsindex-Werte (für Orientierungs-, Struktur- und Prozessqualität sowie Elternabstimmung) in einem einzigen Gütesiegelwert vereinigt. Dabei ist es von der Verfahrenslogik her zunächst unerheblich, ob es sich um eine zweiwertige Gütesiegeleinstufung handeln soll (Gütesiegel wird vergeben oder nicht) oder um eine mehrstufige, bei der das vergebene Gütesiegel unterschiedliche Qualitätsstufen ausweist.

Der Prozess der Standsetzung ist in der Abbildung 3 nicht gesondert ausgewiesen. Er erfolgt in unserem Zusammenhang auf den verschiedenen Indexebenen (s.u.).

3.2.3 Beispiel: Qualitätsdimension Erzieher-Kind-Schlüssel

Im Folgenden soll das Vorgehen am Beispiel der Dimension »Erzieher-Kind-Schlüssel« aus dem Bereich der Strukturqualität erläutert werden. Wie bei allen anderen Qualitätsdimensionen auch lassen wir uns bei der Auswahl dieser Dimension als Qualitätsdimension und bei der Standardsetzung von drei übergreifenden Gesichtspunkten leiten; diese sind:

- Rechtliche Bestimmungen
- Forschungsbelege der Bedeutsamkeit dieser Dimension für die Förderung von Kindern
- Empfehlungen von Experten.

3.2.3.1 Rechtliche Bestimmungen

Für die meisten Bundesländer existieren rechtliche Regelungen hinsichtlich des Erzieher-Kind-Schlüssels, eine Ausnahme bildet z.B. Baden-Württemberg. Zumeist wird neben den Betreuungs- und Anwesenheitszeiten der Kinder zusätzlich nach der fachlichen Qualifikation des Personals unterschieden. Die Zuweisung von pädagogischem Fach- und Hilfspersonal erfolgt je nach Bundesland entweder entsprechend der Kinderzahl oder wird pro Gruppe angegeben (wobei die Gruppengröße nicht immer genau festgesetzt ist). Darüber hinaus kann eine Fachkraft auch verschiedenen Gruppen zugeordnet sein. Nach der starken Deregulierung im Zuge des Ausbaus des Kindergartenwesens (vgl. Reidenbach 1996) erlauben die meisten Regelungen zahlreiche Ausnahmen. Durchschnittlich schreiben die Kita-Gesetze eine Fachkraft für 13 bis 15 Kinder in Ganztagsbetreuung vor. Einer Bund-Länder-Übersicht für den Kindergartenbereich lässt sich Folgendes entnehmen (vgl. Übersicht: Land Brandenburg 2003): Für Gruppen mit drei- bis sechsjährigen Kindern sehen Berlin, Hamburg und Thüringen bei Ganztagsbetreuung eine pädagogische Fachkraft für 10 Kinder vor, in Brandenburg und Sachsen-Anhalt betreut eine Fachkraft 13 Kinder, in Mecklenburg-Vorpommern sogar 18 Kinder. In Bayern wird eine Fachkraft für 25 Kinder eingesetzt, zusätzlich ist eine Kinderpflegerin für zwei Gruppen verantwortlich. Ähnlich wird die Betreuung in Hessen und Schleswig-Holstein geregelt: Für eine Gruppe mit etwa 25 Kindern sind 1,5 Fachkräfte vorgesehen. In Nordrhein-Westfalen betreut eine Fachkraft gemeinsam mit einer Hilfskraft ebenfalls 25 Kinder. Bremen verrechnet pro aufgenommenes Kind 2,6 Wochenstunden und stellt zusätzliches Personal entsprechend den Öffnungszeiten bereit.

Bei der Betreuung unter dreijähriger Kinder kommt meist eine Fachkraft auf 6 bis 10 Kinder (Berlin, Brandenburg, Bremen, Hamburg, Mecklenburg-Vorpommern, Hessen, Sachsen, Sachsen-Anhalt). In einigen Bundesländern – Saarland, Rheinland-Pfalz und Schleswig-Holstein – betreut eine Fachkraft nur 4 bzw. 5 Kinder. In Bayern sind eine Fachkraft und eine Hilfskraft für 8 bis 12 Kinder vorgesehen. Hessen und Berlin unterscheiden beim Betreuungsaufwand nochmals zwischen Kindern unter und über zwei Jahren.

Die meisten Bundesländer sehen hinsichtlich der Betreuung von Hortkindern eine pädagogische Fachkraft für 12 bis 16 Kinder vor

(Berlin, Hessen, Saarland, Bayern). In Bremen, Hamburg, Niedersachsen, Sachsen, Brandenburg und Mecklenburg-Vorpommern kommt eine Fachkraft auf 20 bzw. 22 Kinder, in Sachsen-Anhalt sogar auf 25 Kinder. In Nordrhein-Westfalen, Rheinland-Pfalz und Schleswig-Holstein ist eine Fachkraft für etwa 10 Kinder verantwortlich.

Gesetzliche Regelungen bezüglich der Betreuung behinderter Kinder gibt es nur in einigen Bundesländern. Diese beziehen sich entweder auf die Gruppengröße oder die Anzahl behinderter Kinder insgesamt bzw. pro Gruppe. Neben den Regeleinrichtungen gibt es integrative Einrichtungen, für die zusätzlich zu den pädagogischen Fachkräften auch Fachkräfte mit sonder- oder heilpädagogischer Zusatzausbildung vorgeschrieben sind. Die Gruppengröße wird in den meisten Bundesländern auf 12 bis 15 Kinder begrenzt, die in der Regel von zwei Fachkräften betreut werden. Pro Gruppe ist die Betreuung von bis zu 5 behinderten Kindern möglich (Bayern, Bremen, Schleswig-Holstein, Thüringen, Mecklenburg-Vorpommern). Hamburg sieht bei einer Gruppengröße von 20 Kindern 4 Kinder mit Behinderung vor, die von 2,8 Fachkräften betreut werden, d.h. in einer integrativen Gruppe werden etwa 7 Kinder von einer Fachkraft betreut. In Berlin wird pro behindertes Kind eine Viertelstelle zugestanden, bei Kindern mit besonders schweren Behinderungen kann eine halbe Stelle berechnet werden.

Die Regelungen erscheinen recht disparat. Genauere Vergleiche im engeren Sinne sind allerdings nur sehr begrenzt möglich, da die Angaben z.T. recht vage sind, Öffnungszeiten und Alterszusammensetzungen der Kindergruppen meist keine hinreichende Berücksichtigung finden und die Gegebenheiten kaum auf einen gemeinsamen Nenner bezogen werden können.

3.2.3.2 Forschungsbelege

Der Erzieher-Kind-Schlüssel wird in der Forschungsliteratur durchgängig als eine wichtige Qualitätsdimension betrachtet. Er stellt gewissermaßen eine quantitative Rahmenbedingung für die Möglichkeit intensiver Interaktionen zwischen Erzieherin und Kindern dar und steckt einen Rahmen dafür ab, in welchem Ausmaß auf individuelle Bedürfnisse, Interessen, Begabungen und Probleme der Kinder eingegangen werden kann (vgl. Munton u.a. 2002).

In der breit angelegten, vier US-Bundesstaaten einbeziehenden Studie des Cost, Quality and Child Outcomes Study Teams (1995) erwies sich der Erzieher-Kind-Schlüssel für alle Altersstufen als das wichtigste Qualitätsmerkmal. Ein gleichgerichteter Befund ergab sich in der deutschen Studie von Tietze u.a. (1998, S. 273).

Burchinal u.a. (1996) fanden, dass sich günstige Erzieher-Kind-Schlüssel auch positiv auf die Kommunikationsfähigkeit der Kinder auswirken. Ähnlich war in der neuseeländischen Studie von Smith (1995) ein günstiger Erzieher-Kind-Schlüssel mit einem höheren Verbalisierungsgrad bei den Kindern und mehr positiven Antworten der Erwachsenen verbunden. In der US-amerikanischen National Child Care Staffing Study (Howes u.a. 1992) ergab sich, dass Kinder in Einrichtungen mit günstigerem Schlüssel mehr einfühlsame Pflege durch Erwachsene erhielten und häufiger in entwicklungsangemessene Aktivitäten involviert waren. Howes (1997) führt aus, dass Vorschulkinder bessere Werte beim frühen Lesen (pre-reading scores) aufwiesen, wenn der Erzieher-Kind-Schlüssel besser war. Weitere Belege für die Bedeutung des Erzieher-Kind-Schlüssels als wichtige Qualitätsdimensionen finden sich in den Forschungsübersichten von Vandell und Wolfe (2000) sowie Roßbach (2004).

Besonders für junge Kinder ist die bei einem günstigen Erzieher-Kind-Schlüssel eher gegebene emotionale und kommunikative Verfügbarkeit von Erwachsenen von großer Bedeutung. Ähnliches gilt bei langen Betreuungszeiten und besonders zu Stresszeiten, etwa am frühen Morgen, um die Mittagszeit und am späten Nachmittag, wenn die Kinder müde, erschöpft und emotional gereizt sind und sich ihre Bedürfnisse nach Körperkontakt und persönlicher Ansprache bemerkbar machen (Charlotte-Bühler-Institut 1994).

3.2.3.3 Expertenempfehlungen

Die große Bedeutung des Erzieher-Kind-Schlüssels dokumentiert sich darin, dass zahlreiche Vorschläge von Einzelexperten wie von Expertengremien zur Standardsetzung in dieser Qualitätsdimension vorliegen. Die vorgeschlagenen Standards variieren dabei durchgängig in Abhängigkeit vom Alter (Entwicklungsstand) der Kinder. Munton u.a. (2002) schlagen vor, dass in Einzelfällen auch die sozialen Gegebenheiten des Einzugsbereiches berücksichtigt werden sollten. Eine Zusammenstellung über Expertenempfehlungen für *Stan-*

dards in der Qualitätsdimension Erzieher-Kind-Schlüssel ist in der Tabelle 1 (vgl. S. 54) aufgeführt.

Wie ersichtlich, unterscheiden sich die Empfehlungen in mehreren Hinsichten. Dies gilt zum einen im Hinblick auf die Definition von Altersgruppen, die in manchen Fällen nach Jahren erfolgt, während in anderen Fällen mehrjährige Altersgruppen zusammen betrachtet werden. Ebenso gibt es gewisse Unterschiede in den als Standard empfohlenen Relationen. Schließlich wird in manchen Fällen ein Bezug zur absoluten Gruppengröße hergestellt, in anderen unterbleibt dies.

Andererseits zeigt sich eine beachtliche Konvergenz zwischen den Empfehlungen. So variiert der Erzieher-Kind-Schlüssel für die null- bis einjährigen Kinder in allen Fällen lediglich zwischen 1 : 3 bis 1 : 4, für die zwei- bis dreijährigen Kinder zwischen 1 : 3 und 1 : 7 und für die vier- bis sechsjährigen Kinder zwischen 1 : 7 und 1 : 10. Lediglich die Empfehlungen des EU-Netzwerkes Kinderbetreuung fallen etwas ungünstiger aus.

Tabelle 1: Empfehlungen zu Standards beim Erzieher-Kind-Schlüssel

Institution	Alter	Empfehlung
Children Act (HMSO 1991)	0 – 2 Jahre	1 : 3
	2 – 3 Jahre	1 : 4
	3 – 5 Jahre	1 : 8
	5 – 12 Jahre	1 : 10
CWLA (Child Welfare League of America, zit. Nach Hayes u. a. 1990)	0 – 1 Jahr	1 : 3
	1 – 2 Jahre	1 : 3
	2 – 3 Jahre	1 : 3
	3 – 4 Jahre	1 : 7 (14 Kinder*)
	4 – 5 Jahre	1 : 8 (16 Kinder*)
	5 – 6 Jahre	1 : 9 (18 Kinder*)
	6 – 8 Jahre	1 : 10 (20 Kinder*)
FIDCR (Federal Interagency Day Care Requirements, zit. nach Hayes u. a. 1990)	0 – 1 Jahr	1 : 4
	1 – 2 Jahre	1 : 4
	2 – 3 Jahre	1 : 4
	3 – 4 Jahre	1 : 5 (15 Kinder*)
	4 – 5 Jahre	1 : 7 (20 Kinder*)
	5 – 6 Jahre	1 : 7 (20 Kinder*)
	6 – 8 Jahre	1 : 15 (25 Kinder*)
Hassenstein/Hassenstein (1990)	3 – 6 Jahre	1 : 8
Hayes u. a. (1990)	0 – 1 Jahre	1 : 4
	1 – 3 Jahre	1 : 3 – 1 : 6
	3 – 4 Jahre	1 : 5 – 1 : 10
	4 – 6 Jahre	1 : 7 – 1 : 10
NAYEC (National Association for the Education of Young Children (2000)	0 – 1 Jahr	1 : 3 – 1 : 4
	1 – 2 Jahre	1 : 3 – 1 : 5
	2 – 3 Jahre	1 : 5 – 1 : 7
	3 – 4 Jahre	1 : 7 – 1 : 10
	4 – 5 Jahre	1 : 8 – 1 : 10
	5 – 6 Jahre	1 : 8 – 1 : 10
	6 – 8 Jahre	1 : 10 – 1 : 12
Netzwerk Kinderbetreuung der Europäischen Kommission (1996, Mindeststandards)	0 – 1 Jahr	1 : 4
	1 – 2 Jahre	1 : 6
	2 – 3 Jahre	1 : 8
	3 – 6 Jahre	1 : 15
Scarr (1990)	0 – 2 Jahre	1 : 3
	2 – 3 Jahre	1 : 4
	3 – 6 Jahre	1 – 8

* Gruppengröße

Als Synthese der internationalen Expertenempfehlungen gehen wir für das Gütesiegel von den in Tabelle 2 dargestellten *Mindeststandards* aus.

Tabelle 2: Alter der Kinder

Alter der Kinder	Erzieher-Kind-Schlüssel
Kinder unter 1 Jahr	1 : 4
Kinder von 1 bis unter 2 Jahre	1 : 6
Kinder von 2 bis unter 3 Jahre	1 : 8
Kinder von 3 bis unter 4 Jahre	1 : 10
Kinder von 4 Jahren bis zur Einschulung	1 : 12
Für Schulkinder	1 : 12

Nach dem internationalen Überblick von Munton u. a. (2002) werden die in der Tabelle 2 gesetzten Standards in Dänemark, Schweden, den Niederlanden und Großbritannien (hier mit Ausnahme des Schulbereiches, in den schon vierjährige Kinder einbezogen sein können) für alle Altersstufen eingehalten.

In Dänemark, Schweden und den Niederlanden ist dabei ein noch günstigerer Erzieher-Kind-Schlüssel Realität: So werden z. B. in Dänemark Kinder unter drei Jahren mit einem Schlüssel von 1 : 3, ältere Kindergartenkinder mit einem Schlüssel von 1 : 6 betreut. Irland, Portugal, Ungarn sowie Kanada und Neuseeland oder auch die französische Schweiz erfüllen die Schlüssel für Kindergartenkinder ebenfalls, lässt man geringfügige Abweichungen im Einzelfall einmal unberücksichtigt.

In Deutschland und Italien sowie Australien und Japan entsprechen die gegebenen Erzieher-Kind-Schlüssel für Kinder unter drei Jahren ebenfalls den hier angenommenen Werten, die faktischen Schlüssel für die älteren Kindergartenkinder fallen allerdings ungünstiger aus (vgl. Munton u. a. 2002). Der hier skizzierte Rahmen verdeutlicht, dass die von uns vorgenommene Standardsetzung in gleicher Weise an die internationale Expertendiskussion wie an die in Deutschland und zahlreichen anderen Ländern gegebene Praxis anschlussfähig ist. Wir sehen in beidem eine pragmatische Legitimationsbasis.

Die von uns vorgeschlagenen Standards beziehen sich auf die Normalsituation einer Betreuungsdauer von bis zu fünf Stunden. Ist die Betreuungszeit länger als fünf Stunden, gehen wir von der Notwendigkeit eines günstigeren Erzieher-Kind-Schlüssels aus. Ebenso muss der Schlüssel günstiger ausfallen, wenn behinderte Kinder in der Gruppe mit betreut werden.

3.2.3.4 Operationale Definition und Feststellung des Erzieher-Kind-Schlüssels

Die Ermittlung des Erzieher-Kind-Schlüssels erfordert eine Festlegung darüber, welche Personen als Personal im Sinne des Schlüssels berücksichtigt werden sollen und auch darüber, wie die Anzahl der Kinder im Sinne der Formel gefasst wird. Beim Personal gehen wir davon aus, dass ausschließlich pädagogisches Personal zu berücksichtigen ist, also Personal, dessen Aufgabe die Betreuung, Bildung und Erziehung der Kinder ist. Nicht gezählt für den Erzieher-Kind-Schlüssel wird »technisches« Personal wie Hausmeister, Köchin, Reinigungspersonal. Unterschiedliche Qualifikationsniveaus beim pädagogischen Personal bleiben im hier zugrunde gelegten Ansatz unberücksichtigt. Diese werden in einem anderen, speziell auf die Qualifikation ausgerichteten Qualitätsindex erfasst. Als Kinder im Sinne des Erzieher-Kind-Schlüssels werden alle Kinder bestimmt, die zum Zeitpunkt der Feststellung des Erzieher-Kind-Schlüssels legitimerweise anwesend sein können. Durch diese Definition wird sichergestellt, dass ein Erzieher-Kind-Schlüssel sich nicht nur deswegen als günstig erweist, weil zum Zeitpunkt der Feststellung mehrere Kinder, z.B. wegen Krankheit oder aus anderen Gründen nicht anwesend sind. Umgekehrt stellt diese Definition sicher, dass bei der Feststellung tatsächlich nur die zu diesem Zeitpunkt »gebuchten« Kinder in die Berechnung eingehen und nicht Kinder fälschlicherweise bei der Schlüsselberechnung gezählt werden, die legitimerweise nicht anwesend sein sollten. Die Prozedur zur Ermittlung des Erzieher-Kind-Schlüssels ist damit sensitiv für die zunehmenden Fälle, dass in Einrichtungen mit längeren Öffnungszeiten unterschiedlich lange Betreuungszeiten für die einzelnen Kinder gebucht werden.

Die voranstehenden Ausführungen implizieren, dass es um den tatsächlich beobachtbaren Erzieher-Kind-Schlüssel geht. Da dieser während des Tages variieren kann, sehen wir eine Erhebung zu drei über den Tag verteilten Stichprobenzeitpunkten vor. Der Mittelwert aus den drei Zeitstichproben gilt als der Erzieher-Kind-Schlüssel.

3.2.3.5 Korrigierter Erzieher-Kind-Schlüssel und Rechenbeispiele

Im Folgenden sollen die Auswirkungen der getroffenen Festlegungen an drei Rechenbeispielen demonstriert werden. Dabei ist zu berücksichtigen, dass in der sozialen Realität die Kindergruppen selten altershomogen sind. Ebenso ist im konkreten Fall zu berücksichtigen, welche Anwesenheitszeit für die Kinder gilt, und ob bzw. wie viele behinderte Kinder sich in der Gruppe befinden. Um diese Gegebenheit zu berücksichtigen, legen wir einen »korrigierten Schlüssel« zugrunde, der die genannten Gesichtspunkte berücksichtigt.

Alterskorrektur: Als Bezugspunkt gehen wir von dem Standard für die Altersgruppe der Kindergartenkinder, 1 : 12, aus. Der »korrigierte Schlüssel« wird erreicht, wenn höchstens zwölf Kinder im Kindergartenalter (4 Jahre bis Einschulung) auf eine Fachkraft, aber auch wenn höchstens vier Säuglinge auf eine Fachkraft kommen, indem jeder Säugling mit dem Gewicht 3 gezählt wird.

Die Gewichte für die einzelnen Altersgruppen bestimmen sich allgemein nach der Formel

$$\frac{1}{12} : \text{altersspezifischer EKS}$$

und betragen für die Altersgruppe der unter Einjährigen 3, für die der Ein- bis unter Zweijährigen 2, für die der Zwei- bis unter Dreijährigen 1,5 und für die der Drei- bis unter Vierjährigen 1,2 und für die Vierjährigen und älteren Kinder 1.

Korrektur entsprechend der Behinderung von Kindern: Jedes Kind mit Behinderung – egal welchen Alters – wird mit 3 gewichtet, d. h. der alterskorrigierte Schlüssel wird um 2 erhöht, die Altersgewichtung geht auf diese Weise nur einfach in die Berechnungen ein. Ein vierjähriges behindertes Kind zählt im EKS soviel wie drei vierjährige Kinder ohne Behinderung. Ein einjähriges behindertes Kind hingegen erhält bereits durch die Altersgewichtung einen Wert von 3, hinzukommen noch 2 Punkte für die Behinderung. Im EKS wird ein einjähriges behindertes Kind daher gleichgesetzt mit fünf gesunden vierjährigen Kindern.

1. Rechenbeispiel: Eine Erzieherin betreut für 5 Stunden am Tag eine altersgemischte Gruppe von 8 Kindern: Claudia 1,5 Jahre, Doris 2,5 Jahre, Peter 3 Jahre, Evelyn 3,5 Jahre, Sabine 4,5 Jahre, Petra 5 3/4 Jahre, Rüdiger 6 Jahre und Cathleen 6,5 Jahre. Als altersgemischter Schlüssel ergibt sich:

$$\frac{1}{(2 + 1,5 + 1,2 + 1,2 + 1 + 1 + 1 + 1)} = 1 : 9,9$$

Der Mindeststandard ist damit erfüllt.

2. Rechenbeispiel: Wären Sabine und Petra aus dem ersten Rechenbeispiel behinderte Kinder, würde der alterskorrigierter Schlüssel entsprechend zu erweitern sein:

$$\frac{1}{(9,9 + 4)} = 1 : 13,9$$

Der Mindeststandard wäre damit deutlich unterschritten.

Ein weiterer Belastungsfaktor ergibt sich bei sehr langen Betreuungszeiten. Bei Betreuungszeiten zwischen über 5 bis 7 Stunden wird deshalb der Faktor 1,1, bei Betreuungszeiten von über 7 bis 9 Stunden der Faktor von 1,2 und bei Betreuungszeiten über 9 Stunden der Faktor 1,3 in Ansatz gebracht.

3. Rechenbeispiel: Würden dieselben Kinder wie im ersten Beispiel statt 5 Stunden 8,5 Stunden am Tag betreut, wäre nach den getroffenen Festlegungen der Faktor 1,2 in Ansatz zu bringen. Es ergibt sich damit ein korrigierter Schlüssel von

$$\frac{1}{(9,9 \cdot 4)} = 1 : 11,88$$

In diesem Falle wäre der Mindeststandard eingehalten.

Die Beispiele verdeutlichen, dass der korrigierte Erzieher-Kind-Schlüssel
- die für die Altersgruppen unterschiedlichen Schlüssel,
- die Länge der Betreuungszeiten und
- die Anwesenheit behinderter Kinder

berücksichtigt und die Gegebenheiten im Einzelfall abbildet.

3.2.3.6　Kalibrierung

Die in der Tabelle 2 wiedergegebenen Standards mit den entsprechenden Korrekturen für die Anwesenheit behinderter Kinder und für lange Anwesenheitszeiten sind Mindeststandards. Bei einem zweiwertigen Gütesiegel würde beim Erfüllen des Standards die Voraussetzung für eine Gütesiegelvergabe in dieser Dimension gegeben sein. Bei einem mehrstufigen Siegel, etwa bei einem fünfstufigen Siegel, müssen zusätzlich Stufen höherer Qualität definiert werden. Diese sollten einerseits so festgelegt werden, dass eine höhere Stufe einen spürbar höheren Qualitätsgrad anzeigt; zugleich muss eine entsprechende Kalibrierung so vorgenommen werden, dass höhere Stufen im Bereich der empirischen Erreichbarkeit liegen. Bei einem fünfstufigen Gütesiegel könnte z. B. der korrigierte Erzieher-Kind-Schlüssel für die Stufe I bei 1 : 12, die Stufe II bei 1 : 11,25, die Stufe III bei 1 : 10,5, die Stufe IV bei 1 : 9,75 und für die Stufe V bei 1 : 9 liegen. Allerdings bedarf es hierzu auch empirischer Verteilungsuntersuchungen, die in unserem Fall noch nicht abgeschlossen sind.

4　Qualitätsinformation auf verschiedenen Ebenen

Das Ergebnis der Berechnungen in den voranstehenden Beispielen ist jeweils ein Index-Wert in der Dimension Erzieher-Kind-Schlüssel. Im Falle eines fünfstufigen Gütesiegels, von dem hier ausgegangen werden soll, kann der Qualitäts-Index sechs Werte, von 0 bis 5, annehmen. Dabei bedeutet ein Index-Wert 0, dass der Mindeststandard für den Erzieher-Kind-Schlüssel nicht erreicht wird, der Index-Wert 1, dass der Mindeststandard, aber keine darüber hinausgehende Qualitätsstufe erreicht wird. Höhere Index-Werte würden jeweils höhere Qualitätsstufen anzeigen, wobei ein Index-Wert von 5 für die höchste Qualitätsstufe steht.

Die damit gegebene Einzelinformation bildet allerdings im Hinblick auf den Gütesiegel-Wert nur einen Ausgangswert, denn in den Gütesiegel-Wert fließen die Index-Werte aller weiteren Qualitätsdimensionen des Qualitätsbereiches Strukturqualität ein, ebenso alle Index-Werte aller Qualitätsdimensionen aus den Bereichen Orientierungs- und Prozessqualität sowie Elternabstimmung. Als Zwischenstufe zwischen Qualitätsindex der Einzeldimension und der letztlichen Gütesiegelstufe sehen wir einen Bereichs-Index vor, der auf der Basis eines Mittelwertes der Index-Werte der zu diesem Qualitätsbereich zugehörigen Einzeldimensionen einen (Bereichs-)Index-Wert ebenfalls von 0 bis 5 annehmen kann und eine zusammenfassende Information für jeden der vier Qualitätsbereiche enthält.

Insgesamt können damit die Ergebnisse der Feststellungen für ein Gütesiegel auf drei Ebenen berichtet werden:
- Auf der Ebene der einzelnen Qualitätsdimensionen (Dimensions-Index),
- auf der Ebene jeder der vier verschiedenen Qualitätsbereiche (Bereichs-Index),
- auf der Ebene eines die Qualitätsbereiche und ihre Einzeldimensionen umfassenden Gütesiegels (Gütesiegel-Index).

Wir gehen davon aus, dass eine Berichtigung der Ergebnisse auf allen drei Ebenen wichtig und sinnvoll ist, wobei für die verschiedenen Nutzer sicherlich unterschiedliche Akzentuierungen anzunehmen sind:

Für *Eltern* dürfte, zumindest in einem ersten Schritt, die zusammenfassende Information, ob eine Kindertagesstätte sich einer Qualitätsfeststellung unterzogen hat und welches Gütesiegel(-niveau) sie erreicht hat, von großer Bedeutung sein. Das Gütesiegel zeigt Eltern an, dass eine Einrichtung ihre Gegebenheiten und ihre Arbeit offen legt und von unabhängiger Stelle an fachlichen Standards messen lässt und welches allgemeine Qualitätsniveau sie dabei erreicht hat. Die Gütesiegelinformation sollte dabei als Außenausweis, z. B. als gut sichtbare Plakette im Umkreis der Eingangstür, für jedermann leicht zugänglich sein. Eltern, bzw. potenziell interessierte Eltern, sollten aber auch die Möglichkeit haben, sich ein genaueres Bild über das Qualitäts*profil* einer Einrichtung mit ihren Stärken, aber auch den relativen Schwächen zu machen. Dafür sehen wir ein *Qualitätsbuch* vor, das die Index-Werte für die Qualitätsbereiche und die Einzeldimensionen enthält, mit entsprechenden, auf Eltern als Adressaten abgestimmten Erläuterungen. Dieses Qualitätsbuch kann von interessierten Eltern jederzeit in der Einrichtung eingesehen werden. Zusammen mit der Einrichtungskonzeption macht es Eltern, die einen Platz für ihr Kind suchen, wahlfähig.

Auch für das *pädagogische Personal* und den *Träger* der Einrichtung sind die Informationen auf allen drei Ebenen von Bedeutung. Die zusammenfassende Gütesiegelinformation gibt Auskunft darüber, wo eine Einrichtung im Qualitätsspektrum steht. Das Ergebnis kann als Bestätigung intensiver Bemühungen um Qualitätsverbesserung und damit als Erfolgsbestätigung betrachtet werden, zugleich aber auch die eigene Wettbewerbsposition markieren, wenn Eltern in einem regionalen Raum tatsächlich Wahlmöglichkeiten haben. Wenigstens so wichtig wie die Gütesiegelinformation sind jedoch für beide, Einrichtungen und Träger, die Qualitätsinformationen auf der Bereichsebene und auf der Ebene der Einzeldimensionen. Sie spiegeln detailliert die Ist-Situation wider und können damit wichtige Hinweise für gezielte Qualitätsverbesserungsprozesse geben.

Information, Verbesserung und Steuerung von Qualität gehören zu den zentralen Funktionen, die ein Gütesiegel für die öffentliche Jugendhilfeadministration und die Fachpolitik leisten kann. Hier dürften insbesondere die Index-Werte auf der Ebene der Einzeldimensionen, also die Information des Qualitätsbuches, von Interesse sein, denn die Indizes dieser Ebene bilden in ihrer Gesamtheit ein Indikatorensystem, mit dem Systemmonitoring möglich ist, Verschiebungen und Entwicklungen zeitnah erfasst und Umsteuerung erfahrungsbasiert in die Wege geleitet werden können. Langfristig würde sich – bei einer hinreichenden Beteiligung von Einrichtungen an Gütesiegelfeststellungen – anbieten, ein solches Indikatorensystem in die regelmäßigen Erhebungen der Jugendhilfestatistik einzubeziehen.

5 Ausblick

Wie bei dem voranstehenden Beispiel des Erzieher-Kind-Schlüssels gilt es bei jeder Qualitätsdimension des Gütesiegels, die Anbindung an rechtliche Regelungen und den Anschluss an die bestehende Forschungslage herzustellen sowie – soweit gegeben – internationale Standards bei der eigenen Standardsetzung zu berücksichtigen. Zugleich ist die Kalibrierung jedoch auch ein empirischer Prozess, denn ein ein- oder auch mehrstufiges Gütesiegel kann nur dann Bedeutung für die Praxis gewinnen, wenn es sich als an das im Praxisfeld gegebene Qualitätsspektrum anschlussfähig erweist.

Wir gehen davon aus, dass unsere in Kooperation mit dem Charlotte-Bühler-Institut, Wien, und der Universität Bamberg in Deutschland und Österreich laufenden Entwicklungs- und Erprobungsarbeiten im Jahr 2005 erfolgreich abgeschlossen werden können.

Ein nächster Entwicklungs- und Forschungsschritt sollte sein, das Gütesiegel in regional begrenzten Modellprojekten unter unterschiedlichen landesrechtlichen Regelungen und unterschiedlichen Trägerbedingungen zu erproben. Eine solche breitbasierte Erprobung erscheint uns erforderlich, um verschiedene mit der Einführung eines Gütesiegels verbundene Fragenbereiche genauer auszuloten, die im Rahmen der jetzt laufenden Entwicklungsphase nicht hinreichend untersucht werden können. Dazu gehören Fragen der Akzeptanz bei Eltern, pädagogischem Personal, Trägern, der Jugendhilfeadministration und -politik, aber auch der Öffentlichkeit allgemein. Ebenso stellen sich Fragen einer weiteren und genaueren Kalibrierung, als dies auf der Grundlage von wenigen hundert Einrichtungen wie in der jetzigen Entwicklungsphase möglich ist. Auch werden Erfahrungen mit der Logistik zu sammeln sein, wenn Gütesiegeluntersuchungen in größerem Umfang vorgenommen werden. Zu den zentralen Fragen, die in einem Modellvorhaben geklärt werden sollten, gehört auch, inwiefern durch die Einführung eines Gütesiegels es empirisch nachweisbar zu Qualitätsverbesserungen kommt, in welchem Umfang und unter welchen Bedingungen dies geschieht. Zwar ist es in Deutschland bislang nicht üblich, dass Ansätze zur Qualitätsverbesserung und -steuerung konsequent evaluiert und auf ihre beabsichtigten (wie unbeabsichtigten) Effekte hin kritisch überprüft werden (vgl. die entsprechenden Beiträge in diesem Band); wir glauben jedoch, dass solche Überprüfungen für ein Gütesiegel (wie für andere Ansätze der Qualitätsverbesserung und -steuerung auch!) unerlässlich sind. Schließlich wird es für die Verbreitung eines Gütesiegels im Feld auch von Bedeutung sein, welche Kosten mit seiner Einführung auf den verschiedenen Ebenen verbunden sind. Zwar existieren erste Schätzungen (vgl. Dohmen in diesem Band), jedoch beruhen diese auf Annahmen, die es im Rahmen eines Modellvorhabens zu erhärten bzw. zu überprüfen gilt.

Die Ausführungen dieses Beitrags wie auch die voranstehenden Fragestellungen für ein Modellvorhaben beziehen sich schwerpunktmäßig auf Legitimationsfragen sowie methodische und technische Aspekte des Gütesiegels und seine Einführung. Ein weiterer, zukünftiger Diskussionsstrang sollte sich darauf beziehen, wie durch die Verbindung des Gütesiegels mit einem darauf bezogenen Finanzierungsmodell für Kindertageseinrichtungen zusätzliche Effekte der Qualitätsverbesserung und -steuerung erreicht werden können (vgl. Spieß/Tietze 2001).

6 Literatur

Arbeitsstab Forum Bildung (2001). Empfehlungen des Forum Bildung. Bonn
Barnett, W.S. (1998): Long-Term Effects on Cognitive Development and School Success. In: Barnett, W.S./Boocock, S.S. (Eds.). Early Care and Education for Children in Poverty. Promises, Programs, and Long-Term Results. New York
Baumert, J. (Hrsg.) (2001): Deutsches PISA-Konsortium: PISA 2000: Basiskompetenzen von Schülerinnen und Schülern im internationalen Vergleich. Opladen
Bundesministerium für Familie, Senioren, Frauen und Jugend (Hrsg.) (2004): Nationale Qualitätsinitiative im System der Tageseinrichtungen für Kinder. Angebote zur Umsetzung der Ergebnisse. Berlin
Bundesministerium für Familie, Senioren, Frauen und Jugend (Hrsg.) (2003): Auf den Anfang kommt es an! Perspektiven zur Weiterentwicklung des Systems der Tageseinrichtungen für Kinder in Deutschland. Weinheim
Burchinal, M.R. (1999): Child care experiences and developmental outcomes. In: The Annals of the American Academy of Political and Social Science, 563, S. 73–97
Burchinal, M.R./Roberts, J.E./Nabors, L.A./Bryant, D.M. (1996): Quality of center child care and infant cognitive and language development. In: Child Development, 67, S. 606–620
Charlotte Bühler-Institut (1994): Öffnungszeiten und Aufenthaltsdauer im Kindergarten – Erforschung von entwicklungsfördernden bzw. entwicklungshemmenden Rahmenbedingungen. Wien
Cost, Quality and Child Outcomes Study Team (1995): Cost, quality and child outcomes in child care centers. Public report (2nd ed.). Denver. Economics Department, University of Colorado at Denver
Cryer, D. (1999): Defining and Assessing Early Childhood Program Quality. In: The Annals of the American Academy of Political and Social Science, 563, S. 39–55
Cryer, D./Tietze, W./Burchinal, M./Leal, T./Palacios, J. (1999): Predicting Process Quality from Structural Quality in Preschool Programs: A Cross-

Country Comparison. In: Early Childhood Research Quarterly, 14, S. 339–361

Hassenstein, B./Hassenstein, H. (1990): Was Kindern zusteht. München

Hayes, Ch./Palmer, J./Zaslow, M. (Eds.) (1990): Who Cares for America's Children? Child Care Policies for the 1990s. Washington

HMSO (1991): Children Act 1989 Guidance and Regulations: Volume 2, Family support, day care and educational provision for young children. London

Hovestadt, G. (2003): Wie setzen die Bundesländer den Bildungsauftrag der Kindertageseinrichtungen um? Vom Gesetz zur Praxis. Eine Studie im Auftrag der Max-Traeger-Stiftung. [Online] Verfügbar unter: http://www.edu-con.de/bericht_2003.pdf [10.12.2004]

Howes, C. (1997): Children's experiences in center-based child care as a function of teacher – background and adult – child ratio. In: Merrill-Palmer Quarterly, 43, S. 404–425

Howes, C./Phillips, D.A./Whitebook, M. (1992):Thresholds of Quality: Implications for the Social Development of Children in Center-based Child Care. In: Child Development, 63, S. 449–460

Jugendministerkonferenz (2002): Bildung fängt im frühen Kindesalter an. Umlaufbeschluss vom 18.04.2002. [Online] Verfügbar unter: http://www.brandenburg.de/sixcms/media.php/1222/42jmk04_02.pdf [10.12.2004]

Jurczyk, K./Rauschenbach, T./Tietze, W./Keimeleder, L./Schneider, K./Schumann, M./Stempinski, S./Weiß, K./Zehnbauer, A. (2004): Von der Tagespflege zur Familientagesbetreuung. Zur Zukunft öffentlich regulierter Kinderbetreuung in Privathaushalten. Weinheim und Basel

Land Brandenburg (2003): Länderübersicht Kita: Personalstandards. [Online] Verfügbar unter: http://www.brandenburg.de/media/1234/personalstandards.pdf [10.12.2004]

Munton, T./Barclay, L./Maliardo, M.R./Barreau, S. (2002): Research on Rations, Group Size and Staff Qualifications and Training in Early Years and Childcare Settings. Pat B: child Rations for Early Years Settings in the Private/Independent Sector: A Report of Empirical Research. Thomas Coram Research Unit, Institute of Education, University of London

NAEYC. (2000): Accreditation criteria and procedures of the National Academy of Early Childhood Programs (rev. ed.). (1991) Washington, DC: NAEYC. Swedish Ministry of Education and Science

Netzwerk Kinderbetreuung und andere Maßnahmen zur Vereinbarkeit von Beruf und Familie der Europäischen Kommission (1996): Qualitätsziele in

Einrichtungen für kleine Kinder. Vorschläge für ein zehnjähriges Aktionsprogramm

OECD (2004): Die Politik der frühkindlichen Betreuung, Bildung und Erziehung der Bundesrepublik Deutschland. Paris. [Online] Verfügbar unter: http://www.bmfsfj.de/RedaktionBMFSFJ/Abteilung5/Pdf-Anlagen/oecd-_C3_A4nderbericht,property=pdf.pdf [10.12.2004]

Reidenbach, M. (1996): Kommunale Standards in der Diskussion. Setzung und Abbau von Standards am Beispiel der Kindergärten. Berlin

Roßbach, H.-G. (2004): Effekte qualitativ guter Betreuung, Bildung und Erziehung im frühen Kindesalter auf Kinder und ihre Familien. Unveröffentlichte Expertise im Rahmen des 12. Kinder- und Jugendberichtes

Scarr, S. (1990): Wenn Mütter arbeiten. Wie Beruf und Kinder sich verbinden lassen. München

Schweinhart, L. (2004): David Weikart's legacy: the High/Scope Perry Preschool Study at age 40. Paper presented at the annual conference of the National Association for the Education of Young Children

Smith, W. (1995): Child care in the 21st century: why educators should consider implementing it in their schools. In: Educational Technology. 35(2), S. 47–52

Spieß, C. K./Tietze, W. (2002): Qualitätssicherung in Kindertagesstätten – Gründe, Anforderungen und Umsetzungsüberlegungen für ein Gütesiegel. In: Zeitschrift für Erziehungswissenschaft 5, 1, S. 139–162

Textor, M. R. (1999): Qualität der Kindertagesbetreuung: Ziele des Netzwerks Kinderbetreuung der Europäischen Kommission. In: Nachrichtendienst des Vereins für öffentliche und private Fürsorge, 01, S. 17–24

Tietze, W. (Hrsg.) (1998): Wie gut sind unsere Kindergärten? Eine Untersuchung zur pädagogischen Qualität in deutschen Kindergärten. Neuwied, Berlin

Tietze, W./Cryer, D./ Bairrão, J./Palacios, J./Wetzel, G. (1996): Comparisons of observed process quality in early childcare and education programs in five countries. In: Early Childhood Research Quarterly, 11, S. 447–475

Tietze, W./Roßbach H.-G./Grenner, K. (2005): Kinder von 4–8 Jahren. Zur Qualität der Erziehungs- und Bildungsinstitutionen Kindergarten, Grundschule und Familie. Weinheim

Tietze, W./Schuster, K.-M./Grenner, K./Roßbach, H.-G. (2001): Kindergarten-Skala, Revidierte Fassung (KES-R). Deutsche Fassung der Early Childhood Environment Rating Scale Revised Edition von Thelma Harms, Richard D. Clifford, & Debby Cryer. Berlin

Tietze, W./Viernickel, S. (Hrsg.) (2003): Pädagogische Qualität in Tageseinrichtungen für Kinder. Ein Nationaler Kriterienkatalog (2. Auflage). Weinheim

Vandell, D. L./Wolfe, B. (2000): Child Care Quality: Does It Matter and Does It Need to Be Improved. Institute for Research on Poverty. Special Report Nr. 78, University of Wisconsin – Madison. [Online] Verfügbar unter: http://www.ssc.wisc.edu/icp/ [10.12.2004]

Wolf, B./Stuck, A./Hippchen, G. (Hrsg.) (2003): Der Situationsansatz im Zeitvergleich und Längsschnitt. Einschätzungen von Erzieherinnen, Untersuchungsleiterinnen, Lehrern, Kindern und Eltern. Aachen

Zimmer, J. (1998): Das kleine Handbuch zum Situationsansatz. Ravensburg

Zimmer, J. (1985): Der Situationsansatz als Bezugsrahmen der Kindergartenreform. In: J. Zimmer (Hrsg.). Erziehung in früher Kindheit. Enzyklopädie Erziehungswissenschaft Bd. 6, S. 21–39. Stuttgart

Kosten und Nutzen eines Gütesiegels im Kita-Bereich[1]
Dieter Dohmen

1	Einleitung	68
2	Was ist eine Kosten-Nutzen-Analyse?	69
3	Das Gütesiegel – Ausgestaltung und ökonomische Begründung	70
4	Die Kosten-Nutzen-Betrachtung	73
5	Literatur	105

---

1 Der vorliegende Beitrag ist eine zusammenfassende Darstellung eines ausführlicheren Gutachtens im Auftrag des Deutschen Jugendinstituts (DJI) (Dohmen 2004c).

1 Einleitung

Die Kindertageseinrichtungen in Deutschland stehen aus unterschiedlichen Gründen und mit unterschiedlichen Intentionen immer wieder in der politischen und wissenschaftlichen Diskussion. Häufig werden (vermeintliche) Missstände und Probleme angesprochen, die verringert oder abgebaut werden sollen, mal werden Gebühren erhöht, deren generelle Abschaffung gefordert oder das Finanzierungssystem verändert, mal eine Ausdehnung der Öffnungszeiten gefordert, um eine bessere Vereinbarkeit von Familie und Beruf zu ermöglichen etc. Mit Blick auf die Bedeutung von Krippen und Kindergärten für den weiteren Bildungs- und Lebensweg von Kindern, für die bessere Vereinbarkeit von Familie und Beruf sowie die sich abzeichnenden demografischen Veränderungen werden die Anforderungen an die Einrichtungen ebenso wie an die Erzieherinnen weiter steigen.

Auch wenn der Titel des vorliegenden Beitrags die Begriffe Kosten und Nutzen enthält, wird im Folgenden nicht der Frage nachgegangen, ob und in welchem Umfang Kindertageseinrichtungen generell einen positiven (wirtschaftlich relevanten) Beitrag leisten. Vielmehr wird untersucht, welche Kosten die Einführung eines Gütesiegels verursachen würde und welche positiven Erträge für wen damit verbunden sein können.

Die Diskussion über die Einführung eines Gütesiegels für Kindertageseinrichtungen wird seit einigen Jahren geführt und wurde vor allem durch den Beitrag von Spieß und Tietze (2001) befördert. Der Begriff »Gütesiegel« wird auch in diesem Beitrag auf die Überlegungen von Tietze (vgl. dessen Beitrag in diesem Band) bezogen und umfasst daher – auftragsgemäß – keines der anderen Instrumente zur Qualitätssicherung in Kindertageseinrichtungen. Damit verbunden ist jedoch weder eine Bewertung dieses Ansatzes im Vergleich zu den anderen Ansätzen wie DIN ISO 9000 ff., EFQM, LQK oder den Ansatz des Kronberger Kreises oder der EU, noch eine konkrete Gegenüberstellung mit diesen Modellen. Auch wenn eine solche Gegenüberstellung und Diskussion zweifellos sehr spannend wäre, kann dies im vorliegenden Beitrag nicht geleistet werden. Hierzu wäre eine dezidierte Auseinandersetzung mit der konkreten Ausgestaltung jedes einzelnen Ansatzes und den daraus resultierenden Implikationen für die Kosten-und-Nutzen-Betrachtung notwendig.

Im Folgenden wird zunächst kurz die konkrete Ausgestaltung des Gütesiegelmodells von Tietze und Spieß dargestellt und aus einer ökonomischen Perspektive hinterfragt. In einem zweiten Schritt werden dann die mit diesem Modell verbundenen Kosten und Nutzen konkretisiert und – soweit möglich – monetär bewertet. Vorab soll kurz erläutert werden, was unter einer Kosten-Nutzen-Analyse zu verstehen ist.

2 Was ist eine Kosten-Nutzen-Analyse?

Eine Kosten-Nutzen-Analyse untersucht die mit der Einführung eines Instruments, hier eines Gütesiegels, verbundenen Kosten und stellt diesen die mit der Einführung des Gütesiegels verbundenen positiven (oder negativen) Effekte gegenüber. In einem weiteren Schritt werden diese Kosten und Nutzen einzelnen Kostenträgern (z. B. Kita-Einrichtungen, Kommunen, Land oder Eltern) bzw. Nutzenempfängern (wiederum Einrichtungen/Träger, Kommunen, Land, Bund, Eltern oder Unternehmen etc.) zugerechnet. Es geht also auch darum, zu sehen, wer welche Kosten und wer welchen Nutzen hat. Aus der Differenz zwischen beiden Größen lässt sich dann ablesen, wie die Netto-Bilanz ausfällt und wer Gewinner und wer Verlierer einer solchen Veränderung ist. Mit der jeweiligen Kosten-und-Nutzen-Bilanz sind auch Anreizmechanismen unmittelbar verbunden, da nur derjenige Geld für ein Gütesiegel und eine höhere Kita-Qualität ausgeben wird, der mindestens einen gleich hohen Nutzen daraus zieht.

Beispiele für Kosten-Nutzen-Analysen im Kita-Bereich sind z. B. die Arbeiten von Spieß u. a. (2002), Bock-Famulla (2002) sowie von Müller Kucera und Bauer (2000) für die Schweiz, die untersuchen, welche Ausgaben die Ausdehnung des Kita-Angebots verursacht und welche Einnahmen für die öffentlichen Haushalte daraus resultieren würden. In beiden Fällen zeigt sich recht deutlich, dass die Einnahmen letztlich höher sind als die mit der Ausdehnung des Angebots verbundenen Kosten. Insbesondere die Arbeit von Müller Kucera und Bauer (2000) zeigt aber auch, dass Kostenträger und Nutzenempfänger nicht identisch sein müssen.

Auch die Studie der Prognos AG (2003) »Betriebswirtschaftliche Effekte familienfreundlicher Maßnahmen« ist eine Kosten-Nutzen-

Analyse. Sie zeigt, dass sich familienfreundliche Maßnahmen auch für Unternehmen letztlich rechnen.

Unabhängig davon ist hervorzuheben, dass ökonomische Kosten und Nutzen nicht das einzige Kriterium für politische Entscheidungen sind. In Zeiten knapper öffentlicher Kassen werden sie aber zu einem immer wichtigeren Analyse-Instrument.

3 Das Gütesiegel – Ausgestaltung und ökonomische Begründung

In diesem Abschnitt soll kurz die Ausgestaltung des Gütesiegels nach Spieß und Tietze dargestellt werden, um anschließend der Frage nach dessen »ökonomischer Rechtfertigung« nachzugehen.

Spieß und Tietze (2001) schlagen konkret ein einheitliches und »allgemeingültiges« Gütesiegel vor, das die pädagogische Prozessqualität differenziert nach Qualitätsstufen bewerten soll. Bessere Einrichtungen erhalten dabei eine höhere Bewertung als schwächere, so dass Eltern unmittelbar aus der Bewertung einer Einrichtung auf deren Prozessqualität rückschließen können. Die zentralen Bewertungskriterien wurden in der Kinder-Einschätz-Skala (KES) bzw. mittlerweile in einer revidierten Fassung (KES-R) konkretisiert. Bei einer generellen Einführung des Gütesiegels soll allerdings ein Expertengremium die relevanten Kriterien festlegen.

Ein solches Gütesiegel als Nachweis einer bestimmten pädagogischen Qualität wäre prinzipiell aber nur dann angezeigt, wenn erstens nur die Gewährleistung einer gewissen Mindestqualität zu positiven Effekten für die Kindesentwicklung führt und zweitens Eltern die Qualität der Einrichtung nicht ausreichend beurteilen können. Ein differenziertes Gütesiegel ist ferner nur dann vorteilhaft, wenn eine höhere Prozessqualität mit weiteren positiven Effekten für die Kindesentwicklung verbunden ist. Ein einheitliches und allgemeingültiges Gütesiegel ist zudem nur dann begründbar, wenn ein System unterschiedlicher Qualitätszertifikate das gleiche Ziel nicht oder nur zu deutlich höheren Kosten bewerkstelligen kann oder aber ein einheitliches Gütesiegel eine höhere Prozessqualität erreichen kann. Im Folgenden wird untersucht, inwieweit diese Voraussetzungen erfüllt sind, da sie ökonomisch konstitutiv für die konkrete Ausgestaltung sind.

Betrachtet man die Literatur, dann können die meisten der aufgeworfenen Fragestellungen positiv im Hinblick auf die Einführung des Gütesiegels beantwortet werden. So gibt es diverse und deutliche Hinweise darauf, dass Einrichtungen mit unzureichender pädagogischer Qualität negative Auswirkungen auf die Kindesentwicklung haben und somit die Gewährleistung einer gewissen Mindestqualität angezeigt ist (s. etwa Howes/Hamilton 1993, Helburn/Howes 1996; Gomby/Larner 1995; Currie 2001, 2003; Currie/Thomas 1995, 1997; 2000; Garces/Thomas/Currie 2002; Tietze 1998; Masse/Barnett 2002; Barnett 2002).[2] Auf die damit im Einzelnen verbundenen positiven Effekte wird weiter unten noch genauer eingegangen, da sie zentrale Elemente der Kosten-Nutzen-Betrachtung sind.

Darüber hinaus lässt eine über das Mindestniveau hinausgehende strukturelle und insbesondere pädagogische Qualität weitere positive Wirkungen auf die Kindesentwicklung erwarten, so dass auch der Ausweis der entsprechenden Qualitätsunterschiede wünschenswert ist. Dies würde Eltern, Trägern und Aufsichtsbehörden eine bessere Informationsgrundlage für ihre Entscheidungen bescheren und deren Informationskosten, insbesondere die der Eltern, verringern. Allerdings muss man darauf hinweisen, dass die Anzahl der Studien, die die Effekte von qualitativ unterschiedlichen Einrichtungen untersuchen, noch sehr gering ist (s. etwa Schweinhard u.a. 1996; Barnett 2002; NICHD 2002). Für den deutschen Raum liefert die Studie von Tietze (1998) Hinweise darauf, dass qualitativ höherwertige Einrichtungen einen positiven Einfluss auf die Kindesentwicklung haben dürften.

Weiterhin sind die Eltern in der Regel auch nur unzureichend in der Lage, die tatsächliche pädagogische Qualität einer Kindertageseinrichtung zu beurteilen. Vielmehr orientieren sie sich an einigen wenigen, leicht zu identifizierenden Merkmalen, wie beispielsweise die Gruppengröße oder die Sauberkeit der Einrichtung etc. (Blau 2002; Mocan 2003; Checchi 2004), die letztlich aber wenig über die tatsächliche Prozessqualität aussagen. Demgegenüber sind die wesentlichen Faktoren der Prozessqualität aber deutlich schwerer zu erkennen und zu beurteilen. Auch scheinen Eltern dazu zu ten-

---

2 Es sei allerdings auch darauf hingewiesen, dass von verschiedenen Autoren methodische Kritik an vielen dieser Studien vorgebracht wird (s. etwa Blau/Mocan 1999; Glantz/Layzer 2000; Currie 2001, 2003; Blau 2000, 2001, 2002; Mocan 1997, 2002, 2003), wobei nicht abschließend beurteilt werden kann, inwieweit dies die Ergebnisse gänzlich in Frage stellt.

dieren, die Leistungsqualität der Einrichtungen zu überschätzen (Tietze 2001; Honig u. a. 2002; Mocan 2002, 2003). Zu beachten ist ferner, dass die Informationsbeschaffung u. U. mit hohen Kosten verbunden ist und auch insoweit ökonomische Grenzen bestehen. Ferner können die Interessen der Eltern mit den Interessen der Kinder konfligieren. Ein Gütesiegel könnte insoweit die Informationskosten der Eltern deutlich verringern und die Qualität der Entscheidungsgrundlage erhöhen. Darüber hinaus scheint die Vermutung gerechtfertigt, dass die Zahlungsbereitschaft der Eltern für valide Qualitätsinformationen eher begrenzt ist. Dies würde bedeuten, dass die Kosten der Qualitätszertifizierung nicht an die Eltern weitergegeben werden können bzw. dies allenfalls verdeckt erfolgen kann. Hierauf wird später noch zurückzukommen sein.

Weniger eindeutig als die positiven Effekte von guter pädagogischer Qualität und die begrenzte Entscheidungsrationalität der Eltern ist die Frage, inwieweit ein einheitliches Gütesiegel gegenüber einem System mit verschiedenen Qualitätszertifikaten vorteilhaft ist. Der wesentliche Vorteil eines einheitlichen Gütesiegels besteht darin, dass es die Transparenz erhöht und somit die Informationskosten, vor allem für die Eltern, aber auch für Träger und Aufsichtsorgane verringert. Ein Blick auf das Gütesiegel, und man weiß grundsätzlich, in welche Qualitätskategorie eine bestimmte Einrichtung einzuordnen ist. Bei unterschiedlichen Zertifikaten müsste man sich zusätzlich informieren, welche Kriterien konkret bestehen und wie sie bewertet werden bzw. zumindest, welches höhere Qualitätsanforderungen für die Vergabe hat als andere. Dies könnte »unseriösen« Qualitätszertifikaten zumindest vorübergehend ein Marktpotenzial bieten bzw. die Kosten des Gesamtsystems dadurch erhöhen, dass eine zentrale Akkreditierungseinrichtung den Marktzutritt kontrollieren müsste. Insoweit wären beide Formen mit ungefähr gleichen Kosten und wohl auch Nutzen verbunden.

Der wesentliche Vorteil der Einführung eines einheitlichen Gütesiegels ergibt sich allerdings erst dann, wenn es zu einer Qualitätsverbesserung führt, die über die Qualitätsentwicklung bei einem (marktwirtschaftlichen) System mit unterschiedlichen Qualitätszertifikaten hinausgeht oder dies in einem kürzeren Zeitraum gewährleistet. Inwieweit dieses erreicht werden kann, ist nicht absehbar. Der Vorteil eines Systems mit verschiedenen Zertifikaten könnte demgegenüber sein, dass es eine größere Vielfalt von Bewertungskriterien ermöglicht.

Unabhängig davon, ob es ein einheitliches Gütesiegel oder unterschiedliche Zertifikate gibt, ist aber festzuhalten, dass der Qualitätsverbesserungsdruck vor dem Hintergrund sozioökonomisch unterschiedlichen Informations- und Entscheidungsverhaltens für die Einrichtungen größer wäre (West/Pennell 1997, Gauri 1998), deren Umfeld aus höheren sozioökonomischen und bildungsnäheren Familien besteht. Hierauf wird bei den Schlussfolgerungen noch zurückzukommen sein. Auch sind – unabhängig vom eventuellen intrinsischen Interesse von Trägern, Leiterinnen und Erzieherinnen – Qualitätsverbesserungen nur dann zu erwarten, wenn ein externer Anreiz zur Qualitätsverbesserung besteht. Grundvoraussetzungen hierfür sind, dass

1. das (regionale) Angebot an Kita-Plätzen größer ist als die (regionale) Nachfrage – und
2. Eltern sich bei ihren Entscheidungen (auch) von Qualitätsunterschieden leiten lassen – und
3. das Entscheidungsverhalten der Eltern Auswirkungen auf das Budget oder die Ausstattung der Einrichtungen hat.

Darüber hinaus gilt, dass die mit Qualitätsverbesserungen möglicherweise verbundenen Kosten refinanziert werden müssen, zumindest soweit sie über das zur Gewährleistung der Mindestqualität erforderliche Maß hinausgehen. Wie dies erfolgen kann bzw. wer die Kosten dafür tragen soll, wird weiter unten noch zu diskutieren sein.

Die vorstehenden Überlegungen sollen nun in eine Kosten-Nutzen-Betrachtung überführt werden, um einen Eindruck über mögliche Kosten(träger) und Nutzen(empfänger) zu geben. Auch daraus lassen sich wichtige Rückschlüsse für die Implementation von Qualitätssicherungsverfahren ziehen.

4 Die Kosten-Nutzen-Betrachtung

Für die Kosten-Nutzen-Analyse sind die folgenden Aspekte von besonderer Bedeutung: Ein Gütesiegel dokumentiert zunächst *nur* die gemessene Qualität einer Einrichtung. Es befriedigt damit einmal das Informationsinteresse von Erzieherinnen, Leitung, Träger, Financier (Jugendamt, Ministerium) und Eltern. Wenn daraus keine weitergehenden Konsequenzen und Schlüsse gezogen würden, dann würde den Kosten der Qualitätsmessung und -dokumentation nur der Informationsgewinn als Nutzen gegenüberstehen. Auch wenn dieser u.U. positiv wäre, d.h. die individuelllen und/oder die Summe der individuellen Nutzen größer wären, wäre dennoch »nicht viel gewonnen«.

Erst wenn die Eltern auf der Grundlage der mit dem Gütesiegel nachgewiesenen Qualitätsunterschiede entscheiden und die Einrichtung mit einer besseren Qualität auswählen, ergeben sich weitergehende positive kurz- und längerfristige Effekte auf die Entwicklung des Kindes. Diese Effekte sind prinzipiell umso größer, je besser die strukturelle und pädagogische Qualität der entsprechenden Einrichtung ist. Dies gilt trotz der Tatsache, dass von Unterschieden in der Kindesentwicklung nicht unmittelbar auf Qualitätsunterschiede von Kindertageseinrichtungen geschlossen werden kann. Stattdessen wird die Kindesentwicklung von vielen Faktoren beeinflusst, die unabhängig von der Qualität der jeweiligen Kita sind. Unabhängig von dieser Feststellung kann man festhalten, dass gute Kita-Qualität u.a. die folgenden positiven Effekte, d.h. Nutzen hat:

- unmittelbarer Partizipationsnutzen der Kinder (höhere Zufriedenheit, besseres Sozialverhalten, höheres Selbstwertgefühl etc.)
- höhere IQ-Werte
- evtl. frühere Einschulung
- weniger Klassenwiederholungen
- geringerer Verweis auf Förderschulen
- geringere Abbruchraten bzw. höhere Absolventenquoten
- früherer Bildungsabschluss
- höhere Übergangsquoten auf weiterführende Bildungseinrichtungen (Optionsertrag)
- besseres soziales Verhalten
- bessere Gesundheit und Ernährung
- geringere Kriminalitätsraten
- höheres Erwerbseinkommen und höhere Steuer- und Sozialversicherungseinnahmen
- geringere Arbeitslosigkeit
- geringere Inanspruchnahme von Sozialleistungen
- höhere Partizipation von Frauen am Erwerbsleben
- eine höhere Arbeitsproduktivität der Eltern (kurzfristig), insbesondere der Mutter, aber (langfristig) auch des (erwachsenen) Kindes

- höhere (emotionale) Zufriedenheit der Mutter, weil sie Erwerbstätigkeit und Kindererziehung miteinander kombinieren kann
- verbesserte Eltern-Kind-, insbesondere auch Mutter-Kind-Beziehungen etc.

Gleichwohl lässt sich aber bisher – und das ist von zentraler Bedeutung für die Nutzenbetrachtung – kaum hinreichend messen, in welchem ursächlichen Verhältnis die jeweiligen positiven Effekte und die Qualität der Kindertageseinrichtung, vor allem in Deutschland, stehen. Es ist zumindest bisher nicht möglich zu schlussfolgern, dass eine Kita-Qualität der Stufe IV gegenüber der Stufe III zu einer um durchschnittlich X Prozent geringeren Wahrscheinlichkeit etwa hinsichtlich des Sitzenbleibens oder des Schulabbruchs führt etc. Ferner werden positive Effekte der Kita durch familiäre Rahmenbedingungen verstärkt oder aber gebremst, ähnliches gilt für die nachgelagerten Bildungsbereiche etc. Umgekehrt kann eine schlechte oder unzureichende Kita-Qualität durch familiäre Komponenten oder nachgelagerte Bildungsbereiche (teilweise) kompensiert werden.

Wenn aber schon die generellen Effekte durch Qualitätsunterschiede kaum exakt gemessen werden können, dann gilt dies noch stärker mit Blick auf den Einfluss, den die Einführung eines Gütesiegels hierauf hat, da es nur ein Medium und somit allenfalls von mittelbarem Einfluss ist.

Darüber hinaus ist auch darauf hinzuweisen, dass die meisten amerikanischen Studien, die auf die positiven Effekte von guter Kinderbetreuungsqualität verweisen, kostenintensive und zielgerichtete Programme für Kinder aus sozial benachteiligten Familien untersucht haben, deren Ergebnisse nicht automatisch generalisiert werden können. Ferner müssen die Erfahrungen, die in den USA gemacht wurden, nicht unmittelbar auf Deutschland übertragbar sein. Soweit ersichtlich liegen jedoch kaum entsprechende deutsche Studien vor. Die Studien von Tietze u. a. (2001) und Tietze (1998) geben zwar Hinweise darauf, dass höherwertige Kitas einen positiven Effekt auf die Kindesentwicklung haben, allerdings lassen sie noch keine weitergehenden Folgerungen hinsichtlich der längerfristigen Effekte bzw. der Größenordnung dieser Effekte zu. Das heißt: Eine Quantifizierung der Nutzen(zuwächse), die sich durch die Einführung eines Gütesiegels im deutschen Kita-System ergeben würden, kann zurzeit ehrlicherweise nicht vorgenommen werden. Dies verweist aber u. a. darauf, dass ein entsprechender Forschungsbedarf besteht.

Kaum überwindbare Schwierigkeiten ergeben sich ferner daraus, dass bisher keine Informationen darüber vorliegen, wie sich konkrete Qualitätsunterschiede z. B. auf die Kindesentwicklung und auf den Bildungsverlauf auswirken. Führt beispielsweise die Erhöhung der durchschnittlichen Qualität von Stufe III auf Stufe IV oder von Stufe V auf VI zu einer Verringerung der Quote von Jugendlichen ohne Hauptschulabschluss von 9 % auf 6 % oder von 9 % auf 4 %, oder könnte eine Erhöhung von Stufe III auf Stufe VII diese Quote auf annähernd null reduzieren? Einige Studien zeigen für die USA, dass diejenigen, die bessere Einrichtungen besucht haben, eine höhere Wahrscheinlichkeit haben, mehr als 2.000 US-Dollar pro Monat zu verdienen, als diejenigen, die schlechtere Einrichtungen besucht haben. Wie groß ist aber die durchschnittliche Einkommensdifferenz? Verdienen die einen durchschnittlich $ 2,050 oder $ 2,500 und die anderen $ 1,950 oder $ 1,500? Handelt es sich dabei um Brutto- (vermutlich) oder Nettoeinkommen? Auch dies verhindert eine spezifizierte Betrachtung der Effekte von besseren gegenüber schlechteren Einrichtungen. Unabhängig von diesen Schwierigkeiten soll im Folgenden versucht werden, die möglichen Nutzenwirkungen bestimmter Effekte exemplarisch aufzuzeigen und sie den einzelnen Nutzenempfängern zuzuordnen. Dies soll auf zwei Ebenen erfolgen. Zunächst werden die Kosten und Nutzen der unmittelbaren Einführung eines Gütesiegels auf der Grundlage der Überlegungen von Tietze und Spieß ermittelt. Die damit verbundenen Nutzen ergeben sich aus der verbesserten Transparenz und den geringeren Informationskosten. Dieses Basismodell wird ergänzt durch eine Betrachtung der damit verbundenen Wirkungen auf das Entscheidungsverhalten. Damit lassen sich einige wesentliche Effekte von guter bzw. besserer Qualität auf Kosten und Nutzen aufzeigen.

In einem weiteren Schritt wird dann kurz untersucht, welche Effekte sich ergäben, wenn die Einführung eines Gütesiegels über das Entscheidungsverhalten der Eltern zu einer höheren Durchschnittsqualität im Kita-Bereich führen würde, d. h. wenn die Einführung eines Gütesiegels zu einem Qualitätsverbesserungsprozess führen würde.

4.1 Die Kosten und Nutzen der Einführung eines Gütesiegels

Kosten entstehen zunächst auf zwei Ebenen, einmal für die Entwicklung und Einführung des Gütesiegels und zum anderen für den Evaluierungs- und Zertifizierungsprozess.

Ausgehend von den Ausführungen von Tietze und Spieß (2001) lassen sich für die Entwicklungs- und Einführungsphase damit fünf Schritte ableiten, deren Kosten im Folgenden abgeschätzt werden.

4.1.1 Diskussion und Einigung auf einen Anforderungs- und Kriterienkatalog zur Qualität in Kindertageseinrichtungen

Bevor ein Gütesiegel eingeführt werden kann, sind die Qualitätsstandards in einem umfassenden Prozess zwischen den verschiedenen Beteiligten zu konkretisieren und zu diskutieren. Hierfür schlagen Tietze und Spieß die Einsetzung einer Kommission vor, der Vertreter der unterschiedlichen Gruppen von Beteiligten angehören sollen. Hierzu zählen u. a. Vertreter der Fachwissenschaften (Pädagogik, Psychologie etc.), der Erzieherinnen/Gewerkschaften, der Trägerorganisationen/Wohlfahrtsverbände, der Aus- und Fortbildung von Erzieherinnen bzw. Elementarpädagogen, der Eltern und der Politik, der Jugendämter bzw. Landesjugendämter.

Ferner erscheint die Einsetzung einer Geschäftsstelle, deren Leitung ggf. gleichzeitig die Moderation des Beratungsprozesses übernimmt, angebracht, um den wissenschaftlichen und fachlichen Sachstand aufzuarbeiten sowie die Sitzungen vor- und nachzubereiten.

Im Hinblick auf die Kostenermittlung lassen sich nun verschiedene Konstellationen und Modi diskutieren und auch unterschiedliche Gründe für eine kürzere oder längere Beratungsdauer finden. Ohne an dieser Stelle auf Details einzugehen, dürften die damit verbundenen Kosten zwischen € 0,5 und € 1,4 Mio. liegen (s. Langfassung des Gutachtens).

4.1.2 Entwicklung von Mess- und Überprüfungskriterien und -indikatoren

Die von der Kommission entwickelten Standards sind in mess- und (intersubjektiv) überprüfbare Kriterien und Indikatoren zu überführen. Es ist davon auszugehen, dass diese Indikatoren eher durch eine kleinere Gruppe von wissenschaftlichen Experten entwickelt und dann von der Kommission diskutiert werden.

4.1.3 Ausschreibungsverfahren

Spieß und Tietze schlagen vor, dass die »Evaluationsagentur« zur Vermeidung von Interessenskonflikten keine staatliche Einrichtung sein solle. Vielmehr könnte die Vergabe im Rahmen eines öffentlichen Ausschreibungsverfahrens erfolgen. Die Kosten dieser Ausschreibung dürften aber vermutlich angesichts des Gesamtumfanges vernachlässigbar sein und vielleicht zwischen € 5.000 und € 10.000 liegen.

4.1.4 Aufbau und Betrieb der Evaluationsagentur, Schulung der Evaluatoren und Begehung der Einrichtungen

Inwieweit diese Kosten für den Aufbau und Betrieb der Evaluationsagentur hier zu berücksichtigen sind, hängt von den genauen Rahmenbedingungen ab. Wäre es eine öffentliche Einrichtung, die vom Bund oder dem entsprechenden Bundesland finanziert würde, dann wären diese Kosten hier gesondert zu erfassen. Handelt es sich demgegenüber um eine (private oder gesonderte) Einrichtung, die nach Fallpauschalen bzw. Tagessätzen oder grundsätzlich mit einen Pauschalbetrag vergütet würde, dann sind die Kosten für den Aufbau und den Betrieb der Einrichtung und die Schulung der Evaluatoren in diesem Betrag enthalten und werden nicht mehr gesondert erfasst.

Um einen Eindruck von möglichen Größenordnungen zu erhalten, erscheint eine detaillierte Betrachtung angebracht. Dies gilt auch mit Blick auf den Bedarf an (internen wie externen) Evaluatoren und anderen Mitarbeitern der Evaluationsagentur. Da der Personalbedarf vor allem auch von der Zahl der insgesamt zu evaluierenden Kindertageseinrichtungen, der Periodizität und der Anzahl an Evaluatoren abhängig ist, die jeweils eine Einrichtung besuchen, bietet es sich an, die Kostenbetrachtung von diesem Ende her aufzubauen.

Hinsichtlich des Evaluationszyklus hatten Spieß und Tietze vorgeschlagen, dass ein Gütesiegel nur für einen begrenzten, konkret dreijährigen Zeitraum zugeteilt werden solle.

Unterstellt man, dass jede Evaluation durch ein Team von zwei Personen durchgeführt und einschließlich der Berichtserstellung und internen Beratung der Ergebnisse insgesamt zwei Tage dauert, dann wären dies vier Personentage je Einrichtung. Bei einem dreijährigen Begutachtungszyklus wären jährlich 15.000 Einrichtungen zu begutachten, was 60.000 Personentagen bzw. – bei durchschnittlich 220 Arbeitstagen pro Person – einem Bedarf an 273 Evaluatoren (Vollzeit-Äquivalente) entspräche.

Geht man weiterhin davon aus, dass ein Personentag an Evaluation durchschnittlich € 500 (€ 750) kostet, dann ergäbe sich ein jährliches Finanzvolumen von € 30,0 Mio. (€ 45,0 Mio.). Die durchschnittlichen Kosten je evaluierter Einrichtung beliefen sich dann auf € 2.000 (€ 3.000) pro Evaluationsverfahren bzw. € 667 (€ 1.000) pro Jahr. Franken (2003, S. 46) verweist auf einen Marktpreis für externe, prozesshafte Qualitätsentwicklung von € 4.000. In diesem Fall würden sich die Kosten auf € 60 Mio. pro Jahr erhöhen. Allerdings wären darin faktisch die Entwicklungskosten enthalten.

4.1.5 Zusammenfassung

Die vorstehenden Ausführungen zusammengefasst ergeben einmalige Kosten von € 1,6 Mio. bis € 4,0 Mio. sowie jährliche Kosten von € 30 Mio. bis € 60 Mio. Insgesamt kann man damit die Kosten der Einführung als vergleichsweise marginal betrachten. Bezogen auf die jährlichen Ausgaben von gut € 11,7 Mrd. (2002) (BLK 2004) ist dies allenfalls ein halbes Prozent.

4.2 Die Nutzen eines Gütesiegels

Die Nutzen eines Gütesiegels fallen – wie auch die Kosten – bei unterschiedlichen Empfängern an. Es ist daher sinnvoll, die zu erwartenden Nutzen auch den einzelnen Begünstigten zuzuordnen. Hierbei ist generell zwischen individuellen (privaten) und gesellschaftlichen (sozialen) Erträgen zu unterscheiden. Letztere sind zunächst die Summe der privaten Erträge, zzgl. der auf staatlicher bzw. gesellschaftlicher Ebene anfallenden Nutzen.

4.2.1 Individuelle bzw. private Nutzen

Private Nutzen können einmal bei der Einrichtung – Erzieherinnen, Leiterinnen und Trägern –, dann beim Kind und dessen Eltern anfallen sowie bei den Unternehmen bzw. der Wirtschaft. Weiter oben waren die möglichen kurz- und langfristigen Nutzen zusammenfassend dargestellt worden, nun gilt es diese den einzelnen Empfängern zuzuordnen.

4.2.1.1 Einrichtung

Die Einrichtung ist ein »System«, das sich aus verschiedenen Individuen (Leiterin, Erzieherinnen) sowie einem übergeordneten »Meta-Gebilde« zusammensetzt. Auf beiden Ebenen können Nutzen anfallen, die sich teilweise voneinander unterscheiden und teilweise voneinander abhängig sind. So hat eine Verbesserung der Wettbewerbsfähigkeit bzw. der Erhalt derselben über die Sicherung des Arbeitsplatzes Auswirkungen auf die Erzieherinnen und die Leitung.

4.2.1.1.1 Mitarbeiterinnen (Leiterin, Erzieherinnen)

Die Zertifizierung einer Einrichtung dürfte positiv auf die Mitarbeiterinnen rückwirken, wenn ihnen ein hoher pädagogischer Qualitätsstandard bestätigt wird. Sie erhalten damit konkrete und unabhängige Hinweise auf ihre Arbeitsleistung und bei guter Qualität erhöhen sich Selbstbewusstsein, Selbstwert, Zufriedenheit und Motivation etc. Ggf. erhalten sie auch Hinweise auf Verbesserungsmöglichkeiten, die mittelfristig wiederum positive Effekte entfalten.

Davon ausgehend, dass die Anmeldeentscheidung der Eltern von der Qualitätszertifizierung abhängt, sichern sich die Mitarbeiterinnen zugleich ihren Arbeitsplatz und ihr Einkommen. Für die Mitarbeiterinnen ist das nur in Höhe des Nettoeinkommens zu berücksichtigen; Steuer- und Sozialversicherungszahlungen sind Nutzen der öffentlichen Hand.

Soweit z.B. die Beförderung von entsprechenden Aspekten abhängig ist, werden solche Erzieherinnen einen Vorteil haben, die leistungsstärker und motivierter sind, d.h. denen eine bessere pädagogische Qualität bestätigt wird. In einem System leistungsorientierter Vergütung würde eine solche Leistungserhöhung auch Rückwirkungen auf die Vergütung haben. Die Erzieherinnen hätten somit nicht nur einen intrinsischen, sondern auch einen monetären Nutzen. Dieses Beispiel zeigt aber auch, dass die Kosten und Nutzen eines Gütesiegels bzw. einer verbesserten Qualität von den Rahmenbedingungen der Einführung abhängig sind. Weiterhin können die Rahmenbedingungen Auswirkungen auf die Wirksamkeit haben.

4.2.1.1.2 Die Kita als übergeordnete Einrichtung

Die Einrichtungen hätten einen Nutzen durch den Erhalt eines Gütesiegels, weil sie bestätigt bekommen, dass sie ein bestimmtes Qualitätsniveau bzw. bestimmte Qualitätsstandards einhalten. Sie verbessern damit ihre Wettbewerbsfähigkeit gegenüber anderen Einrichtungen. Welche Nutzen sich hierdurch konkret ergeben, hängt von den Rahmenbedingungen ab.

Gäbe es z.B. einheitliche Zuweisungen pro Einrichtung unabhängig von Qualität oder Kinderzahl, dann würde eine bessere Einrichtung keinen Nutzen aus einer höheren Qualität ziehen, solange unzureichende, qualitätsbedingte Nachfrage ihre grundsätzliche Existenz nicht gefährdet. Ähnliches gilt, wenn die Nachfrage so groß ist, dass jedes Angebot quasi automatisch nachgefragt wird. In diesem Fall wären qualitätsverbessernde Aktivitäten nicht mit Nachfrageveränderungen verbunden, wodurch sich externe Anreize auf die Einhaltung des Mindestniveaus beschränken würden, vorausgesetzt, dies wäre mit einer Betriebsschließung verbunden. Wird aber das Mindestniveau erreicht, würden Qualitätsunterschiede keine zentrale Rolle mehr spielen, es sei denn, es gibt eine intrinsische Motivation der Belegschaft. Diese wären dann aber allenfalls mittelbar auf das Gütesiegel zurückzuführen.

Die Wirksamkeit eines Gütesiegels könnte dadurch verbessert werden, dass einerseits Qualitätsunterschiede ausgewiesen werden und andererseits die Finanzausstattung einer Einrichtung (zumindest teilweise) mit der Nachfrage gekoppelt wird. Es ist einschränkend allerdings darauf hinzuweisen, dass der Nutzen aus einer Qualitätszertifizierung für die Einrichtungen umso größer ist, je stärker der Wettbewerb um Kinder bzw. Eltern »am Markt« ist. Je größer das Angebot im Verhältnis zur Nachfrage ist, desto wichtiger können entsprechende Zertifikate sein, umso eher ist allerdings auch mit einer freiwilligen Zertifizierung durch die Kita selbst zu rechnen. Desto weniger wären staatliche Vorgaben bzw. ein einheitliches Gütesiegel erforderlich. In all diesen Fällen hätte nämlich eine Einrichtung mit einem höherwertigen Qualitätszertifikat beste Marktchancen und somit ein besseres Budget, d. h. die Zertifizierung hätte einen unmittelbaren Nutzeneffekt für die Einrichtung. Dies gilt auch, wenn etwa die Finanzzuweisungen qualitätsabhängig sind.

Das Problem für die vorliegende Betrachtung ist damit aber, dass die konkreten – monetären – Nutzen von verschiedenen Rahmenbedingungen abhängig sind, die einzeln zu spezifizieren wären. So wäre etwa (spekulativ) »festzulegen«, mit welchen Zuweisungsunterschieden eine Bewertung nach Kategorie IV gegenüber III oder VI gegenüber V verbunden sein soll. Ferner wäre anzunehmen, wie sehr die Eltern bei ihrer Anmeldeentscheidung auf Qualitätsunterschiede reagieren. Dies ist aber nach unterschiedlichen Studien vom sozioökonomischen Hintergrund der Eltern und insbesondere vom Bildungshintergrund der Mutter abhängig (Witte u. a. 1994, Gauri 1998, West/Pennell 1997). Das heißt, die Qualitätselastizität der Nachfrage wäre in Gebieten mit höherem sozioökonomischem Status bzw. Bildungshintergrund höher als in anderen Gebieten. Dies würde aber zugleich bedeuten, dass der Anreiz zur Qualitätsverbesserung für Einrichtungen in einzelnen Stadtteilen erheblich höher wäre als in anderen. Ebenso gilt, dass deren Nutzen umso größer ist, je größer der Preisunterschied zwischen den Qualitätsniveaus. Dies bedeutet aber im Gegenzug, dass sich die Kosten für die finanzierende Kommune bzw. das kofinanzierende Land entsprechend verändern würden. Dies gilt trotz verschiedener Studien, die darauf verweisen, dass die Kosten einer Qualitätserhöhung vergleichsweise moderat sein sollen. So schätzen Helburn und Howes (1996) den Kostenunterschied zwischen mittelmäßiger und guter Qualität auf 10% der variablen Kosten.

Im Endeffekt hängt das Ergebnis einer Kosten-Nutzen-Betrachtung für die einzelne Kindertageseinrichtung demnach von der konkreten Ausgestaltung und den Rahmenbedingungen des Gütesiegels ab. Gegenüber einer Situation ohne Qualitätszertifikat ergeben sich allerdings zunächst einmal überwiegend nicht-monetäre Effekte. Ein Unterschied zwischen einem marktwirtschaftlichen Zertifikat und einem einheitlichen Gütesiegel ist eigentlich nur dann zu erwarten, wenn das einheitliche Gütesiegel höhere Qualitätsanforderungen einfordern kann oder schneller zu Qualitätssteigerungen führt. Inwieweit dies allerdings als Nutzen für die Einrichtung anzusehen ist, ist nicht ersichtlich.

4.2.1.2 Eltern

Als wesentliche Zielgruppe und Nutzenempfänger eines Gütesiegels lassen sich die Eltern identifizieren. Sie profitieren durch die Bereitstellung von Informationen, die sie sonst mühsam selber generieren müssten, mit den beschriebenen Problemen.

Die Referenzsituation aus Sicht der Eltern hieße daher, es gibt kein Gütesiegel bzw. Zertifizierungssystem, d. h. sie hätten keine »objektiven und wissenschaftlich fundierten« Informationen, die ihnen von Dritten bereitgestellt werden. In diesem Fall müssten sich die Eltern die Informationen über die wichtigen Parameter struktureller und pädagogischer Qualität selbst beschaffen, d. h. gegebenenfalls pädagogische Literatur beschaffen und lesen und die in Frage kommenden Einrichtungen vor diesem Hintergrund inspizieren. Gibt es konkurrierende Gütesiegel bzw. Zertifizierungsverfahren, dann müssten sie sich über die Bewertungskriterien der jeweiligen Zertifikate informieren und deren Ergebnisse miteinander vergleichen und letztlich in ein individuelles Vergleichsraster bringen.

Im Ergebnis hätte ein einheitliches Gütesiegel für die Eltern damit einige Vorteile. Es würde die Transparenz verbessern, die unmittelbare Verwertbarkeit der Qualitätsinformation erhöhen und den erforderlichen Zeitaufwand reduzieren. Die Frage ist jedoch, wie dieser Nutzenzuwachs der Eltern gemessen werden kann.

Man könnte prinzipiell versuchen, den geringeren Zeitaufwand anhand einer Gegenüberstellung mit einer Situation ohne Gütesiegel zu ermitteln. Mangels vorhandener Aufzeichnungen müsste man abschätzen, wie lange es dauern würde, sich den entsprechenden Wissensstand anzueignen und die in Betracht kommenden Einrichtungen zu evaluieren und zu vergleichen. Im Prinzip müsste man vermutlich von mehreren Wochen ausgehen, wobei der Zeitaufwand vermutlich negativ mit dem Bildungs- und sozioökonomischen Hintergrund korrelieren würde, während die Opportunitätskosten vermutlich damit positiv korrelieren. Das heißt zugespitzt, Akademikereltern würden vermutlich weniger Zeit aufwenden, diese aber mit einem höheren Stunden- oder Tagessatz bewerten als Eltern mit

Haupt- oder ohne Schulabschluss, die dafür aber im Durchschnitt mehr Zeit benötigen würden. Ein weiteres Problem wäre nun, dass es sich überwiegend um entgangene Freizeit handeln würde. Das heißt, es ist kaum möglich, eine »vernünftige« Kalkulation vorzunehmen. Vielleicht wäre ein Betrag in der Größenordnung von einigen (wenigen) hundert Euro »realistisch«.

Ein anderer Ansatz könnte versuchen, die Zahlungsbereitschaft der Eltern für entsprechende Informationen abzuschätzen, die allerdings teilweise von deren Zahlungsfähigkeit beeinflusst wird. Hierbei würde es sich allerdings um ein Konstrukt handeln, das nicht nur den Zeitgewinn, sondern auch die bessere Informationsqualität umfassen würde.

Aber auch hierbei handelt es sich primär um ein theoretisches Modell, das mit erheblichen Messproblemen verbunden ist und für das keine direkten Informationen vorliegen. So könnte man höchstens aus der begrenzten Zahlungsbereitschaft oder -fähigkeit für höherwertige Kinderbetreuung (Blau 2002; Mocan 2002, 2003) darauf zurückschließen, dass auch die Zahlungsbereitschaft für Qualitätsinformationen begrenzt ist.[3]

Es sei ferner einschränkend darauf hingewiesen, dass sich die Eltern diese Informationen nur beschaffen werden, wenn sie Wahlmöglichkeiten haben und die erhaltenen Informationen für die Entscheidung nutzen wollen. Das heißt, eine überschlägige Betrachtung auf der gesamtwirtschaftlichen Ebene kann nicht einfach unterstellen, dass sich alle Eltern der zurzeit rund 750.000 dreijährigen Kinder entsprechende Informationen tatsächlich beschaffen würden und deren jährlicher Gesamtnutzen somit bei € 15 Mio. – € 20 Mio. liegen würde. Der tatsächliche Gesamtnutzen ist mit hoher Wahrscheinlichkeit kleiner. Aber selbst wenn der Gesamtnutzen in dieser Größenordnung läge, dann verdeutlicht eine Gegenüberstellung mit den überschlägig ermittelten Kosten von € 30 Mio. – € 60 Mio., dass sich ein entsprechender Markt nicht etablieren würde, da die Einnahmepotenziale unter den Kosten lägen. Erst wenn die Zahlungsbereitschaft mindestens doppelt so hoch läge und alle Eltern eines Altersjahrgangs ein Interesse daran hätten, wäre eine Kostendeckung zu erreichen.

---

3 Betrachtet man die Preisgestaltung auf Vergleichsmärkten wie etwa dem Hochschulranking, dann kosten die entsprechenden Zeitschriftenausgaben € 3–3,50, ggf. zzgl. Versandkosten von € 1,80. Die eigentliche Evaluation wird somit über Werbung, Sponsoring oder Stiftungsgelder finanziert.

Unter Einbeziehung der positiven Effekte besserer Kita-Qualität auf die Kindesentwicklung, die über interdependente Nutzenfunktionen auch den Nutzen der Eltern erhöhen würde,[4] sollte der zu erwartende längerfristige Nutzen für die Eltern deutlich höher sein. Formal sind aber diese Nutzen mit der diskontierten Zahlungsbereitschaft für Qualitätsinformationen bereits abgegolten. Das heißt, es besteht eine erhebliche Diskrepanz zwischen der Zahlungsbereitschaft und der damit explizierten Nutzenbewertung der Eltern und dem Einfluss von Kita-Qualität auf die Kindesentwicklung. Dies würde die etwa von Mocan (2002, 2003) geäußerte begrenzte Rationalität elterlichen Verhaltens bestätigen. Dies würde zugleich bedeuten, dass der wahrgenommene Einfluss besserer Kita-Qualität auf die Entwicklung ihrer Kinder für viele Eltern eine vergleichsweise geringe Bedeutung zu haben scheint.

Dies muss aus einer ökonomischen Perspektive umso mehr verwundern, als die unzureichende Qualität von Kindertageseinrichtungen im ungünstigsten Fall – ggf. im Zusammenwirken mit familiären Hintergründen oder mit nachgelagerten Bildungsbereichen – zu erheblichen zusätzlichen Kosten für die Eltern führen kann, etwa wenn das Kind eine oder mehrere Klassen wiederholen müsste oder die Schule ohne Abschluss verlassen würde. Die Kosten eines zusätzlichen Schuljahres lassen sich vergleichsweise einfach berechnen.

Nach Angaben des Statistischen Bundesamtes auf der Grundlage der Einkommens- und Verbrauchsstichprobe belaufen sich die durchschnittlichen monatlichen Ausgaben der Eltern für ein 12- bis 18-jähriges Kind auf € 373.[5] Dies bedeutet zusätzliche Kosten von knapp € 4.500 für ein zusätzliches Jahr.[6]

Ambivalent kann der Nutzen aus einer besseren Kita-Qualität für die Eltern allerdings werden, wenn das Kind anschließend gar das Gymnasium besuchen könnte, denn in diesem Fall erhöhten sich die Kosten der Eltern bzw. sie hätten sie über einen längeren Zeitraum zu finanzieren. Die Eltern müssten über weitere drei Jahre den Lebensunterhalt von rund € 4.500 p.a. finanzieren, insgesamt rund € 13.500. Würde das Kind demgegenüber eine Ausbildung im dua-

---

4 Siehe hierzu etwa Dohmen (1999) für berufliche bzw. weiterführende Ausbildungsentscheidungen.
5 Zur ausführlichen Berechnung siehe Dohmen/Hoi (2004).
6 Würde man den Betrag einmal auf den Betrag von € 25 für eine »Kita-Qualitätsübersicht« abzinsen, dann ergäbe sich ein Zinssatz von 68% p.a. Das heißt, es wäre für Eltern ausgesprochen sinnvoll, die Kita für ihr Kind nach der Qualität der Einrichtung auszusuchen.

len System durchlaufen, erhielte es eine Ausbildungsvergütung von zurzeit durchschnittlich € 595, so dass die Eltern ihre Aufwendungen für den Lebensunterhalt des Kindes reduzieren könnten. Sie würden also € 13.500 sparen.

Sollte das Kind im Anschluss daran studieren, würde sich der Zeitraum, in dem die Eltern Unterhalt zu leisten hätten, weiter verlängern und es erhöht sich meist auch der Unterhaltsbetrag. Der durchschnittliche Elternunterhalt beläuft sich nach der 17. Sozialerhebung (Isserstedt u. a. 2004) auf rund € 435 pro Monat. Von diesem Betrag wäre das Kindergeld von € 154 abzuziehen, d. h. die monatlichen Nettokosten der Eltern beliefen sich auf ca. € 280 bzw. jährlich € 3.360. Bei einer Studienzeit von zehn Semestern entspricht dies einem Betrag von insgesamt € 16.800.

Die Nutzeneffekte, die sich aus einer höherwertigen Kita und einer besseren bzw. weiterführenden Schulausbildung des Kindes für die Eltern ergeben, sind demnach widersprüchlich. Einerseits ziehen sie zwar einen positiven Nutzen z. B. aus einer geringeren Wahrscheinlichkeit einer Klassenwiederholung, eines Schulabbruchs oder einer Einweisung in Förderschulklassen. In diesen Fällen könnten sie ihren Finanzierungsbeitrag frühzeitiger verringern. Ein erheblicher Teil der elterlichen Nutzen ist allerdings monetär kaum zu messen. Zudem lässt sich für Eltern kaum absehen, wie hoch denn ihre individuelle Wahrscheinlichkeit ist, dass »gerade« ihr Kind eine Klasse wiederholen würde und dies durch den Besuch einer besseren Kita vermieden werden könnte. Andererseits bedeutet ein längerer Schulbesuch des Kindes, dass die Eltern länger für den Kindesunterhalt aufkommen müssten und teilweise auch höhere Kosten zu finanzieren hätten, was zu Lasten ihres eigenen Konsums oder zu Lasten von Geschwistern ginge. Inwieweit diese Kosten durch den Nutzenzuwachs individuell überkompensiert werden, hängt von der individuellen Nutzenfunktion der Eltern ab. Es erscheint dabei nicht gerechtfertigt, automatisch von einem positiven Nettonutzen auszugehen (s. Dohmen 1999, 2004a).

Zusammenfassend muss man jedoch konstatieren, dass der wahrgenommene Nutzenzuwachs der Eltern aus der Einführung eines Gütesiegels vergleichsweise gering zu sein scheint. Aus ihrer Sicht scheinen andere Faktoren eine wichtigere Rolle zu spielen, die nicht Bestandteil des Gütesiegels sind. So dürften vollzeiterwerbstätige Eltern insbesondere ein Interesse an einer möglichst ganztägigen Betreuung ihres Kindes haben, die über ihre unmittelbare Arbeitszeit hinausgeht. Die Dauer der Betreuung ist aber – unseres Erachtens. berechtigterweise[7] – kein Kriterium für die erteilte Qualitätsstufe des Gütesiegels.

Exkurs

Darüber hinaus könnten sich für die Eltern auch kurzfristig höhere Kosten ergeben, wenn der Besuch einer besseren Kita mit höheren Gebühren verbunden wäre. Dies könnte zu einem veränderten Entscheidungsverhalten führen. Erstens ist zu fragen, ob die höherwertige Kita den zusätzlichen Betrag »wert« ist. Dies ist in aller Regel eine sehr subjektive Entscheidung, die von verschiedenen Faktoren abhängig ist. Die Entscheidung der Eltern wäre dann beispielsweise: Ist mir eine Kita mit einem Gütesiegel der Stufe V oder VI den zusätzlichen Betrag gegenüber einer Kita mit der Stufe III oder IV wert? Dies wird einerseits von der Wertschätzung des Gutes Kita-Bildung sowie andererseits von der Qualitäts- und Preiselastizität der (individuellen) Nachfrage abhängen und letztlich auch mit dem Verhältnis der Nutzenfunktionen des Kindes und der Eltern zusammenhängen. Die Zahlungsbereitschaft der Eltern wird zudem durch die Budgetrestriktion, d.h. das Familieneinkommen, tangiert. Ist das Budget ausgeschöpft, d.h. nicht mehr disponibel oder umschichtbar, dann mag die individuelle Bereitschaft noch so groß sein, eine höherwertige Kita ist nicht finanzierbar.

Geht man davon aus, dass Eltern mit einem höheren Bildungs- und sozioökonomischen Hintergrund eine höhere Preiselastizität der Kita-Nachfrage und zudem auch eine höhere Qualitätssensibilität haben, dann würden sie eher eine höhere Gebühr zahlen als andere Eltern. Ähnliches gilt für Eltern, die den Nutzen des Kindes höher wertschätzen, d.h. formal altruistischer sind, als tendenziell eher »egoistische« Eltern (Dohmen 1999). Und letztlich kann auch die Zukunftsorientierung der Eltern einen gewissen Einfluss auf ihre Entscheidung haben. Aber auch in diesem Fall gilt, dass die Entscheidung der Eltern nicht eindeutig ist; sie haben lediglich eine verbesserte Entscheidungsgrundlage.

---

7 Um Missverständnisse zu vermeiden: Dies heißt nicht, dass der Verfasser ganztägige Betreuung für nicht wünschenswert hält, allerdings stellt dies kein unmittelbares Merkmal pädagogischer Qualität dar, die sich in der Skala des Gütesiegels widerspiegeln sollte. Kitas mit einer (flexiblen und sicheren) Halbtagsbetreuung erbringen nicht per se eine »schlechtere« pädagogische Qualität als Ganztagseinrichtungen.

4.2.1.3 Kind

Das Kind ist die zentrale Person, auf die die Leistung einer Kindertageseinrichtung ausgerichtet ist. Sein Nutzen aus der Einführung eines Gütesiegels ist jedoch eher mittelbar festzustellen, wenn die Eltern aufgrund der zuverlässigeren Information und der Signalwirkung eines Gütesiegels mit einer höheren Stufe eine bessere Kita auswählen, als sie es ohne Gütesiegel getan hätten. Nur in diesem Fall ergäben sich die kurz- und insbesondere langfristig positiven Effekte, die den Nutzen des Kindes aus einem Gütesiegel ausmachen. Sie seien hier noch einmal kurz zusammengefasst:

Abbildung 1: Übersicht über die kurz-, mittel- und langfristigen Effekte besserer Kita-Qualität auf das Kind

Kurzfristig
- unmittelbarer Partizipationsnutzen
- Umgang mit anderen Kindern
- höhere Zufriedenheit
- besseres Sozialverhalten
- höheres Selbstwertgefühl etc.
- höhere IQ-Werte
- bessere Gesundheit und Ernährung
- verbesserte Eltern-Kind-, insbesondere auch Mutter-Kind-Beziehung etc.

Mittelfristig
- evtl. frühere Einschulung
- weniger Klassenwiederholungen
- geringerer Verweis auf Förderschulen
- geringeres Schulabbruchrisiko
- höhere Abschlusswahrscheinlichkeit
- kürzere Verweildauer im Bildungssystem
- höhere Übergangswahrscheinlichkeit auf weiterführende Bildungseinrichtungen (Optionsertrag)
- besseres soziales Verhalten

Langfristig
- frühere Einkommenserzielung
- höheres Erwerbseinkommen (netto)
- geringeres Arbeitslosigkeits- und Sozialleistungsrisiko
- eine höhere Arbeitsproduktivität
- geringere Kriminalitätsraten

Einzelne der dargestellten Nutzenvorteile lassen sich exemplarisch quantifizieren. So bedeutet eine geringere Wiederholungswahrscheinlichkeit zunächst einmal eine kürzere Schulzeit bzw. einen früheren Eintritt ins Berufsleben. Dies bedeutet ein früheres Erwerbseinkommen und ein höheres Lebenseinkommen. Der Vorteil der verbesserten Grundbildung entspricht dann der (abdiskontierten[8]) Differenz eines weiteren Arbeitsjahres. Geht man vom derzeitigen Durchschnittseinkommen einer Person mit abgeschlossener Berufsausbildung nach Haupt- oder Realschule aus, dann beliefe sich der Einkommensvorteil auf € 41.000 (brutto) bzw. € 26.000 (netto).

Denkbar wäre aber auch ein anderes Szenario, das von einem verstärkten Übergang in weiterführende Bildung, d.h. etwa einem Hochschulstudium ausgeht. In diesem Fall würde sich zunächst einmal der Bildungsweg verlängern und somit zusätzliche individuelle (und öffentliche) Kosten verursachen und erst später ein (dafür aber normalerweise umso höheres) Einkommen erzielt.

Aus Sicht des Kindes belaufen sich diese zusätzlichen Kosten für die längere Ausbildungszeit zunächst auf die entgangenen Einkommen, d.h. das Einkommen, das es während der verlängerten Ausbildung nicht erzielen kann, da es sich in einer schulischen und nicht in einer beruflichen Ausbildung bzw. im Erwerbsleben befindet (sog. Opportunitätskosten). Geht man von der durchschnittlichen Ausbildungsvergütung von € 595 pro Monat (2003 brutto) bzw. € 5.700 (netto) im Jahr aus, und unterstellt ein durchschnittliches jährliches Einstiegseinkommen nach einer Lehre von € 25.000 (brutto) bzw. € 17.000 (netto), dann belaufen sich die (Opportunitäts-)Kosten des Kindes für gymnasiale Oberstufe und Studium auf rund € 100.000 – € 110.00.[9] Diesen Opportunitätskosten stehen aber die im Anschluss an das Studium üblicherweise höheren Einkommen gegenüber. Aus Sicht des Kindes dürfte somit die Netto-Bilanz aus dem Besuch einer höherwertigen Kindertageseinrichtung eindeutig positiv sein.

---

8 Abdiskontieren bedeutet, dass in der Zukunft erzielte Einkommen auf den heutigen Gegenwartswert abgezinst werden. So kostet ein Brötchen von € 1,00 heute in 20 Jahren knapp € 2,50, ausgehend von einem durchschnittlichen Zinssatz von 2,0 % pro Jahr.

9 Lebenshaltungskosten brauchen nicht gesondert berücksichtigt zu werden, da sie einerseits aus dem ansonsten verdienten Einkommen finanziert werden können bzw. in der Regel während Schule und Studium durch die Eltern bzw. das BAföG finanziert werden und zu einem gewissen Anteil durch die Erwerbstätigkeit während des Studiums.

4.2.1.4 Wirtschaft bzw. Unternehmen

Die Wirtschaft kann zum einen kurzfristige, zum anderen aber vor allem langfristige Nutzen aus höherwertigen Kitas erzielen. Kurzfristig könnte sich die Produktivität der Eltern, insbesondere der Mutter, erhöhen, wenn diese davon ausgehen kann, dass ihr Kind in einer guten Kita untergebracht ist. Sie könnte dann »entspannter« bzw. umgekehrt selbst weniger gefordert sein und sich somit mehr auf die Arbeit konzentrieren. Inwieweit dies tatsächlich der Fall ist, ist unseres Wissens bisher nicht abschließend untersucht worden.[10] Amerikanische Studien berichten, dass eine bessere Betreuungsqualität die Wahrscheinlichkeit erhöhen würde, dass Eltern im Bildungssystem bleiben, ihren Job behalten und mehr Stunden arbeiten würden (Lowe Vandell/Wolfe 2002). Diese Ausführungen beziehen sich aber soweit ersichtlich auf Mütter aus benachteiligten Schichten, zudem ist nicht immer eindeutig erkennbar, inwieweit es dabei tatsächlich um Unterschiede in der Qualität der Einrichtungen geht.

Den wesentlichen Vorteil aufgrund einer besseren Kita-Qualität hätten Unternehmen aber mittel- bis langfristig, wenn die bessere Basisausbildung zu einer höheren Qualität der Auszubildenden bzw. der Arbeitskräfte führt. Im ersten Fall könnten sie entweder ihre eigene Ausbildungsintensität und damit die Ausbildungskosten verringern bzw. müssten weniger nachqualifizieren oder aber sie könnten das Ausbildungsniveau entsprechend erhöhen. Das heißt, sie hätten entweder geringere Ausbildungskosten oder höhere Erträge während der nachfolgenden Erwerbstätigkeit. Das höhere Qualifikationsniveau der Erwerbstätigen führt zu einer höheren Produktivität und verringert damit die Produktionskosten bzw. steigert den Output (und dessen Qualität), wodurch sich letztlich der Unternehmensgewinn erhöht. Implizit bedeutet dies auch, dass sich die Attraktivität des Wirtschaftsstandorts Deutschland erhöhen würde (s. u. »Demografische Entwicklung«).

---

10 Dass die Eltern, insbesondere die Mutter durch ein Kita-Angebot mit längeren Öffnungszeiten entlastet würde, ist evident, aber hier wiederum nicht Gegenstand der Betrachtungen, da es um die Effekte einer höheren Kita-Qualität bzw. der Einführung eines Gütesiegels geht, bei der die Öffnungszeiten der Einrichtungen von untergeordneter Bedeutung sind. Dies heißt nicht, dass längere oder kürzere Öffnungszeiten nicht in das Entscheidungskalkül und damit die Nutzenfunktion der Eltern eingehen.

4.2.2 Soziale (staatliche und gesellschaftliche) Nutzen

4.2.2.1 Fiskalische Effekte auf die öffentlichen Haushalte

Da die Gesamtentscheidungssituation der öffentlichen Haushalte etwas komplexer ist, sollen auch hier die unterschiedlichen Ebenen differenziert dargestellt werden.

Auch für den Staat können sich höhere Kosten ergeben, z.B. wenn die höhere Betreuungsqualität mit höheren Kosten verbunden ist oder wenn das besser Kita-gebildete Kind länger im Bildungssystem verbleibt. Geht man exemplarisch von den derzeitigen jährlichen Ausgaben je Schüler der gymnasialen Oberstufe (€ 7.500) bzw. eines Studierenden (€ 8.000) aus, dann ergäben sich zusätzliche öffentliche Ausgaben von rund € 77.500 (Dohmen 2004a).

Zu berücksichtigen sind ferner die in dieser Zeit ausbleibenden Steuerzahlungen und Sozialversicherungsbeiträge. So belaufen sich die Sozialversicherungseinnahmen für einen durchschnittlichen Auszubildenden monatlich auf € 240 (inkl. Arbeitgeberanteil), Steuereinnahmen zahlt ein durchschnittlicher Auszubildender nicht; allerdings dürfte ein Teil der Auszubildenden, insbesondere im zweiten oder dritten Lehrjahr, Steuern zahlen. Anstelle des Studiums würde jemand, der nach Haupt- oder Realschule eine Lehre begonnen hätte, arbeiten und Steuern und Sozialversicherungsbeiträge zahlen. Ausgehend von dem o.g. Beispiel eines Bruttoeinkommens von € 25.000 für einen Berufsanfänger würden sich die jährlichen Steuereinnahmen auf rund € 3.000 und die Sozialversicherungseinnahmen auf € 10.000 (inkl. Arbeitgeberanteil) belaufen. Während der um mindestens acht Jahre verlängerten (hoch-)schulischen Ausbildungsdauer entgehen der öffentlichen Hand somit Steuereinnahmen in Höhe von € 15.000–20.000 sowie Sozialversicherungseinnahmen von rund € 60.000.

Diesen zusätzlichen Ausgaben stehen aber mittel- bis langfristige Kosteneinsparungen und zusätzliche Einnahmen an anderer Stelle gegenüber. Sollte z.B. ein Jugendlicher keine Lehrstelle bzw. anschließend keine Arbeitsstelle finden, würden statt der Bildungsausgaben Sozialleistungen zu zahlen oder ergänzende Bildungsmaßnahmen zu finanzieren sein. Die Bundesregierung hat in den letzten Jahren verschiedene Programme für Jugendliche ohne abgeschlossene Schul- und Berufsausbildung (JUMP und JUMP II) mit einem Finanzvolumen von mehreren Milliarden Euro aufgelegt. Die Bundesagentur für Arbeit gibt jährlich rund € 7 Mrd. für berufsvorbereitende und andere Maßnahmen für Jugendliche ohne abgeschlossene Schul- oder Berufsausbildung aus (Süddeutsche Zeitung v. 3./4.7.2004). Die Kommunen haben höhere Sozialhilfeausgaben, das Arbeitslosigkeitsrisiko von Personen ohne abgeschlossene Schul- und Berufsausbildung ist deutlich höher als das von Personen mit abgeschlossener Berufsausbildung oder von Akademikern. Das geringere Kriminalitätsrisiko führt zu geringeren Ausgaben für Strafverfolgung und Strafvollzug, von den Folgen für die Opfer ganz zu schweigen.

Mit Blick auf eine spezifizierte Kosten- bzw. Nutzenbetrachtung auf der Ebene der öffentlichen Haushalte ist auf die Problematik hinzuweisen, dass es keine Informationen darüber gibt, mit welcher Wahrscheinlichkeit eine verbesserte Kita-Qualität zu den angesprochenen positiven Entwicklungen führt. Ferner bestehen Abhängigkeiten von den nachfolgenden Bildungsbereichen, die ebenfalls – wie die IGLU-, TIMMS- oder PISA-Untersuchungen gezeigt haben – erhebliche Probleme aufweisen. Insoweit seien mögliche Kostensenkungseffekte auf die öffentlichen Haushalte lediglich exemplarisch dargestellt:

- Die jährlichen Ausgaben für einen Hauptschüler belaufen sich im Bundesdurchschnitt auf € 5.100, für einen Realschüler auf € 4.700. Für jeden Schüler, der statt der Hauptschule eine Realschule besuchen könnte, verringerten sich somit die Kosten um € 400 pro Jahr bzw. € 2.400 bezogen auf eine sechsjährige Schulzeit.
- Jeder Schüler, der eine Klasse nicht wiederholen müsste, würde an einer Hauptschule Kosten von € 5.100 und an einer Realschule von € 4.700 einsparen. Klemm hat errechnet, dass durch Klassenwiederholungen 16.500 Lehrerstellen gebunden würden (Kölner Stadt-Anzeiger v. 21.7.2004). Auch wenn man diese Stellen wohl nicht alle abbauen könnte, entspricht dies einem Finanzvolumen von bis € 825 Mio.
- Ein Schulabschluss, der um ein Jahr vorverlegt werden könnte, erhöht das individuelle Lebenseinkommen um ein Jahresgehalt. Ginge man dabei von einem Bruttogehalt von (nur) € 25.000 aus, resultierten hieraus öffentliche Steuereinnahmen von € 3.000 sowie Sozialversicherungseinnahmen von € 10.000. Das geringere Arbeitslosigkeits- und Sozialleistungsrisiko verbessert die Bilanz

zusätzlich. Bei einem durchschnittlichen Sozialhilfebezug von nur € 450 pro Monat würde sich eine qualitätsbedingte Kostenerhöhung in Kitas von 25 %, dies entspricht einem Betrag von € 900, amortisieren, wenn sich der Sozialhilfebezug um zwei Monate reduzieren würde.

Die vorstehenden beispielhaften Ausführungen dürften deutlich gemacht haben, dass sich eine Verbesserung der strukturellen und pädagogischen Qualität von Kindertageseinrichtungen auch positiv auf die öffentlichen Haushalte auswirken würde. Von zentraler Bedeutung für die Analyse der konkreten Kosten- und Nutzeneffekte ist aber die Zuständigkeitsverteilung zwischen Bund, Ländern und Kommunen. So sind vor allen Dingen die Kommunen, im Verbund mit dem jeweiligen Bundesland, für das Kita-System zuständig, während die Länder die (überwiegende) finanzielle Verantwortung für die Schulen und Hochschulen und der Bund für die Nachqualifizierungsmaßnahmen der Bundesagentur für Arbeit tragen. Dies bedeutet jedoch, dass eine eventuell unzureichende Bildungsqualität in vorgelagerten Bildungsbereichen nicht mit Kosten auf der gleichen Trägerebene in nachgelagerten Bereichen verbunden ist. Die Folge wäre umgekehrt auch, dass mit Kosten verbundene Qualitätsverbesserungen im Kita-Bereich, die durch die jeweiligen Kommunen und das Land finanziert werden müssten, nicht mit Einsparungen bei diesen beiden Kostenträgern einhergehen müssen. Vielmehr entstehen Einsparungen auch und gerade bei denjenigen, die nicht an den qualitätsbedingt höheren Kosten partizipieren. Es bietet sich daher an, der Verteilung der finanziellen Zuständigkeiten genauer nachzugehen. Hierbei wird nämlich deutlich, dass Kostenträger und Nutzenempfänger tatsächlich in erheblichem Maße auseinander fallen.

Gegenüberstellung der öffentlichen Kosten und Nutzen bzw. Kosteneinsparungen

Die folgende Übersicht zeigt exemplarisch die Verteilung der Kosten und Nutzen auf die verschiedenen politischen Ebenen (s. Abb. 2). Während die mit der besseren Qualität verbundenen Kosten überwiegend auf kommunaler und geringer auf Landesebene anfallen, fallen die Erträge zu einem erheblichen Teil auf Landes- und vor allem Dingen Bundesebene an. Berücksichtigt man zudem

Abbildung 2: Exemplarische Übersicht über die öffentlichen Kosten und Nutzen

	Kommune	Land	Bund
Kosten	Zertifizierungskosten Kosten der Qualitätsanpassung (überwiegend) qualitätsbedingt höhere Zuweisungen an Kitas, höhere Gehälter etc. (evtl.)	höhere Schulausgaben bei mehr Übergängen in weiterführendes Gymnasium u. Hochschule Kosten der Qualitätsanpassung (unterschiedlich) qualitätsbedingt höhere Zuweisungen an Kita-Einrichtungen (evtl.)	Kommissions- und Umsetzungskosten
Monetäre Nutzen/Kostenreduktionen	geringere Sozialhilfeausgaben höhere Einkommensteuereinnahmen (15 %), ggf. auch früher höhere Gewerbesteuereinnahmen niedrigere Ausgaben bei anderen Jugendhilfeausgaben etc.	geringere »Reparatur«-Kosten (z. B. Sonderschulen) höhere Einkommensteuereinnahmen (42,5 %), ggf. auch früher niedrigere Sozialausgaben geringere Kriminalitätskosten (Strafverfolgung, Strafvollzug)	geringere Bildungs- und »Reparatur«-Kosten (z. B. berufsvorbereitende Maßnahmen, Jump) höhere Einkommensteuereinnahmen (42,5 %), ggf. auch früher frühere u. höhere Sozialversicherungseinnahmen (100 %), gering. Bundeszuschuss bessere Wettbewerbsfähigkeit höheres Wirtschaftswachstum bessere Gesundheit = geringere KV-Kosten
Nichtmonetäre Nutzen/externe Effekte	Standortfaktor Qualifikation, Familie, Bildung sonstige externe Effekte (Demokratie, soziales Kapital)	Standortfaktor Qualifikation, Familie, Bildung sonstige externe Effekte (Demokratie, soziales Kapital)	Standortfaktor Qualifikation, Familie, Bildung sonstige externe Effekte (Demokratie, soziales Kapital)

mögliche Wanderungsbewegungen zwischen Kommunen und Bundesländern, so ist für die einzelne Kommune bzw. das einzelne Bundesland die Wahrscheinlichkeit hoch, dass die Erträge von einer anderen Kommune bzw. einem anderen Bundesland erzielt werden.

Auf der Ebene der einzelnen Kommune bzw. des Bundeslands wäre der Nutzenempfang nur dann gegenüber der Ausgangssituation egalisiert, wenn Zu- und Abgänge sich ausgleichen. Inwieweit dies erwartet werden kann, ist angesichts des langen Planungshorizonts a priori aber nicht absehbar. Dies bedeutet aber in der Konsequenz, dass ein beispielsweise um 10% geringeres Sozialleistungsrisiko nicht mit 10%, sondern mit einem geringeren Anteil in die Analyse eingeht. Die Folge ist, dass sich der Nettonutzen aus kommunaler Sicht reduziert.

Zusammenfassend bedeuten die vorstehenden Ausführungen und die Gegenüberstellung der öffentlichen Kostenträger und Nutzenempfänger aber, dass das Interesse an Qualitätsverbesserungen bei den zuständigen Ebenen (Kommunen und – eingeschränkt – Land) vergleichsweise gering ist, während die Ebenen, die den Nutzen erzielen, keinen unmittelbaren Einfluss auf qualitätsrelevante Entscheidungen haben.

Erschwerend dürfte auch hinzukommen, dass die tatsächlichen Kosten von Maßnahmen zur Qualitätsverbesserung weitgehend unbekannt sind. Soweit ersichtlich sind in Deutschland bisher keine entsprechenden Untersuchungen durchgeführt worden. Untersuchungen aus den USA deuten darauf hin, dass sich die Kosten in einem Bereich von 10% für eine Verbesserung von mittelmäßig auf gut auf der KES- bzw. ECERS-Skala bewegen (Helburn und Howes 1996; Mocan 1997). Genauso unbekannt sind aber bisher die monetarisierten Nutzenzuwächse. Die vorliegende Studie kann mit den o.g. Beträgen zumindest einen gewissen Eindruck hinsichtlich möglicher Nutzeneffekte aufzeigen. Über alle Finanzierungsebenen hinweg, wäre die Nettobilanz mit Sicherheit positiv.

Auf nachgelagerten und nur schwer zu quantifizierenden Ebenen dürfte zudem die Qualität des kommunalen bzw. regionalen Bildungssystems ein wesentlicher Standortfaktor im Zuge des demografischen Wandels sein. Dies gilt insbesondere für die höher qualifizierten Arbeitskräfte, die ihre Entscheidungen, wo sie sich wohnungsmäßig niederlassen, auch und vielleicht gerade von der Qualität der Bildungseinrichtungen abhängig machen. Da Unternehmen aber auf hochqualifizierte Arbeitskräfte angewiesen sind, dürfte dies mittelfristig auch Einfluss auf die Ansiedlungsentscheidung von Unternehmen haben. Da die kommunale und regionale Wettbewerbsfähigkeit und die Ansiedlung von Unternehmen auch Auswirkungen auf die jeweiligen öffentlichen Haushalte haben, bekäme das Bildungswesen eine wichtige Bedeutung für die zukünftige wirtschaftliche Entwicklung von Kommunen und Regionen. Diese Wirkungen sind oben teilweise als nichtmonetäre Effekte erfasst worden, obwohl sie mittelbar auch monetäre Auswirkungen haben.

4.2.2.2 Soziale Nutzen auf gesamtgesellschaftlicher, volkswirtschaftlicher Ebene

Die sozialen Erträge auf volkswirtschaftlicher Ebene setzen sich aus zwei Gruppen von Erträgen zusammen. Sie ergeben sich zum einen aus der Summe der privaten, individuellen Nutzen und der fiskalischen Effekte auf die öffentlichen Haushalte. Zum anderen gibt es darüber hinaus so genannte externe Effekte, die bei keiner der unmittelbar beteiligten Gruppen, sondern bei nicht unmittelbar beteiligten (Personen-)Gruppen auftreten.[11]

Der Bildung werden eine Reihe von positiven externen Effekte zugeschrieben, die im wesentlichen jedoch bereits im vorangegangenen Abschnitt genannt wurden: geringere Kriminalität, höheres Wirtschaftswachstum, positive Effekte auf die demokratische Entwicklung etc. Wichtig ist in diesem Kontext, dass die Qualität eines Bildungssystems – und nicht nur die allgemeine Bildungsdauer – erhebliche positive Effekte auf die wirtschaftliche Entwicklung eines Landes hat.

Da diese externen Effekte bisher aber kaum quantifiziert werden können, sei auf eine vertiefende Darstellung an dieser Stelle verzichtet. Es sei lediglich darauf hingewiesen, dass erste Untersuchungen, die versuchen, diese Effekte umfassend zu quantifizieren, zu erheblichen positiven Ergebnissen kommen, die die so genannte soziale

---

11 Es gibt grundsätzlich zwei Arten von externen Effekten, die als positive oder negative externe Effekte bezeichnet werden. Ein negativer externer Effekt ist z. B. die Umweltverschmutzung, die u. a. von Unternehmen oder Autofahrern verursacht wird. Da sie bei einer rein marktwirtschaftlichen Lösung nicht in der Bilanz der Beteiligten auftauchen, ergibt sich ein staatliches Eingriffsrecht, wodurch die beispielsweise mit der Umweltverschmutzung verbundenen Kosten den Unternehmen über Steuern »in Rechnung gestellt werden«. Auch die Mineralölsteuer hat – soweit sie etwa der Kompensation der Umweltverschmutzung durch Abgase dient – eine entsprechende Wirkung. Sie kann darüber hinaus auch einen verhaltenslenkenden Effekt haben, wenn Autofahrer aufgrund der steuerbedingt höheren Kosten weniger Auto fahren, als sie es ansonsten tun würden.

Ertragsrate von Bildungsinvestitionen nahezu verdoppeln könnte (McMahon 1999).

Aus Sicht des Verfassers lohnt es sich jedoch, einen Aspekt noch hervorzuheben, für den eine bessere Qualität frühkindlicher Erziehung von besonderer Bedeutung sein dürfte.

Demografische Entwicklung

Der demografische Wandel führt dazu, dass sich die nachwachsenden Alterskohorten bereits seit Jahren verkleinern und sich in den kommenden Jahren und Jahrzehnten weiter verringern werden. So werden Mitte der 2020er Jahre die in den Arbeitsmarkt hineinwachsenden Alterskohorten höchstwahrscheinlich nur noch etwa halb so groß sein wie die aus dem Arbeitsmarkt ausscheidenden. Das heißt, wenn von den Älteren nur die Hälfte arbeitet, muss von den Jüngeren jeder Einzelne in den Arbeitsmarkt eintreten, um den Ersatzbedarf befriedigen zu können. Berücksichtigt man dabei das Qualifikationsniveau der ausscheidenden Jahrgänge sowie den zu erwartenden generellen Höherqualifizierungsbedarf der Wirtschaft, dann würde dies eine Akademikerquote von rund 35-40 % bedeuten. Gegenüber der aktuellen Quote von unter 20 % bedeutet dies eine Verdopplung. Dies ist aber nur zu erreichen, wenn frühzeitig die Grundlagen gelegt werden, d. h. unter Berücksichtigung der Tatsache, dass die Abiturienten 2020 und die Hochschulabsolventen 2025 in den ersten Jahren des 21. Jahrhunderts ihren Bildungsweg mit der Kita beginnen, müsste die Qualität der Kitas kurzfristig verbessert werden, um den Anteil von Wiederholungen (25–30 % aller Schüler) und Schulabbrechern (10 % eines Altersjahrgangs) deutlich zu reduzieren und den Anteil an hoch qualifizierten Berufsanfängern erheblich zu erhöhen (Dohmen 2004d).

Gelänge es, dieses Ziel zu erreichen, könnte ein Teil der sich abzeichnenden Lücke zwischen Angebot und Nachfrage nach Arbeitskräften geschlossen werden. Gelingt es umgekehrt nicht, dieses Ziel zu erreichen, wird der Druck auf die Unternehmen zur Produktionsverlagerung ins Ausland weiter steigen. Auch die zu erwartenden Produktivitätssteigerungen werden dies nicht auffangen können, erfordern aber ebenso wiederum tendenziell höher qualifizierte Arbeitskräfte.

Mit Blick auf die zu erwartenden Kosten und Erträge einer entsprechenden Strategie können derzeit keine validen Zahlen vorgelegt werden. In jedem Fall dürften die Erträge aber beträchtlich sein und deutlich über den Kosten liegen.

4.3 Zusammenfassung: Die Nettonutzen eines Gütesiegels i.e.S.

Ein Gütesiegel ist zunächst »nur« ein Instrument, das dazu dient, Informationen über die Qualität von Kindertageseinrichtungen bereitzustellen. Insoweit trägt es zur Verbesserung der Informationsqualität bei Einrichtungen, Trägern, Jugendämtern, Ministerien und Eltern bei. Für die Eltern verringert es zudem die Kosten der Informationsbeschaffung bei der Entscheidung, an welcher Einrichtung sie ihr Kind anmelden sollen.

Kosten für die Einrichtung eines Gütesiegels erstehen für die Entwicklung und Einführung sowie für den Evaluierungs- und Zertifizierungsprozess. Die Kosten für Entwicklung und Einführung sind prinzipiell einmalige Kosten von bis zu € 4 Mio. Demgegenüber sind die Evaluierungs- und Zertifizierungskosten laufende Kosten, die für jede Einrichtung in einem drei- oder vierjährigen Rhythmus anfallen. Je nach den zugrunde gelegten Kosten je Einrichtung, die hier mit € 2000 – € 4.000 angesetzt wurden, belaufen sich die jährlichen Gesamtausgaben auf € 30 Mio. – € 60 Mio.

Der Nutzenzuwachs der Eltern aus der verbesserten Informationsqualität und dem geringeren Zeitaufwand für die Informationsbeschaffung ist schwer zu quantifizieren. Zwar könnte man versuchen, den Zeitaufwand für Lesen der Literatur, Gespräche mit Freunden und evtl. Fachleuten (im Freundeskreis) und Inspektion der in Betracht kommenden Einrichtungen zu quantifizieren. Allerdings bliebe hierbei eine erhebliche Unsicherheit, zumal ein Teil dieser Prozesse eher informell ist und während der Freizeit abläuft.

Alternativ wurde daher versucht, den Nutzenzuwachs über eine Abschätzung der Zahlungsbereitschaft von Eltern für entsprechende Informationen zu ermitteln. Eine Plausibilitätsüberlegung, die durch eine (nichtwissenschaftliche und nichtrepräsentative) Befragung im Bekannten- und Freundeskreis unterstützt wurde, deutet darauf hin, dass diese vergleichsweise gering ist und höchstwahrscheinlich im Bereich von unter € 25 liegen dürfte. Bezogen auf die jeweilige Alterskohorte, für die eine entsprechende Entscheidung ansteht, dürfte der Gesamtnutzen bei unter € 20 Mio. und somit erheblich unter den laufenden jährlichen Kosten liegen. Höchstwahrscheinlich ist er sogar deutlich niedriger, was zugleich bedeutet, dass ein privater Markt für entsprechende Informationen auf der Grundlage des geringen Interesses der Nachfrager nicht entstehen würde. Angesichts der erheblichen positiven Effekte, die aufgezeigt, wenn auch nicht im Detail quantifiziert werden konnten, bedeutet dies aber, dass die Politik entsprechend gefordert ist. Dies kann z. B. durch eine Akkreditierungs- oder Zertifizierungspflicht erfolgen.

Hinzuweisen ist noch darauf, dass die Entwicklungs- und Einführungskosten nur anfallen würden, wenn ein einheitliches Gütesiegel entwickelt werden sollte, wie dies von Spieß und Tietze (2001) vorgeschlagen wird. Würde demgegenüber zwar die Einführung von Qualitätszertifikaten vorgeschrieben, die Entwicklung aber dem Markt überlassen, so würden sich diese Entwicklungskosten auf den Evaluierungs- und Zertifizierungspreis niederschlagen, sofern dieser nicht staatlich festgelegt würde.

Für die Eltern hätte ein einheitliches Gütesiegel den Vorteil, dass die Transparenz der Informationsgrundlage höher wäre und somit die Informationskosten weiter verringern würde. Angesichts des offensichtlich als gering wahrgenommenen Nutzenzuwachses dürfte der damit verbundene Vorteil aber fast als marginal anzusehen sein.

Vor dem Hintergrund dieser Überlegungen ist davon auszugehen, dass die Entwicklung und Einführung eines Gütesiegels zunächst mit Netto-Kosten verbunden wäre. Dies würde sich allerdings dann ändern, wenn die Eltern die erhaltenen Qualitätsinformationen dahingehend nutzen, ihr Kind an der besten Einrichtung im Einzugsbereich anzumelden. Ein zusätzlicher Nutzengewinn wäre dann insofern zu erwarten, als sich eine bessere strukturelle und pädagogische Qualität positiv auf die Kindesentwicklung auswirken würde. Hieraus könnten sich die in Abbildung 1 dargestellten Effekte für das Kind ergeben, die als dessen Nutzen anzusehen sind.

Aus diesen positiven Effekten auf die Kindesentwicklung ergeben sich Folgewirkungen auf verschiedene Kostenträger und Nutzenempfänger. Abbildung 3 (vgl. S. 100) stellt die wesentlichen Kosten und Nutzen differenziert nach den einzelnen Kostenträgern und Nutzenempfängern dar.

Im Ergebnis zeigt sich, dass bei der isolierten Betrachtung der Auswirkungen auf die öffentlichen Haushalte, auch hier Kostenträger und Nutzenempfänger in weiten Teilen auseinander fallen. Während Eltern und Kommunen überwiegend die Kosten zu tragen

Abbildung 3: Exemplarische Übersicht über die Kosten und Nutzen nach Trägern und Empfängern[12]

	Einrichtung/Träger	Kind	Eltern	Unternehmen	Staat	Gesellschaft
Kosten	Zertifizierung Qualitätsanpassung		höhere Steuerzahlung (marginal, c.p.) höhere Gebühren (qualitätsbedingt)	höhere Steuerzahlung (marginal, c.p.) Anpassungskosten in Betriebskindergärten	Kommission (B/L) politische Transaktions-/Umsetzungskosten (B/L) Zertifizierungskosten (K) höhere Zuweisungen an Einrichtungen (K)	Summe private Kosten
Monetäre Nutzen	motiviertere Mitarbeiter Wettbewerbsfähigkeit höhere Einnahmen aus Gebühren/Zuweisungen	bessere Bildung/Erziehung bessere Bildungsleistung kürzere Bildungszeiten höhere Einkommen geringere Arbeitslosigkeit	geringere Such- u. Informationskosten geringere »Reparatur«-Kosten geringere Lebenshaltungskosten, (kürzere Bildungsdauer) höheres eigenes Einkommen (Produktivität, Arbeitszeit)	produktivere u. weniger Teilzeit arbeitende Eltern bessere Wettbewerbsfähigkeit höherer Gewinn geringere Steuerzahlung geringere Lohnnebenkosten geringere Qualifizierungskosten	niedrigere Sozialausgaben (kurz-/langfristig) höhere Steuer- und SV-Einnahmen (kurzfristig) geringere Bildungs- und Reparaturkosten höhere Steuer- und SV-Einnahmen (langfristig) Standortfaktor Qualifikation, Familie, Bildung	Summe private Erträge höheres Wirtschaftswachstum bessere Wettbewerbsfähigkeit Standortfaktor Qualifikation, Familie, Bildung
Nicht-monetäre Nutzen/externe Effekte	Branding (Markenbildung, Profilierung)	bessere Gesundheit Konsumverhalten geringere Kriminalitätswahrscheinlichkeit	höhere pädagogische Zufriedenheit	bessere Wettbewerbsfähigkeit Standortfaktor Qualifikation, Familie, Bildung	geringere Kriminalitätswahrscheinlichkeit höhere Wettbewerbsfähigkeit	geringere Kriminalität bessere Gesundheit sonstige externe Effekte (Demokratie, soziales Kapital)

12 Der Vollständigkeit halber sei darauf hingewiesen, dass einige Effekte von der konkreten Ausgestaltung abhängig sind.

haben, sind Unternehmen, Bund und Kind die Begünstigten, die aber im Wesentlichen an den Kosten nicht beteiligt sind. Zwar könnte man bei Eltern und Kind noch von einer Interdependenz der Nutzenfunktionen ausgehen, wodurch sich die positiven Effekte für das Kind auch positiv in der Nutzenbilanz der Eltern auswirken. Hierbei dürfte aber die erhebliche zeitliche Diskrepanz zwischen kurzfristigen anfallenden Kosten und unsicheren langfristigen Erträgen dazu führen, dass sich der Nutzenzuwachs des Kindes (scheinbar) unzureichend in der Nutzenfunktion der Eltern wiederfindet.[13] Ein wesentliches Problem dürfte aber auch darin liegen, dass die Eltern keinerlei Informationen über die »tatsächliche« zukünftige Entwicklung ihres Kindes mit besserer oder schlechterer Kindertageseinrichtung haben. Ihnen fehlt somit die Referenzsituation, die ihnen eine vergleichende Betrachtung und damit eine Entscheidung auf »gesicherter Informationsgrundlage« ermöglichen würde.

Diese Ungewissheit für die Eltern und die Tatsache, dass für Deutschland kaum Informationen über den (wahrscheinlichen) Zusammenhang und die Größenordnung zwischen dem Besuch einer höherwertigen Kita und den Auswirkungen auf nachfolgende Bildungs- und Erwerbsprozesse vorliegen, verhindert zudem eine konkrete Kosten-Nutzen-Betrachtung. Ginge man ferner davon aus, dass sich vor allem bei den besonderes relevanten Risikogruppen, d. h. bei Kindern aus bildungsfernen und sozioökonomisch schwächeren Familien sowie mit Migrationshintergrund die Wahrscheinlichkeit der Wiederholung von Schulklassen und des Bildungsabbruchs verringern würde und die Wahrscheinlichkeit eines erfolgreichen Haupt- oder Realschulabschlusses mit anschließender Berufsausbildung erhöhen würde, dann würde sich dies für die öffentliche Hand mit an Sicherheit grenzender Wahrscheinlichkeit rentieren.

Zusammenfassend verdeutlichen die vorstehenden Ausführungen und Beispiele, dass die Einführung von Qualitätsinformationen mit erheblichen positiven Effekten für alle Beteiligten verbunden wäre, vorausgesetzt, die Eltern nutzen die erhaltenen Informationen und entscheiden sich für die qualitativ besseren Einrichtungen. Einschränkend ist allerdings darauf hinzuweisen, dass das Gütesiegel nur ein Medium ist, das die gemessene Qualität von Kindertageseinrichtungen offen legt. Die wesentlichen positiven Effekte ergeben

---

13 Siehe bzgl. der Berufs- und Hochschulbildung Dohmen 1999.

sich erst, wenn die Eltern darauf reagieren, und die Anmeldeentscheidung von Qualitätsinformationen beeinflusst wird und somit (ökonomische) Anreize zur Qualitätsverbesserung entstehen.

Eine Schwachstelle ergibt sich allerdings, wenn das (regionale) Angebot limitiert oder unzureichend flexibel ist bzw. nicht genügend Anreize für Qualitätsverbesserungen bestehen. Ist das Angebot nur unwesentlich größer als die Nachfrage und würden sich die informierten Eltern für die Einrichtungen mit einer besseren Qualität entscheiden, wie sie durch das Gütesiegel bestätigt würde, dann kommt es zu Verdrängungseffekten in Abhängigkeit von den Auswahlkriterien der jeweiligen Einrichtung. Dies würde bedeuten, dass die Einführung eines Gütesiegels allenfalls zu einer Umverteilung der qualitativ besseren Plätze führen würde. Hierdurch könnte zudem das Gegenteil des Gewünschten erreicht werden, wenn Kinder aus bildungsferneren und sozioökonomisch schwächeren Familien oder Migranten-Familien aus besseren Kitas in schlechtere verdrängt würden. In diesem Fall wäre davon auszugehen, dass die Einführung eines Gütesiegels letztlich zusätzliche Kosten verursachen würde.

Dies bedeutet, dass Anreize für die Einrichtungen geschaffen werden sollten, ihre Qualität zu verbessern und gleichzeitig eine hinreichend große Flexibilität gewährleistet werden sollte, das Angebot an die qualitätsbedingte Nachfrage anzupassen. Die vorstehenden Ausführungen dürften deutlich gemacht haben, dass sich dies sowohl für die öffentlichen als auch für die privaten Haushalte rechnen würde. Problematisch ist dabei, dass Kostenträger und Nutzenempfänger in weiten Teilen auseinander fallen und auch innerhalb der einzelnen Ebene Kosten- und Nutzenbetrachtungen, die über den einzelnen Haushalt hinausgehen, selten angestellt werden. Dies führt dazu, dass Qualitätsverbesserungen nur als kostenrelevante Größe angesehen werden, während die Nutzengewinne an anderer Stelle (z.B. im Sozial- oder Jugendhilfehaushalt oder auf der Einnahmenseite) nicht wahrgenommen werden. Es wäre zudem vorteilhaft, wenn die positiven Effekte entsprechender Maßnahmen einmal anhand eines detaillierten Szenarios nachvollzogen werden könnten, um die Informationsbasis zu verbessern.

Berücksichtigt man ferner die höchstwahrscheinlich begrenzte Zahlungsbereitschaft vieler Eltern und die begrenzte Zahlungsfähigkeit von einkommensschwachen Familien, bedeutet dies einerseits, dass bei einer privaten Finanzierungskomponente die Gebührenspreizung verstärkt werden müsste und – vor allen Dingen – dass die öffentliche Hand den überwiegenden Anteil wird finanzieren müssen. Eine verstärkte Gebührenspreizung dürfte aber höchstwahrscheinlich dazu führen, dass die Eltern, die mehr zahlen müssten, einerseits möglicherweise ein (leicht) abnehmendes Interesse an besserer Qualität hätten, da sich der Nettonutzen etwas verringert. Andererseits ist zu erwarten, dass sie gerade, weil sie einen höheren Betrag zahlen müssen, umso höhere Erwartungen an die Qualität der Einrichtung haben. Unter Berücksichtigung der regionalen und sozioökonomischen Differenzen verstärkt dies den Qualitätsverbesserungsdruck in einem eher städtischen und »gehobenen sozioökonomischen« Umfeld. Somit wären vor allen Dingen die Einrichtungen gezwungen, sich möglichst »hochwertig« zertifizieren zu lassen, die mit einem höheren Wettbewerbsdruck bzw. entscheidungsstärkeren Nachfragern und/oder einer starken Konkurrenz konfrontiert wären. Die Folge wäre dann aber wahrscheinlich, dass es zu einer verstärkten Leistungsdifferenzierung und nicht zu einer generellen Leistungserhöhung käme. Wenn aber qualitativ bessere Einrichtungen einen stärkeren Effekt auf die Kindesentwicklung haben, dann würde dies zudem die – m.E. eigentlich wünschenswerte – Angleichung sozialer Lebensbedingungen bzw. Bildungschancen nicht nur verhindern, sondern sogar ins Gegenteil verkehren. Eine Qualitätssteuerung über Gebührendifferenzierung erscheint vor diesem Hintergrund ausgesprochen problematisch. Gleiches gilt im Übrigen prinzipiell auch hinsichtlich der Nutzungszeiten, wenn der Elternbeitrag vom Zeitumfang abhängig ist.

Dies bedeutet zugleich, dass ggf. erforderliche finanzielle Anreize zur Qualitätsverbesserung (überwiegend) durch öffentliche Finanzzuweisungen erfolgen müssten. Dieses ist aber prinzipiell bzw. theoretisch nur dann zu erwarten, wenn der öffentliche Financier einen ausreichend hohen Nutzen hätte und die damit verbundenen Ausgaben tragen kann. Wie aber gezeigt werden konnte, haben die öffentlichen Haushalte, insbesondere die Kommunen, kaum ausreichenden finanziellen Spielraum für entsprechende Ausgaben, und zugleich sind auch deren Nutzenerwartungen vergleichsweise gering. Dies führt zugleich zu dem Schluss, dass das Finanzierungssystem von Kindertageseinrichtungen grundsätzlich auf den Prüfstand gehört.

Aus Sicht der Einrichtungen ist zu berücksichtigen, dass die grundsätzliche Entscheidung, ob eine Qualitätsverbesserung vorgenommen werden soll oder nicht, auf der Grundlage einer betriebswirtschaftlichen Betrachtung erfolgen wird. Eine Qualitätsanpassung wird demnach nur dann erfolgen, wenn die mit der Qualitätserhöhung verbundenen Nutzen, d. h. Einnahmeeffekte und Reputationsverbesserung, über den Kosten liegen. Dies führt im Grundsatz wieder zu dem Ergebnis, dass je stärker der Wettbewerbsdruck auf die Einrichtung ist, d. h. je höher die Qualität der Einrichtungen im Einzugsbereich und je qualitätsreagibler die Nachfrager sind, desto stärker die Einrichtungen gezwungen sind, ihre Qualität anzupassen. Dies betrifft dann wiederum vor allem die Einrichtungen in Ballungsgebieten mit einer höheren sozioökonomischen und bildungsnahen Klientel und weniger die Einrichtungen in ländlichen Regionen und/oder mit bildungsfernem und niedrigem sozioökonomischem Umfeld. Aber auch hier gilt wiederum, dass dies gleichermaßen für ein einheitliches Gütesiegel wie für konkurrierende Akkreditierungsorganisationen gilt, sofern sich unterschiedliche Qualitätsniveaus entwickeln.

Ein anderer Aspekt könnte ebenfalls zur Qualitätsverbesserung führen, wenn nämlich – unabhängig von der Wettbewerbssituation und dem Nachfrageverhalten – die Differenz zwischen Kosten und zusätzlichen Einnahmen so groß ist, dass allein aus diesem Grund eine Qualitätsverbesserung vorteilhaft ist. In diesem Sinne müsste dann aber die Gestaltung der Finanzzuweisung eine Art »Gewinnkomponente« enthalten. Einen Vorteil könnte ein einheitliches Gütesiegel bei einer differenzierten Finanzzuweisung haben: Es könnte sich schneller und transparenter entwickeln, da es unmittelbar die Qualitätsunterschiede signalisiert, während sich die Qualitätsunterschiede bei einem Akkreditierungsverfahren mit diversen Qualitätszertifikaten unter Umständen erst im Laufe der Zeit herauskristallisieren bzw. durch ergänzende Informationen deklariert werden müssten. In diesem Sinne könnte ein einheitliches Gütesiegel einen Transparenzvorteil gegenüber einem Akkreditierungsverfahren haben. Weiterhin wäre anzuführen, dass ein solches differenziertes und einheitliches Gütesiegel etwas leichter in differenzierte Zuweisungen übertragen werden könnte als ein Akkreditierungsverfahren mit konkurrierenden Agenturen.

Im Ergebnis lassen sich die vorstehenden Überlegungen dahingehend zusammenfassen, dass ein einheitliches, differenziertes Gütesiegel, wie es Spieß und Tietze vorschlagen, nur vergleichsweise geringe Vorteile gegenüber einem gesetzlich vorgegebenen Akkreditierungsverfahren mit konkurrierenden (und unabhängigen) Zertifizierungsagenturen hätte, wenn diese Qualitätsunterschiede dokumentieren bzw. unterschiedliche Qualitätsanforderungen an die Akkreditierung stellen. Der Vorteil des einheitlichen Gütesiegels ist in der größeren Transparenz und den damit verbundenen geringeren Informationskosten für Eltern und sonstige Beteiligte zu sehen sowie in der schnelleren Dokumentation der jeweiligen Qualitätsunterschiede.

5 Literatur

Barnett, W.S. (2002): Early Childhood Education, in: Molnar, A. (Hrsg.): School Reform Proposals: The Research Evidence (Information Age Publishing)

Blau, D. M. (2002): The Effect of Input Regulations on Input Use, Price, and Quality: The Case of Child Care (mimeo). Chapel Hill, NC (www.unc.edu/depts/econ/papers/blau2.pdf)

Blau, D. M. (2001): The Child Care Problem. An Economic Analysis. New York

Blau, D. M. (2000): Child Care Subsidy Programs, NBER-Working Paper, No. 7806. Cambridge MA

Blau, D. M./Mocan, H. N. (1999): The Supply of Quality in Child Care Centers, NBER-Working Paper, No. 7225. Cambridge, MA

Bock-Famulla, K. (2002): Volkswirtschaftlicher Ertrag von Kindertagesstätten, Gutachten im Auftrag der Max-Traeger-Stiftung (Zusammenfassung), vervielfältigt. Bielefeld

Bund-Länder-Kommission für Bildungsplanung und Forschungsförderung (2004): BLK-Bildungsfinanzbericht 2002/03. In: Materialien zur Bildungsplanung und Forschungsförderung, Heft 116. Bonn

Checchi, D. (2004): School Choice and Quality. Paper presented at the conference »Schooling and Human Capital Formation in the Global Economy: Revisiting the Equity-Efficiency Quandary«. München 3. und 4. September 2004, mimeo

Currie, J. (2003): When Do We Really Know What We Think We Know? Determining Causality (mimeo). Los Angeles (www.popcenter.umd.edu/conferences/nichd/papers/currie.pdf)

Currie, J. (2001): Early Childhood Education Programs. In: Journal of Economic Perspectives, Vol. 15, No. 2, S. 213–238

Currie, J./Thomas, D. (2000): School Quality and the Longer-Term Effects of Head Start. In: Journal of Human Resources, Vol. 35, No. 4, S. 755–774

Currie, J./Thomas, D (1997): Can Head Start Lead to Long Term Gains in Cognition After All? In: SRCS-Newsletter, Vol. 40, No. 2, S. 3–5

Currie, J./Thomas, D. (1995): Does Head Start Make a Difference? In: American Economic Review, Vol. 85, No. 3, S. 341–364

Dohmen, D. (2004a): Finanzierung lebenslangen Lernens von der Kita bis zur Weiterbildung In: Haubner,D./Mezger,E./Schwengel, H. (Hrsg.): Wissensgesellschaft, Verteilungskonflikte und strategische Akteure. Marburg (zugleich: FiBS-Forum Nr. 22 (www.fibs-koeln.de). Köln)

Dohmen, D. (2004b): Kita-Gutscheine – einige Anmerkungen zur aktuellen Diskussion. In: Diller, A./Leu, H. R./Rauschenbach, T. (Hrsg.): Kitas und Kosten. Die Finanzierung von Kindertageseinrichtungen auf dem Prüfstand. DJI-Fachforum Bildung und Erziehung. München

Dohmen, D. (2004c): Kosten und Nutzen eines Gütesiegels in Kindertageseinrichtungen, Gutachten im Auftrag des Deutsches Jugendinstituts. München (i.V.)

Dohmen, D. (2004d): Demografischer Wandel – Bildungs- und Beschäftigungspotenziale nutzen. Vortrag beim Workshop der Interministeriellen Arbeitsgruppe »Demografischer Wandel« am 29. April 2004 in Düsseldorf. FiBS-Forum Nr. 23 (www.fibs-koeln.de). Köln (i.V.)

Dohmen, D. (1999): Ausbildungskosten, Ausbildungsförderung und Familienlastenausgleich. Eine ökonomische Analyse unter Berücksichtigung rechtlicher Rahmenbedingungen. Berlin

Dohmen, D./Hoi, M. (2004): Bildungsaufwand in Deutschland – eine erweiterte Konzeption des Bildungsbudgets, (Studien zur Technologischen Leistungsfähigkeit, 3-2004). FiBS-Forum Nr. 20. Köln

Franken, B. (2003): Basiswissen kita: Qualitätssicherung. Freiburg

Garces, E./Thomas, D./Currie, J (2002): Longer Term Effects of Head Start. In: American Economic Review, Vol. 92, No. 3, S. 999–1012

Gauri, V. (1998): School choice in Chile: Two Decades of Educational Reform, Pittsburgh

Glantz, F. B./Layzer, J. (2000): The Cost, Quality and Child Outcome Study: A Critique (Final report), Cambridge, MA

Gomby, D. S./Larner, M. B. (Hrsg.) (1995): Long-term outcomes of early childhood programmes. In: The Future of Children, Vol. 5 No. 3, S. 1–224

Helburn, S. W./Howes, C. (1996): Child Care Cost and Quality. In: The Future of Children, Financing Child Care, Vol. 6, No. 2, S. 6282ff.

Honig, M.-S./Joos, M./Schreiber, N. (2002): Perspektivität pädagogischer Qualität. Zwischenbericht der Trierer »Caritas-Studie«, Arbeitspapier II-05, Trier

Howes, C./Hamilton, C. E. (1993): Child Care for young children. In: Spodek, B. (Hrsg.): Handbook of Research on the Education of Young Children, New York

Isserstedt, W./Middendorf, E./Weber, S./Schnitzer, K./Wolter A. (2004): Die wirtschaftliche und soziale Lage der Studierenden in der Bundesrepublik Deutschland 2003. 17. Sozialerhebung des Deutschen Studentenwerks, durchgeführt durch HIS, hrsg. vom Bundesministerium für Bildung und Forschung, Bonn, Berlin

Lowe Vandell, D./Wolfe, B. (2002): Child Care Quality: Does it Matter and Does It Need to Be Improved. In: Bogenschneider, K./Friese, B./Balling, K./Mills, J. (Hrsg.: Early Childhood Care and Education: What are States doing. Madison, WI. S. 1-11 (http://www.uwex.edu/ces/familyimpact/reports/fis17one.pdf).

Masse, L. N./Barnett, W. S. (2002):A Benefit Cost Analysis of the Abecedarian Early Childhood Intervention, National Institute for Early Education Research (NIEER), New Brunswick (http://nieer.org).

McMahon, W. W. (1999): Education and Development. Measuring the Social Benefits. Oxford

Mocan, H. N. (2003): Can Consumers Detect Lemons? Information Asymmetry in the Market for Child Care. Denver, CO

Mocan, H. N. (2002): The Market for Child Care. In: NBER Reporter, Spring, S. 12–15

Mocan, H. N. (1997): Cost Functions, Efficiency, and Quality in Day Care Centers. In: Journal of Human Resources, Vol. 32, S. 861–891

Müller Kucera, K./Bauer, T. (2000): Volkswirtschaftlicher Nutzen von Kindertagesstätten. Welchen Nutzen lösen die privaten und städtischen Kindertagesstätten in der Stadt Zürich aus? Schlussbericht, vervielfältigt. Bern

National Institute of Child Health and Human Development (NICHD) (2002): Early Child Care and Children's Development Prior to School Entry: Results from the NICHD Study of Early Child Care. In: American Educational Research Journal, Vol. 39, No. 1. S. 133–164

Prognos AG (2003): Betriebswirtschaftliche Effekte familienfreundlicher Maßnahmen. Hrsg. vom Bundesministerium für Familie, Senioren, Frauen und Jugend, Berlin

Schweinhart, L./Weikart, C./Larner, M. (1996): Consequences of three preschool curriculum models through age fifteen. In: Early Education Research Quarterly, Vol. 1, S. 15–45

Spieß, C. K./Schupp, J./Grabka, M./Haisken-De New, J. P./Jakobeit, H./Wagner, G. G. (2002): Abschätzung der Brutto-Einnahmeneffekte öffentlicher Haushalte und der Sozialversicherungsträger bei einem Ausbau von Kindertageseinrichtungen, Schriftenreihe des Bundesministeriums für Familie, Senioren, Frauen und Jugend, Band 233, Baden-Baden

Spieß, C. K./Tietze, W. (2001): Gütesiegel als neues Instrument der Qualitätssicherung von Humandienstleistungen. Gründe, Anforderungen und Umsetzungsüberlegungen am Beispiel von Kindertageseinrichtungen. DIW-Diskussionspapier Nr. 243, Berlin

Statistisches Bundesamt (2004a): Statistiken der Kinder- und Jugendhilfe. Tageseinrichtungen für Kinder am 31.12.2002. Wiesbaden

Statistisches Bundesamt (2004b): Statistiken der Kinder- und Jugendhilfe 2002. Ausgaben und Einnahmen. Wiesbaden

Statistisches Bundesamt (2003): Kindertagesbetreuung in Deutschland. Einrichtungen, Plätze, Personal und Kosten 1990 bis 2002. Wiesbaden

Tietze, W. (Hrsg.) (1998): Wie gut sind unsere Kindergärten? Eine Untersuchung zur pädagogischen Qualität in deutschen Kindergärten. Neuwied

Tietze, W./Bethke, C./Braukhane, K./Roßbach, H.-G./Schlecht, D./Schmidt, N. (2001): Analyse und Sicherung pädagogischer Qualität in den Tageinrichtungen der Bremischen Evangelischen Kirche – Zusammenfassung und Empfehlung, mimeo. Berlin

West, A./Pennel, H (1997): Education Reform and School Choice in England and Wales. In: Education Economics, Vol. 5, Nr .3, S. 285–305

Witte, J./Thorn, C. A./Pritchard, K. M-/Claibourn, M. (1994): Fourth-Year-Report: Milwaukee Parental Choice Program. Madison

Das Gütesiegel – Spiegel eines Strukturdilemmas
Zeichen einer verfahrenen und doch notwendigen Reformdiskussion im Bereich Tageseinrichtungen für Kinder
Hilmar Hoffmann

1	Das Gütesiegel	111
2	Zur Ökonomie der Interessen	113
3	Ausblick	116
4	Literatur	118

Der Streit um das Für und Wider eines Gütesiegels – und eines einheitlichen im Besonderen – scheint ein heißes Eisen zu sein, berührt es doch fundamental die Interessen nahezu aller Beteiligter im Feld der Tageseinrichtungen für Kinder, seien es Politik, Träger, Wissenschaft, Personal und, nicht zu vergessen, Eltern und Kinder. Selbst wenn ein spezifischer Nutzen jenseits größerer Transparenz für Eltern nur unter optimalen Annahmen und Bedingungen zu erwarten ist (vgl. den Aufsatz von Dohmen in diesem Band), und somit eine Umsetzung in weite Ferne rückt, bleibt das Thema interessant. So gibt es doch einen Blick auf ein Strukturdilemma frei, das der Pädagogik der Frühen Kindheit als Disziplin und als Profession schon immer Chancen und Probleme bereitete, nämlich ein scheinbar vorrangig kindorientiertes Berufsethos verknüpft mit spezifischen Interessen im föderalistischen und pluralistischen Kontext.

Jetzt kann man sagen, es sei eine banale Feststellung, dass bei einer Beteiligung von unterschiedlichen Gruppen – z.B. Politik, Wissenschaft und Träger – unterschiedliche Interessen zu Tage treten. Das stimmt. Problematisch wird es auch erst, wenn ein teilweise bis zur Selbstverleugnung überdeckter Interessenkonflikt hinzukommt. Oder offener formuliert: Die Fachdiskussionen treffen – so erscheint es in der Pädagogik der Frühen Kindheit und der Tageseinrichtungen für Kinder – nicht selten auf ein besonderes Klima. So wird kaum ein Beteiligter leugnen, dass in der Pädagogik der Frühen Kindheit häufig ein »Dunstkreis« vorzufinden ist, der von einem kaum erschütterbaren Glauben ausgeht, dass nahezu alle Akteure im Feld – egal ob es PolitikerInnen, WissenschaftlerInnen, Träger, Fachkräfte und deren RepräsentantInnen, Eltern oder wer auch immer seien – in erster Linie dem Wohl des Kindes oder den Kindergärten dienen. Nun soll hier dieser Anspruch für keinen Beteiligten in Abrede gestellt werden; und noch weniger geht es darum, moralisch bestimmte Motive in Zweifel zu ziehen. Schließlich verschaffen die meisten der Beteiligten mit ihrer Arbeit dem Bereich der Kindertageseinrichtungen überhaupt eine Lobby. In einem Land mit derart großen Strukturdefiziten, wie sie das OECD-Examen festgestellt hat, ist das Leistung genug. Dennoch ist es sinnvoll, sich anderen potenziellen als den oben angenommenen Motiven zu nähern, verweisen sie doch auf Funktionsweisen des Feldes und damit zugleich auf Strukturprobleme.

Insofern geht es hier nicht darum, nach Kosten – Nutzen eines Gütesiegels zu fragen und auch nicht nach fachlichen Argumenten dafür oder dagegen. Vielmehr liegt das Zentrum auf einer kurzen Betrachtung der potenziell unterschiedlichen Interessen von Politik, Träger und Wissenschaft und ihrer Position im Feld der Kindertageseinrichtungen.[1]

Diese Perspektive begründet sich darin, dass der oben beschriebene Konsens, also der heimliche Glaube, als ginge es ausschließlich um die Frage der Verbesserung der Tageseinrichtungen für Kinder, letztlich eine transparente und effektive Planung zumindest negativ beeinflussen kann.

Um dieses zu verdeutlichen, soll in einem ersten Schritt die Durchsetzbarkeit eines einheitlichen Gütesiegels innerhalb föderalistischer und pluralistischer Strukturen kurz kritisch betrachtet werden. Darauf folgend werden Politik, Trägerverbände und Wissenschaft im Kontext der Betrachtung der Ökonomie von Interessen kurz skizziert, um abschließend nach möglichen Schlussfolgerungen zu fragen.

1 Das Gütesiegel

Die Diskussion um das Gütesiegel ist eingebettet in die Diskussion um eine Reform der Tageseinrichtungen für Kinder insgesamt. Insofern ist es nahezu selbstverständlich, dass es sich hier um ein Sammelsurium unterschiedlicher Interessen handelt. Oder anders formuliert: Kindergartenpolitik ist auch Interessenpolitik in einem Markt mit bislang stark regulierten Mitteln. Und jeder Beteiligte hat Interessen.

Wäre es anders, wäre wahrscheinlich die Diskussion um ein Gütesiegel überflüssig, da sich sonst doch längst alle auf beste Arbeit, beste Rahmenbedingungen und beste Organisation des Ganzen geeinigt hätten. Hat man aber nicht, zumindest nicht in offiziellen Verlautbarungen. Und so kommt es auch in diesem Fall wie im Kontext jeden Rufens nach Reformen – sei dieses bezogen auf Bildung oder Qualitätsentwicklung insgesamt – geradezu reflexartig und nicht selten in der Tendenz prognostizierbar zu bekannten Ritualen zwischen den einzelnen Funktionsträgern, die letztlich auf ein grundlegendes Scheitern hinweisen.

---

1 Eltern, Kinder und Personal werden an dieser Stelle vernachlässigt, weil sie in dieser Diskussion kaum wahrnehmbar sind.

Insofern erscheint das Beispiel »einheitliches Gütesiegel« für Tageseinrichtungen für Kinder besonders geeignet, strukturelle Barrieren des bundesdeutschen Kindergartenfeldes und seiner Realität aufzuzeigen. Die Ursache für diesen Sachverhalt liegt fast schon in einer Komik, erscheint das Gütesiegel doch genau Opfer der strukturellen Defizite zu werden, auf dessen Analyse es seine eigene Existenz aufbaut. Insofern ist ein kurzer Rückblick sinnvoll.

Die Diskussion um das Gütesiegel ist aus der Sicht von Spieß/Tietze nicht zuletzt eine Antwort auf ein bestehendes Strukturdilemma, nämlich ein Steuerungsdefizit vor dem Hintergrund unterschiedlicher Interessenlagen. So konstatieren sie z.B., dass »Kommunen und Länder in ihrer Rolle als maßgebliche Finanziers von Kindertageseinrichtungen strukturell kein ausgeprägtes Interesse an hohen Qualitätsstandards haben« (Spieß/Tietze 2001, S. 20).

Diese Analyse behauptet implizit, dass derjenige, der zahlt, grundsätzlich kein Interesse an hohen Qualitätsstandards habe. Das würde dann aber auch für Eltern und Träger gelten. Dieser Argumentation ist nur dann zu folgen, wenn sich auf der anderen Seite kein Gewinn errechnen ließe. Gerade auf diesen Gewinn weisen aber zunehmend Forschungen hin (vgl. z.B. Bock-Famulla 2003). Dabei ist auffällig, dass es sich dabei nicht nur um volkswirtschaftliche Aspekte handelt, z.B. bessere Wettbewerbsfähigkeit gegenüber anderen Staaten, sondern auch um eher betriebswirtschaftliche Aspekte wie den prognostizierten Rückgang von Sozialhilfekosten und damit reduzierte Kosten der Kommunen durch ein intensiviertes Betreuungsangebot (vgl. Spieß 2002, S. 12). Insofern könnten hohe Qualitätsstandards durchaus auch für Kommunen attraktiv sein, käme da nicht der Faktor Zeit hinzu. Vor diesem Hintergrund ist davon auszugehen, dass nicht die Frage, ob jemand Kostenträger ist, darüber entscheidet, welche Interessen favorisiert werden. Entscheidend ist im pluralistischen System stärker der Zeitpunkt des Eintretens des Gewinnes. Und da zeigt schon die Erkenntnis von Narr/Offe (1975), dass langfristige Ziele und Gewinne im pluralistischen System es schwer haben, sich durchzusetzen (vgl. Narr/Offe 1975). Daran hat sich bis heute nichts geändert.[2]

---

2 Dies zeigt sich derzeit wieder an dem Gutachten des Sachverständigenrates zur Begutachtung der gesamtwirtschaftlichen Entwicklung, das auf die sozialen Gewinne des Kindergartens hinweist und daraus zumindest ein für die Eltern kostenfreies letztes Jahr ableitet. So verweist auch der Vorsitzende des Sachverständigenrates auf die Schwierigkeit der Vermittlung positiver Effekte von Bildung (vgl. »Wer studiert, soll zahlen«, 2005 und Sachverständigenrat, 2004/2005).

Dies gilt nun für nahezu alle Reformen, die den Kindergarten betreffen, somit auch für die des Gütesiegels als ein Kampf mit unterschiedlichen Interessen im pluralistischen und zudem föderalistischen Kontext. Insofern ignoriert die Forderung nach einem einheitlichen Gütesiegel genau das Interessenkarussell und die Strukturdilemmata, die es kritisierte.

2 Zur Ökonomie der Interessen

Diese genannten Interessen sind aber ständig da und zeigen sich vor allem in Handlungen, die sich ökonomisch motiviert erklären lassen. In Anlehnung an Bourdieu/Wacquant (1996, S. 147ff.) dient diese Ökonomie des Handelns der Durchsetzung von Interessen, die dem Handelnden nicht immer zugänglich sind. Dabei können diese Handlungen durchaus ehrenwert sein, ohne Sinnbezug zum Vorgegebenen zu haben. Zum Beispiel: Ein Wissenschaftler fordert auf einem Fachkongress immer wieder, genauere Erkenntnisse über das Bildungsverständnis von Kindern vorzulegen, da ansonsten pädagogische Konzeptionen auf Sand bauten. Auf den ersten Blick ein Einsatz für mehr Wissen über Kinder und als Paradigma von Wissenschaft überhaupt: Suche nach Wahrheit. Eine weitere Hintergrundinformation lässt dann andere Spekulationen zu: Bei zwei seiner MitarbeiterInnen läuft ein Forschungsprojekt aus, und ohne rasche neue Forschungsmittel sind die beiden arbeitslos. Solche Hintergründe bestimmen unser Handeln, ohne dass sie uns in der Handlung selbst bewusst werden. Die Akteure agieren somit nach den Notwendigkeiten ihrer jeweiligen Position im Feld, ohne sie sich selbst bewusst zu machen (vgl. Bourdieu/Waquant 1996).

Genau diese Position im Feld wird aber in der Diskussion um das Gütesiegel durch das Wort der Einheitlichkeit stark berührt. Über ein frei wählbares Gütesiegel würde wahrscheinlich nicht einmal diskutiert werden; das Wort Einheitlichkeit provoziert aber Politik, Wissenschaft und Träger gleichermaßen.

Die Funktion beispielsweise von *Politik* und Regierungen im Besonderen ist es, strukturelle Rahmenbedingungen für soziale und wirtschaftliche Prozesse zu schaffen. In Deutschland spielt dabei der Föderalismus eine besondere Rolle, ist doch Bildungspolitik nach dem Grundgesetz zu allererst Sache der Länder. Der gegenwärtige Streit um eine Reform des Föderalismus und eine Verschiebung von

Kompetenzen zu Gunsten des Bundes wird von den Ländern quer über die Parteigrenzen hinweg als Eingriff gewertet. Das führt dann in der Konsequenz dazu, dass im Bereich der Kleinkinderziehung die Entwicklung von 16 Bildungsplänen, -empfehlungen, -katalogen, oder wie immer man sie nennt, vorangetrieben wird. Der Sinn eines solchen Unterfangens, noch dazu auf einer sehr schmalen Forschungsbasis in diesem Bereich, kann durchaus bezweifelt werden (vgl. von Unruh 2005, S. 30; auch Otto/Spiewak 2004, S. 37, vgl. auch Diskowski 2005, S. 22f.).

Der Fachszene bleibt unter diesen Bedingungen kaum noch etwas anderes, als darauf hinzuweisen, dass der durch die Bildungsplandiskussion entstandene fachliche Dialog jetzt sicher zielführender sei als das Hoffen auf Veränderungen im Föderalismusstreit (vgl. von Unruh 2005, S. 31). Insofern ist es auch nachvollziehbar, dass in diesem Kontext gerade die Unterschiedlichkeit der vorgelegten Bildungspläne mit dem Hinweis hervorgehoben wird, was die organisierte Fachlichkeit noch zu lernen hätte (vgl. ebd.). Scheint Einheitlichkeit hiermit auch aus fachlicher Sicht nicht das Ziel zu sein, so sei doch die Frage erlaubt, ob man nicht Unterschiedlichkeiten auch unterhalb der Ebene »Jedes Land einen Plan für sich« erzeugen könnte. Dass man vor diesem Hintergrund auch ein einheitliches Gütesiegel ablehnen muss, ist selbstverständlich. Ob der wirkliche Grund der Ablehnung aber die zu Recht kritisierbare Einheitlichkeit statt eines Angebotes an Gütesiegeln ist, muss angesichts der gegenwärtigen Föderalismusdebatte eher kritisch beurteilt werden. Zu sehr pochen derzeit die Länder auf ihre Machtinteressen in der Bildungspolitik, so, als wenn es die Ergebnisse der PISA-Studie nie gegeben hätte (vgl. auch Anbuhl 2005, S. 25). Da tritt der fachliche Streit um den besseren Weg zu Gunsten einer Demonstration, dass man handelt, nicht selten in den Hintergrund.

Aber auch für *WissenschaftlerInnen* bedeutet Einheitlichkeit eine Bedrohung. Bei einem Gütesiegel handelt es sich nicht um das Feststellen eines objektiven Gegenstandes, sondern um die Messung des Erreichens normativer Vorgaben. Allein von daher dürfte Einheitlichkeit illusorisch sein. Unter Wissenschaftlern geht es aber bei dem Gespenst der Einheitlichkeit um mehr als um normative Festlegungen. Es geht auch um Beteiligung an zukünftigen Forschungs- und Entwicklungsvorhaben. Tendenziell lassen sich zumindest zwei Gruppen unterscheiden, die die Projektlandschaft in der Pädagogik der Frühen Kindheit in den letzten Jahren und Jahrzehnten entscheidend mit geprägt haben: Erstens WissenschaftlerInnen, die an quantitativer Forschung orientiert schwerpunktmäßig Qualitätsfeststellung betreiben und andere, die eher Qualitäts- und Konzeptionsentwicklung favorisieren und die Evaluation sehr weich im Sinne qualitativer Forschung verstehen. Einheitlichkeit bedeutet hier Ausschluss von bestimmten Forschungs- und Entwicklungsperspektiven.

Für die *Träger* muss ein einheitliches Gütesiegel ebenfalls ein rotes Tuch sein. Gütesiegel bedeutet schlicht und einfach auch Kontrolle und Einsicht in die verbandliche Wirklichkeit. Das wird selbstverständlich abgewehrt. Hier wären die Wohlfahrtsverbände – selbst, wenn sie an allem beteiligt würden – gefährdet, einen Teil ihrer programmatischen, ideologischen, konzeptionellen und realen Autonomie zu verlieren. Bereits in der Qualitätsdebatte konnte man beobachten, wie schnell sich die Trägerverbände einig waren. So unterschiedlich die Wohlfahrtsverbände auch sein mögen, als das Gespenst von gemeinsamen Standards diskutiert worden ist, geschah genau das, was aus einer strukturalistisch-konstruktivistischen Perspektive auch zu erwarten gewesen wäre. Alle Wohlfahrtsverbände einigten sich nämlich auf Maßnahmen der Qualitätsentwicklung nach ISO 9000ff. Damit entziehen sich die Verbände genau der Vergleichbarkeit und ersetzen sie durch das Prinzip des »Top-Down« im eigenen Verband, also der alleinigen Definitionsmacht. Sicher kann man darin einen Versuch der Veränderung der eigenen Einrichtungen sehen. Maßgeblicher bei dieser Entscheidung dürfte aber die Sicherung des Autonomiestatus gewesen sein. Bezieht man die Tatsache ein, dass alle Wohlfahrtsverbände diesen Weg gegangen sind, so kann man fast von einem sich homogenisierenden Pluralismus sprechen, wenn es um Durchsetzung von Eigeninteressen geht.[3]

Selbst wenn man also der Auffassung ist, dass die oben genannte Entscheidung der Wohlfahrtsverbände auch fachlich der richtige Weg sei, so zeigt das Beispiel doch, dass hinsichtlich der Entscheidungsfindung fachliche Fragen nur eine Seite der Medaille darstellen.

Das dürfte kein Einzelfall sein. So werden derzeit viele Fragen diskutiert, an denen der Konflikt zwischen fachlicher Position und notwendigerweise strategischer Handlung sichtbar wird. Beispielsweise ist die Frage der Anhebung der Ausbildung auf akademisches

---

[3] Insofern steht hier neben einer verbandsspezifischen Ideologie ein organisationsspezifischer Habitus (vgl. Hoffmann 2005b).

Niveau für die Freien Träger so ein Thema: Einer von den Wohlfahrtsverbänden selbst geforderten Professionalisierung steht dann nicht selten eine Ablehnung aus Kostengründen gegenüber, mit dem Hinweis, Verbesserungen auch im gegenwärtigen System vollziehen zu können. Diese Handlungsweisen haben nur wenig mit der Frage einer Verbesserung von Kindertageseinrichtungen zu tun, sondern mit Überlebensstrategien der Beteiligten. Dabei kann das durchaus verantwortlich hinsichtlich der Entwicklung der Kindertageseinrichtungen sein, denn bei erwarteten Kostensteigerungen vorab Ja zu sagen und später aus der Kinderbetreuung aus Kostengründen auszusteigen, wäre zweifellos in der Öffentlichkeit nicht mehr vermittelbar. Insofern ist dieses Handeln verständlich, und es geht auch nicht darum, dieses Handeln moralisch zu diskreditieren. Strukturell ist aber das Aufweichen fachlicher Positionen zu Gunsten einer auf die Organisation bezogenen Handlung problematisch, denn sie verweist auf den engen Spielraum für die Durchsetzung von Reformen in dem heutigen System. Dabei handelt es sich nicht nur finanziell um einen engen Spielraum, sondern auch darum, fachliche Positionen in der Öffentlichkeit konsequent vertreten zu können, ohne die Organisation zu schwächen.

3 Ausblick

Ein einheitliches Gütesiegel wird nicht kommen. Viel zu viele Interessen werden davon negativ berührt; und auch fachlich scheint das Gütesiegel letztlich nicht zu überzeugen. Spannend wäre es zu wissen, ob ein solches Gütesiegel eine Chance hätte, wenn alle Beteiligten es richtig fänden. Es besteht Grund zu der Annahme, dass es auch unter diesen Bedingungen keine Chancen hätte. Das bedeutet wiederum, dass man die Reformfähigkeit unseres Systems grundsätzlich in Frage stellen muss. Ohne hier Untergangsszenarien beschreiben zu wollen, erscheint es sinnvoll, sich zukünftig die Diskussionen um Veränderungen genauer anzusehen, um deutlicher propagierte Motive von im Hintergrund liegenden Einflussfaktoren unterscheiden zu können. Solche Formen der Politikbeobachtung sind in einer neoliberal geprägten Zeit wichtiger denn je.

Darüber hinaus erscheinen aber auch einige Veränderungen im Feld notwendig:

- So ist es als unseriös zu werten, wenn Politik, wie gegenwärtig, permanent das Anforderungspotenzial für Entwicklung von Kindertageseinrichtungen erhöht, die strukturelle Verantwortung für die Einlösung aber von sich weist. Sicher sind auf der Basis heute bestehender Strukturen noch punktuell Verbesserungen zu erzielen. Der Weg zu einer den Namen verdienenden Bildungseinrichtung ist dabei aber noch nicht beschritten. Oder anders formuliert: Wer nicht bereit ist, wie andere Staaten mehr zu zahlen, der wird auch weiterhin eine eingeschränkte Ernte bezogen auf Bildung einfahren – mit oder ohne Gütesiegel. Wer aber nicht mehr zahlen will – z.B. für mehr akademisches Personal (vgl. auch Hoffmann 2005a) –, der sollte endlich damit anfangen, die nach außen propagierten Ziele zurückzuschrauben. Alles andere ist Täuschung.
- Notwendig darüber hinaus ist die Erarbeitung von pädagogischen Essentials, auf die sich alle Länder zu einigen hätten. Eltern, Fachkräfte und WissenschaftlerInnen haben ein Recht darauf zu erfahren, welche Kompetenzen übereinstimmend als unabdingbar erachtet werden (vgl. Diskowski 2005).
- In der Wissenschaft sollte gerade aus der Wissenschaft selbst deutlicher gemacht werden, dass es unterschiedliche Perspektiven und unterschiedliche Ergebnisse geben kann. Die Propagierung einer Einheitlichkeit würde noch nicht einmal im Fall einer beschlossenen Einheitlichkeit im Ergebnis bestehen. Insofern ist sie eine Projektion, die es real nicht gibt, und die daher in jedem wissenschaftlichen Streit wenig zielführend ist.
- Wenn aber Einheitlichkeit nicht erreichbar und nicht gewollt ist, so sollte doch zumindest Unabhängigkeit in der Evaluation gewährleistet sein. Das kann nun in Bezug auf die Tageseinrichtungen für Kinder kaum festgestellt werden. Wenn jeder Verband seine Einrichtungen selbst evaluiert, dann mag das im Rahmen von Qualitätsentwicklung ein sinnvolles Verfahren sein. Für eine Informationsgewinnung, die auf einer kontrollierten Qualitätsfeststellung beruht, ist das aber zu wenig. Unabhängige Evaluation beschreibt das Mindestmaß an Kontrolle, der sich jede pädagogische Institution bei jedem Träger zu stellen hat.

Auch Letzteres berührt wieder die Autonomie der Träger und scheint somit vor dem Hintergrund der beschriebenen Diskussion zum Gütesiegel kaum durchsetzbar. Die Frage wird folglich sein, inwieweit es dem ganzen Bereich der Tageseinrichtungen für Kinder mit allen Beteiligten gelingt, die strukturellen Barrieren hinsichtlich Föderalismus und Pluralismus zu erkennen und sie konstruktiv zu wenden. Die heimliche Formel, volkswirtschaftlich fordern, aber betriebswirtschaftlich handeln, könnte an sehr schmerzhafte Grenzen innerhalb des Sozialsystems stoßen und unser Bildungssystem empfindlich schwächen. Wenn man das nicht will, sondern wirklich als Lobby für Tageseinrichtungen für Kinder eintreten und damit den eingangs beschriebenen, durchaus positiven Dunstkreis mit Leben füllen möchte, dann wird es notwendig sein, eigene Motive ehrlicher auf den Tisch zu legen, um sie dann im Sinne unseres Systems auszuhandeln. Diese Transparenz ist innerhalb der gegenwärtigen Strukturen kaum zu erwarten, aber umso sinnvoller, als der Zeitpunkt näher rückt, an dem man nach der Effektivität des Ganzen öffentlich fragt. Wenn jede/r etwas gibt, die Politik Investitionen und normative Sicherheit, die Wissenschaft Offenheit und Wettbewerbsorientierung und letztlich die Träger Einblicke in die alltägliche Wirklichkeit, dann bestehen Chancen, dass alle hinzugewinnen. Dies würde dann der Fall sein, wenn sich Tageseinrichtungen für Kinder als Bildungseinrichtungen etablieren. Leider – wie im Pluralismus üblich – tritt der Gewinn erst mittelfristig für alle Beteiligten ein und ist somit für Menschen und Organisationen, die unter Sachzwängen handeln, kaum reizvoll. Deshalb wird es notwendig sein, noch deutlicher danach zu fragen, welche Gewinne für alle Beteiligten in einer Reform liegen könnten. Wenn das vermittelbar ist, dann könnte es frei nach Goethe gelingen, nach dem Gedachten zu handeln, auch wenn es zuerst unbequem ist.

4 Literatur

Anbuhl, M. (2005): Auf Eis gelegt: Machtpoker um den Föderalismus scheitert an Bildungspolitik. In: Erziehung und Wissenschaft, 1/2005, S. 24–25

Bock-Famulla, K. (2003): Kitas zahlen sich aus! Der volkswirtschaftliche Ertrag von Kindertagesstätten. In: Theorie und Praxis der Sozialpädagogik, 3, S. 53–55

Bourdieu, P./Wacquant, L. J. D. (1996): Die Ziele der reflexiven Soziologie. In: Bourdieu, P./Wacquant, L. J. D.: Reflexive Anthropologie. Übersetzt von Hella Beister. Frankfurt a.M., S. 95–249

Diskowski, D. (2005): Die Umsetzung von Bildungsplänen. Versuch, einem grundlegenden Missverständnis vorzubeugen. In: Betrifft Kinder, 1/05, S. 21–23

Diskowski, D. (2004): Finanzierung der Kindertagesbetreuung – Versuch einer Systematisierung. In: Diller, A./Leu, H.R./Rauschenbach, Th.: Kitas und Kosten. Die Finanzierung von Kindertageseinrichtungen auf dem Prüfstand. München, S. 75–90

Hoffmann, H. (2005a): Bologna und seine Folgen: Traditionsbrüche in der Ausbildung von Fachkräften für Tageseinrichtungen für Kinder. Erscheint im Frühjahr 2005 als Sonderheft von Betrifft Kinder

Hoffmann, H. (2005b): Zwischen Gesellschaftsutopie und politischer Gegenwartsrealität – Zur Anwendbarkeit des Habituskonzeptes von Bourdieu auf Organisationen am Beispiel der Arbeiterwohlfahrt. Erscheint im Sommer 2005

Narr, W.D./Offe, C. (Hrsg.) (1975): Wohlfahrtsstaat und Massenloyalität. Köln

Otto, J./Spiewak, M. (2004): Spielend ein Genie. In: Die Zeit, 49/2004, 25.11.2004, S. 37 u. 39

Sachverständigenrat zur Begutachtung der gesamtwirtschaftlichen Entwicklung Jahresgutachten 2004/05: »Erfolge im Ausland – Herausforderungen im Inland«

Schleicher, A. (2005): Über die Binnenorientierung hinaus. Nach Pisa: globale Perspektiven nutzen, um das System zu verändern. In: Erziehung und Wissenschaft, 1/2005, S. 2

Spieß, C. K./Schupp, J./Grabka, M./Hainsken-De-New, J. P./Jakobeit, H./ Wagner, G. G. (2002): Abschätzung der Brutto-Einnahmeeffekte öffentlicher Haushalte und der Sozialversicherungsträger bei einem Ausbau von Kindertageseinrichtungen. Berlin

Spieß, C. K./Tietze, W. (2001): Gütesiegel als neues Instrument der Qualitätssicherung von Humandienstleistungen. Gründe, Anforderungen und Umsetzungsüberlegungen am Beispiel von Kindertageseinrichtungen. Diskussionspapier Nr. 243. Deutsches Institut für Wirtschaftsforschung. Berlin

von Unruh, E. K. (2005) »Goldener« Mittelweg zwischen Beliebigkeit und verordneter Praxis. Die Bildungsgrundsätze im Land Brandenburg. Ein Gespräch mit D. Diskowski und L. Pesch. In: Klein & Groß – Lebensorte für Kinder, 1/2005, S. 2631

»Wer studiert, soll zahlen«. Ein Gespräch mit dem Vorsitzenden des Sachverständigenrates Bert Rürup. In: www.zeit.de/2005/04/C-R_9frup2

Die Qualitätsdebatte
Thesen zu einer kontroversen Diskussion
Angelika Diller

1	Divergierende Qualitätskonzepte sind Ausdruck eines vielschichtigen Veränderungsprozesses	122
2	Dienstleistung, Kundenorientierung und fachwissenschaftliche Standards sind Koordinaten eines kohärenten Systems	125
3	Ein einheitliches Qualitätsfeststellungsverfahren evoziert fachlichen und politischen Dissens	127
4	Zusammenfassung und Ausblick	132
5	Literatur	133

Die Feststellung, Sicherung und Entwicklung von Qualität ist ein wichtiges und kontroverses Thema auch im Arbeitsfeld der Kindertageseinrichtungen. Dabei besteht Einigkeit, dass eine systematische Qualitätsentwicklung notwendig ist, um den gestiegenen Anforderungen bei tendenziell schwierigeren Rahmenbedingungen erfolgreich zu begegnen und das Arbeitsfeld zukunftsorientiert weiterentwickeln zu können. Die folgenden thesenartig formulierten Überlegungen möchten zur Klärung kontroverser Aspekte beitragen, die in der bundesweiten Diskussion immer wieder eine erhebliche Rolle spielen. Dabei geht es zunächst um gesellschaftliche Entwicklungen, die zum Einsatz von Qualitätsmanagementsystemen im Arbeitsfeld der Kindertageseinrichtungen geführt haben, dann um die Frage nach dem Verhältnis von fachlicher Qualität und Kundenorientierung und schließlich um die Vor- und Nachteile eines bundeseinheitlichen Qualitätsfeststellungsverfahrens.

1 Divergierende Qualitätskonzepte sind Ausdruck eines vielschichtigen Veränderungsprozesses

Innerhalb der letzten Jahre ist die Qualitätsdebatte im Arbeitsfeld der Tageseinrichtungen für Kinder komplexer und unübersichtlicher geworden. Ein Indikator dafür sind neue Begriffe wie z.B. Qualitätspolitik, Qualitätscontrolling, die nicht der pädagogischen Professionslogik entsprechen, sondern den Qualitätsmanagementverfahren zuzuordnen sind. Die Adaption dieser Verfahren, die in der gewerblichen Leistungserbringung »beheimatet« sind, wird nachvollziehbar, wenn man die Entwicklung des Systems der Tageseinrichtungen der letzten 15 Jahre in den Blick nimmt. Aus der Perspektive der Qualitätsentwicklung lassen sich unterschiedliche Entwicklungslinien aufzeigen.

Bis zu Beginn der 90er-Jahre waren die Dimensionen Strukturqualität, Prozessqualität, Ergebnisqualität die erkenntnisleitenden Koordinaten der Qualitätsdiskussion, deren Ziel die Verbesserung und Weiterentwicklung der Fachqualität war. Diese Debatten wurden professionsspezifisch in unterschiedlichen Fachzirkeln geführt, die kaum miteinander vernetzt waren. Sie blieben von einer breiten Öffentlichkeit und in der Regel auch den Trägern unbeachtet. Die meisten waren damals froh, wenn die Finanzierung gesichert war und keine schwerwiegenden Konflikte aufkamen. Der Prozess der

Qualitätserstellung, die Steuerung und Messung von Qualität stand nicht zur Diskussion, vielmehr galt das »ungeschriebene Gesetz«, nach dem pädagogische Fachqualität nicht messbar und dementsprechend die Wirksamkeit des fachlichen Handelns auch nicht nachzuweisen sei. Begründet wurde dies mit der spezifischen Interaktionsqualität der fachlichen (pädagogischen) Arbeit, deren Ergebnis letztlich nicht vorhersehbar sei bzw. nicht im Sinne einer »wenn-dann-Systematik« prognostiziert werden könne. Rückblickend kann man sagen, dass diese Auffassung zu der vergleichsweise geringen öffentlichen Wertschätzung dieses Arbeitsfeldes mit beigetragen hat.

In den 90er-Jahren begann dann eine breite und auch öffentlich geführte Qualitätsdebatte. Wichtige Impulse dafür setzte Mitte der 90er-Jahre das Netzwerk Kinderbetreuung der europäischen Kommission.[1] Es beschäftigte sich zwar nicht mit dem Prozess der Qualitätserstellung im engeren Sinne, definierte aber 40 Qualitätsziele, die sich sowohl auf die pädagogische Arbeit als auch auf deren politische und finanzielle Rahmenbedingungen beziehen, die für ein qualitativ hochwertiges Kinderbetreuungssystem erforderlich sind. Die Kommission, die die Ergebnisse ihrer Arbeit 1996 in Deutschland veröffentlicht hat, wollte keine universellen Standards, sondern vielmehr einen Orientierungsrahmen festgelegen, den die Nationalstaaten entsprechend ihrer spezifischen Bedingungen konkretisieren sollen.

Ganz anders ist das bei der Kindergarten-Einschätz-Skala (KES), die ein Jahr nach der Veröffentlichung des Kommissionsberichtes in die Diskussion kam (vgl. Tietze/Schuster/Roßbach 1997). Charakteristisch für dieses Verfahren, das Anfang der 70er-Jahre in den USA entwickelt worden war und 1997 in einer deutschen Übersetzung und Bearbeitung von Tietze veröffentlicht wurde, ist der Anspruch, mit standardisierten Qualitätskriterien fachliche Qualität bundesweit einheitlich festzustellen (vgl. den Beitrag von Tietze in diesem Band).

Einen weiteren wichtigen Beitrag zur Qualitätsdiskussion leistete schließlich auch die 1999 vom BMFSFJ initiierte »Nationale Qualitätsinitiative im System der Tageseinrichtungen für Kinder«. Im Rahmen eines Forschungsverbunds von vier Instituten, die länder- und trägerübergreifend arbeiteten, wurden hier eine große Zahl von

---

1 »Qualitätsziele in Einrichtungen für kleine Kinder«, Netzwerk Kinderbetreuung und andere Maßnahmen zur Vereinbarkeit von Beruf und Familie für Frauen und Männer der europäischen Kommission, Brüssel, 1996

Kriterien guter Kita-Arbeit formuliert und Verfahren zur internen und externen Evaluation entwickelt.[2]

Diese kitaspezifischen Qualitätsdiskurse liefen weitgehend unbeeinflusst von Veränderungsprozessen, die sich seit Ende der 80er-Jahre innerhalb anderer sozialer Arbeitsfelder abzeichneten. Ausgelöst durch die KGST-Reform[3] wurden schneller als im Kita-Bereich die Stellschrauben der sozialen Arbeit neu justiert. Verändert wurden Grundhaltungen, Strukturen und Finanzierungen. Anstatt weiterhin ungeprüft den Input in ganze Systeme zu finanzieren, begann die Orientierung am Output, d. h. die Ergebnisse des fachlichen Handelns werden abgeglichen sowohl mit den in Zielvereinbarungen festgelegten »Produkten« als auch mit den dafür benötigten Ressourcen.

Dieser Paradigmenwechsel erzeugte bei den freien Trägern einen erheblichen Veränderungsdruck, da wichtige Grundlagen der bisherigen Arbeit ins Wanken gerieten. Die bis dahin unbestrittene Fürsorgepflicht des Staates, in dessen Auftrag die Träger der freien Wohlfahrtspflege soziale Dienstleistungen anboten, wurde aufgebrochen zu Gunsten einer Marktorientierung. Vor diesem Hintergrund haben die Mehrzahl der freien Träger ihre traditionellen Leitorientierungen überarbeitet und ihre Weichen neu gestellt, um sich als Sozialunternehmen auf dem Markt positionieren zu können. Diese Unternehmungsorientierung war ein wichtiger Grund für die Einführung eines Qualitätsmanagementsystems auf der Grundlage der ISO 200:9001, ein System, mit dem im gewerblichen Bereich seit Jahren erfolgreich gearbeitet wird. Inzwischen haben alle freien Träger, die mit einem QM-System arbeiten und zu deren Angebotspalette auch Kindertageseinrichtungen zählen, auch diesen Arbeitsbereich in ihr QM-System integriert; über diese Entwicklung wurden die QM-Verfahren in das Arbeitsfeld der Kindertageseinrichtungen importiert.

Die Konsequenzen für die Gestaltung der fachlichen Arbeit sind weitreichend (vgl. die entsprechenden Beiträge der Fachpraxis in diesem Band). Das tradierte Selbstverständnis der »Erstellung« fachlich pädagogischer Arbeit – und damit auch die Begrifflichkeiten – haben sich grundlegend verändert. Mit den QM-Verfahren stehen

---

[2] Die fünf Teilprojekte haben ihre Ergebnisse getrennt veröffentlicht, siehe www.paedquis.de; www.spi.nrw.de; www.ina-fu.org; www.ifp-bayern.de
[3] Die Kommunale Gemeinschaftsstelle zur Verwaltungsvereinfachung hat in den 90er-Jahren umfassende Verwaltungsreformen initiiert.

nicht nur die Kriterien guter Fachqualität und die Fachkompetenz der MitarbeiterInnen auf dem Prüfstand, sondern das ganze System. Mit dieser systemischen Perspektive sollen alle Koordinaten, die für die Erstellung und Verbesserung der Fachqualität von Bedeutung sind, gesteuert werden. Mit einer externen Evaluation mittels eines Auditierungsverfahren wird eine unabhängige Prüfung des QM-Systems durchgeführt.

Obwohl die Bundesarbeitsgemeinschaft der Freien Träger sich eindeutig für die Einführung von QM-Systemen ausgesprochen hat, bleibt ihre Einschätzung in der Kita-Fachszene geteilt und ist die Anwendung von QM-Verfahren im Arbeitsfeld der Tageseinrichtungen umstritten und bietet Stoff für Konflikte. Die Kritiker reklamieren, dass die QM-Verfahren für den Profitbereich entwickelt wurden und die Spezifika der pädagogischen Arbeit zu wenig Beachtung finden. Insbesondere das Dienstleistungsverständnis und die Kundenorientierung werden aus der Perspektive der Fachwissenschaft kontrovers diskutiert, ein Aspekt, auf den im Folgenden eingegangen wird.

2 Dienstleistung, Kundenorientierung und fachwissenschaftliche Standards sind Koordinaten eines kohärenten Systems

FachwissenschaftlerInnen befürchten, dass die Anforderungen einer fachgerechten Pädagogik zu Gunsten fachlich unzureichender Kundenerwartungen zurückgedrängt werden und – zugespitzt formuliert – ErzieherInnen zu Erfüllungsgehilfen »schlechter« Pädagogik gemacht werden könnten. Diese Bedenken sind berechtigt. Eltern sind kein Garant für das Einhalten fachlicher Standards, und ihre Wünsche sollten die Fachkompetenz der ErzieherInnen nicht außer Kraft setzen. Genauso zutreffend ist aber, dass Kitas im Schnittpunkt öffentlicher und privater Interessenslagen liegen, dementsprechend eine soziale Dienstleistung erbringen und Eltern ein Mitgestaltungsrecht haben, das sich nicht nur auf die Öffnungszeiten bezieht, sondern auch auf die pädagogische Arbeit. Dieses Recht ist auch im KJHG (vgl. § 22 (2) 3) verankert und in den meisten länderspezifischen Ausführungsgesetzen in Mitwirkungsregelungen ausgeführt.

Damit stellt sich die Frage nach einem angemessenen Umgang mit Elternwünschen. Diese Frage war viele Jahre nicht aktuell. Eltern hatten – aufgrund des mangelnden Angebotes an Kindergartenplätzen – häufig die Rolle von Bittstellern, die für einen Kindergartenplatz oft mehrere Jahre im Voraus »anstehen« mussten. Das Bewusstsein, dass Eltern auch Kunden und Nutzer der Einrichtung sind, war nur gering ausgeprägt. Diese Situation hat sich insbesondere nach der Einführung des Rechtsanspruches deutlich verändert. Dennoch sind die Kontakte mit Eltern und die Berücksichtigung ihrer Wünsche ein gleichermaßen wichtiger wie störanfälliger Prozess; zufriedene Eltern sind der »Dreh- und Angelpunkt« einer förderlichen Atmosphäre in den Einrichtungen. Die PraxisvertreterInnen kennen die Brisanz dieser Thematik; sie wissen, dass der Umgang mit Elternwünschen sich im Spektrum von vordergründiger Anpassung bis abwehrendem Protest bewegen kann.

Viele, möglicherweise sogar die meisten Einrichtungen machen mittlerweile regelmäßige schriftliche Erhebungen der Elternwünsche; das ist weder neu noch spektakulär, sondern wird sowohl aus pädagogischen als auch aus demokratischen Überlegungen – z. B. als Ausdruck einer partizipativen Grundeinstellung – gemacht. Erforderlich ist ein systematischer Umgang mit Kundenwünschen, d. h. diese zu erheben, auszuwerten und die Ergebnisse mit den Eltern rückzukoppeln, insbesondere dann, wenn deren Wünsche nicht erfüllt werden können. Dafür braucht man ein transparentes Verfahren und personale Kompetenzen, um sich mit den Erwartungen argumentativ auseinanderzusetzen und pädagogische Überzeugungen vermitteln zu können.

Entgegen verbreiteten Vermutungen sind gerade die QM-Verfahren besonders geeignet, um ein transparentes Verfahren und eine klare Abgrenzung zwischen Kundeninteresse und dem Einhalten von Fachstandards zu erreichen. Entsprechend ihrer Herkunft aus dem Profit-Bereich wird dabei zwar um Kunden geworben und werden Kundenwünsche systematisch erhoben und mit Blick auf die Weiterentwicklung des Produktes bzw. der Dienstleistung ausgewertet. Niemand käme aber auf die Idee, Kundenwünsche eins zu eins umzusetzen. Um das an einem Beispiel aus dem Bereich der Autoproduktion zu verdeutlichen: Ingenieure entwickeln Motoren nach den Regeln der Fachkunst, die auch durch Kundenwünsche nicht außer Kraft gesetzt werden. Es ist ein grundlegendes Missverständnis anzunehmen, dass in Qualitätsmanagementsystemen Qualitätskriterien ausschließlich von den Kundenwünschen abgeleitet würden. Zutreffend ist, dass die Kundenorientierung eine zentrale, aber nicht die einzige Vorgabe ist, vielmehr müssen auch andere Aspekte und Einflussfaktoren berücksichtigt werden, die nicht bei den Kunden erhoben werden, wozu z. B. alle gesetzlichen Vorgaben und auch der neueste Stand fachwissenschaftlicher Erkenntnisse zählen[4]. Im Klartext heißt das: Auch in der Logik der QM-Verfahren ist Qualität mehr als die Übereinstimmung mit Kundenerwartungen. Das ist m.E. eine wichtige, zu wenig beachtete Anschlussstelle zwischen fachwissenschaftlichen Erkenntnissen und Kundenerwartung.

Vor diesem Hintergrund halte ich die »argumentative Spaltung« zwischen Fachwissenschaft einerseits und einer Kundenorientierung andererseits für unangemessen. Es kommt vielmehr darauf an, diese Schnittstelle gemeinsam auszuloten.

3 Ein einheitliches Qualitätsfeststellungsverfahren evoziert fachlichen und politischen Dissens

Ein Gegenkonzept zu den QM-Verfahren ist ein bundeseinheitliches Feststellungsverfahren, für das die KES-E als eine denkbare Variante für die Konkretisierung der Qualitätskriterien seit langem steht.

Die Kindergarteneinschätzskala (KES), eine deutsche Version der Early Childhood Environment Rating Scale (Ecers), versteht sich als ein Messinstrument, das die pädagogische Qualität der Prozesse in einer Kindergartengruppe feststellt. Die KES umfasst sieben Dimensionen mit insgesamt 43 Merkmalen (vgl. Tietze/Schuster/Roßbach 1997).

Das Messverfahren wird durch extern geschulte Beobachterinnen durchgeführt, die aufgrund einer mehrstündigen Beobachtung des Geschehens im Kindergarten dessen Qualität sowie einzelne Aspekte der Ausstattung der Einrichtung auf einer siebenstufigen Ratingscala von 1 (unzureichend) bis 7 (ausgezeichnet) bewerten. Für die gesamte Beurteilung der Qualität wird das arithmetische Mittel errechnet. Tietze/Förster schlagen vor, dieses Messverfahren, das bisher in Forschungsprojekten eingesetzt wurde, zu verwenden, um in allen öffentlich geförderten Tageseinrichtungen die Prozess-

---

[4] In der ISO 9001:2000 ist dies in der Vorgabe 7.2. »Kundenbezogene Prozesse« festgelegt.

qualität zu messen und entsprechend den Evaluationsergebnissen »Gütesiegel« in abgestufter Qualität zu vergeben (vgl. den Beitrag im vorliegenden Band). Das soll einen bundesweiten Qualitätsvergleich ermöglichen und letztlich zu einer Anhebung der Prozessqualität führen. Aus der Perspektive der Vertreter dieses Verfahrens verhindert eine solche standardisierte Form der Qualitätsbestimmung eine »fachliche Beliebigkeit«, die immer vermutet wird, wenn Aspekte der besonderen Situation einzelner Einrichtungen in die Qualitätsbestimmung eingehen, statt sich dabei auf klar definierte, einheitliche Kriterien zu beschränken.

Allerdings gibt es auch gewichtige Argumente, die gegen ein solches bundeseinheitliches Feststellungsverfahren sprechen. Preissing führt in einem unveröffentlichten Manuskript (2004)[5] dazu aus:

- »Wie in der Schule, so gibt es auch im Kindergarten verschiedene ausgearbeitete und überprüfte pädagogische Konzepte, wie eine den Bedürfnissen der Kinder, dem Bedarf der Familien und den gesellschaftlichen Anforderungen entsprechende Pädagogik gestaltet werden kann.
- Es entspricht den Prinzipien und der Realität einer demokratischen und pluralistischen Gesellschaft, dass die Verschiedenheit pädagogischer Konzepte anerkannt wird, sofern sie auf den Grundwerten unserer Demokratie aufbauen und den aktuellen wissenschaftlichen Erkenntnissen entsprechen.
- Im bundesdeutschen System der Kinder- und Jugendhilfe übernehmen die Träger der Tageseinrichtungen eine besondere Verantwortung für die Qualität und leisten hierfür erhebliche Eigenanteile. Sie haben damit das Recht und die Verantwortung, die konzeptionelle Ausrichtung im o.g. Rahmen zu bestimmen.
- Aus der Verschiedenheit der Konzepte und ihrem Wettbewerb entsteht Innovation – auch in der Pädagogik. Voraussetzung ist, dass eine Auseinandersetzung über die Verschiedenheit stattfindet.
- Die Verordnung eines Konzeptes führt zu Festschreibung, zum Stillstand.
- Eine externe Evaluation muss der Verschiedenheit der Konzepte Rechnung tragen. Sie darf kein Konzept vorschreiben.«

---

5 Preissing, Christa: Qualität in Tageseinrichtungen für Kinder – Für Vielfalt und wider die Beliebigkeit, unveröffentlichtes Manuskript, 2004

Auf einen kurzen Nenner gebracht werden konzeptionelle Differenzierung, Lebenslagenorientierung und Trägerpluralität als Argumente gegen ein einheitliches Verfahren angeführt. Im Folgenden werden diese Argumente mit Blick auf die Kontextorientierung, das Verhältnis von Qualitätsfeststellung und -entwicklung und das Verständnis der Rolle des Staates etwas weiter ausgeführt.[6]

3.1 Zur Kontextorientierung

Ein zentraler Kritikpunkt an einem bundeseinheitlichen Verfahren ist die mangelnde Berücksichtigung der Kontexte. Aus professionsspezifischer Perspektive problematisiert auch Fthenakis, dass die pädagogischen Modelle von Qualität nur unzureichend die kontextuellen Faktoren berücksichtigen. Dazu gehören »... der Führungsstil der Leitung, das Arbeitsklima in der Einrichtung, Vergütung und Arbeitsbedingungen des Fachpersonals, die Trägerschaft der Einrichtung, aber auch die angewendeten Finanzierungs- und Regulierungsmodalitäten« (BMFSFJ 2004, S. 82). Der Stellenwert der Kontexte steht zudem seit Ende der 90er-Jahre im Mittelpunkt der sozialen Arbeit. So sind beispielsweise in den bundesweiten Programmen »Soziale Stadt« und E&C die Kontexte handlungsleitendes Prinzip und werden durch einen lokalen Aktionsplan systematisch berücksichtigt.

Für die fachliche Arbeit der Kitas sind das soziale Umfeld der Einrichtungen, die bildungs- und sozioökonomische Situation der Familien beispielsweise zentrale Kontextvariablen, die bei der Gestaltung der fachlichen Arbeit zu berücksichtigen sind. Eine Einrichtung in einem sozial schwierigen Umfeld mit hohem Migrationsanteil muss bei der Umsetzung des Bildungs- und Betreuungsauftrages und in der Zusammenarbeit mit Eltern andere inhaltliche Schwerpunkte setzen als eine Einrichtung in einem »gehobenen« Wohnumfeld. Diese qualitativen Differenzierungen können durch ein qualitätsstandardisierendes einheitliches Erhebungsverfahren – so wie es die KES vorsieht – nicht erfasst werden. Das kann dazu führen, dass die Einrichtungen, die unter anderen, z. B. sehr schwierigen Umfeldbedingungen arbeiten, »am falschen Maßstab gemessen« und ihre spezifischen Leistungen ignoriert werden. Für die

---

6 Die folgende Darstellung stützt sich auf Argumente, die auf dem DJI-Fachforum »Der Streit ums Gütesiegel« im Juli 2004 in München diskutiert wurden.

Verantwortlichen und Akteure, insbesondere die EinrichtungsmitarbeiterInnen, wäre eine solche Bewertung demotivierend und würde die Bereitschaft für qualitätsverbessernde Maßnahmen torpedieren.

Die Effekte eines öffentlichen Einrichtungsrankings können sozial- und bildungspolitische Vorgaben unterlaufen. Bildungsbewusste Eltern könnten z. B. in einer Einrichtung, die schlecht bewertet ist, wahrscheinlich ihre Kinder abmelden und in besser bewertete Einrichtungen bringen. Nach der Logik der Marktwirtschaft wäre das folgerichtig (vgl. Dohmen in diesem Band), unter sozialen Aspekten allerdings »sozialdarwinistisch«, da dadurch Kinder aus bildungsfernen Familien »unter sich« bleiben und ihre negative Bildungskarriere »begünstigt« wird. Auch unter bildungspolitischen Aspekten stände dies im Widerspruch zu den gewünschten kompensatorischen Effekten vorschulischer Einrichtungen.

Selbst wenn man sich für ein einheitliches Feststellungsverfahren entscheiden würde, macht dies deutlich, dass man die möglichen Effekte vor dem Einsatz des Verfahrens möglichst genau prüfen und die grundsätzliche Frage entscheiden müsste, ob ein einheitliches Feststellungsverfahren mehr Markt ermöglichen oder Defizite aufzeigen soll, die durch Qualitätsentwicklungsmaßnahmen »behoben« werden sollen.

3.2 Qualitätsfeststellung und Qualitätsentwicklung – getrennte oder miteinander verknüpfte Verfahren?

Der Blick auf erforderliche Qualitätsentwicklungsmaßnahmen zeigt einen weiteren Dissens: Sollten Qualitätsfeststellung und Qualitätsentwicklung zwei getrennte oder miteinander verknüpfte Verfahren sein? Auch bei dieser Auseinandersetzung ist unstritten, dass ein Qualitätsfeststellungsverfahren, aus dem keine Konsequenzen gezogen werden, wenig Sinn macht,[7] denn »das Schwein wird vom Wiegen nicht schwerer«. Die Befürworter für eine Trennung (vgl. Tietze in diesem Band) argumentieren, dass nur getrennte Verfahren Objektivität gewährleisten und interessensgeleitete Interventionen ausschließen. Die Gegenposition wird insbesondere von den freien

---

7 Dies wird eindrücklich durch das Gutachten von Dohmen aufgezeigt; demnach hat das Feststellungsverfahren nur dann einen Sinn, wenn die Ergebnisse der Qualitätsfeststellung auch Folgen haben (vgl. Dohmen in diesem Band).

Trägern vertreten, die sich auf ein Qualitätsmanagementsystem verständigt haben, dessen Dreh- und Angelpunkt die ständige und systematische Qualitätsverbesserung ist und mit dem sie die institutionelle Dynamik und alle »Systemkoordinaten« steuern wollen (vgl. Döcker, Schulze-Oben in diesem Band). In dieser Logik versteht sich Qualitätsentwicklung als Teil von Organisationsentwicklung.

Folgt man dieser Argumentationslinie, werden weitere Aspekte relevant. Aus der Theorie und Praxis des Change-Managements (vgl. Greif/Runde/Seeberg 2004) ist bekannt, dass Systeme strukturkonservativ und veränderungsresistent sind.

Die Veränderungsbereitschaft der MitarbeiterInnen kann nicht ohne weiteres vorausgesetzt werden. Eine erhebliche Diskrepanz zwischen Selbsteinschätzung und Fremdeinschätzung führt nicht zwangläufig zur »inneren Einkehr«, sondern mobilisiert meistens Widerstand, der zur Entwertung der unangenehmen Ergebnisse und der externen Berater bzw. Evaluatoren führt. Bei einem externen Feststellungsverfahren ist dieser Konflikt ungleich schwerer zu vermeiden. Die Vertreter der QM-Systeme argumentieren demgegenüber mit Blick auf diese Dynamik, dass in einem systemischen Prozess der Qualitätsentwicklung die Bereitschaft der MitarbeiterInnen zur Qualitätsentwicklung von Anfang an gefördert wird. Durch die regelmäßigen internen Qualitätschecks – in Form von internen Audits – ist die Diskrepanz zwischen Selbst- und Fremdeinschätzung deutlich geringer und ein kritisches Ergebnis schlägt nicht wie ein »Blitz aus heiterem Himmel« ein.

3.3 Die Rolle des Staates

Die Vertreter eines einheitlichen Verfahrens argumentieren, dass der Staat eine Verpflichtung habe, den öffentlich geförderten Mitteleinsatz zu kontrollieren, und dafür Sorge zu tragen habe, dass bundesweit einheitlich gute Qualität umgesetzt werde. Dagegen steht die Auffassung, dass die Zuwendungsempfänger in regelmäßigen und differenzierten Verwendungsnachweisen ihren sachgerechten Mitteleinsatz ohnehin kontinuierlich belegen und darüber hinausgehende fachliche Vorgaben nicht mit den pluralen politischen Strukturen vereinbar seien, sondern eher einem Obrigkeitsdenken entsprächen. Die Vertreter der freien Wohlfahrtspflege weisen darauf hin, dass sie das Recht haben, ihre Arbeit eigenständig zu gestalten und ihr spezifisches Trägerleitbild umzusetzen. Sie beziehen sich dabei auf das KJHG, insbesondere auch auf den § 4, der die Selbstständigkeit der freien Jugendhilfe in Zielsetzung und Durchführung ihrer Aufgaben sowie in der Gestaltung ihrer Organisationsstruktur vorgibt. Aus ihrer Sicht würde ein einheitliches Verfahren die gesetzlich verbriefte Gestaltungsfreiheit der Träger untergraben.

In seinem Beitrag in diesem Band nimmt Tietze diesen Einwand auf und schlägt vor, dass die Träger mit zusätzlichen Feststellungsverfahren ihr spezifisches Profil nachweisen. Das wiederum würde zu doppelten Feststellungsverfahren führen und auch den Anspruch eines bundesweit einheitlichen Gütesiegels infrage stellen.

4 Zusammenfassung und Ausblick

Die verschiedenen Qualitätskonzepte lassen sich nicht auf Verfahrensunterschiede reduzieren, vielmehr implizieren sie unterschiedliche fachpolitische Überzeugungen und Interessenslagen, die – zumindest zum jetzigen Zeitpunkt – nicht konsensfähig sind. Jedes Verfahren hat erhebliche Auswirkungen auf die beteiligten Systeme, Personen und Kontexte und muss sich an der Einhaltung sozial- und bildungspolitischer Vorgaben messen lassen.

Ein noch nicht hinreichend geklärtes Schlüsselthema ist die Frage nach der Verbindlichkeit oder Beliebigkeit von Qualitätsstandards bzw. Qualitätsvorgaben. Der Diskurs darüber hat erst begonnen. Hier sollten die Ergebnisse der NQI, andere wissenschaftliche Ergebnisse, die Bildungspläne und die QM-Verfahren in einem schlüssigen Gesamtkonzept integriert werden. Eine fachliche Beliebigkeit, nach der jede Einrichtung sich aus einem »Qualitätskatalog« bedient, untergräbt den Stellenwert wissenschaftlich abgesicherter Erkenntnisse und verhindert die optimale Förderung frühkindlicher Bildungsprozesse. Gerade deswegen ist der Dialog zwischen Wissenschaft und Praxisvertretern notwendig. Eine gegenseitige Abschottung und eine Wagenburgmentalität, wie sie sich teilweise in der bundesweiten Diskussion abzeichnet, sind fatal.

Die unterschiedlichen Interessenlagen zwischen Trägern und Wissenschaftlern sollten weder verschleiert noch verteufelt werden. Die Träger haben ein Steuerungsinteresse, sie brauchen Instrumente, mit denen sie das System der fachliche Alltagsarbeit feststellen, prüfen und weiterentwickeln können, und sie haben ein legitimes Interesse, als »Sozialunternehmen« auf dem Markt zu bestehen. Empirische Sozialwissenschaft hat dagegen kein Steuerungsinteresse, sondern ein Messinteresse. Sie ist an Verfahren interessiert, mit denen sie einen »definierten Ausschnitt der Wirklichkeit« valide messen kann. Es nicht ihr primäres Anliegen, sich über Effekte und Konsequenzen dieser Messungen Gedanken zu machen. Wenn es gelänge, die unterschiedlichen Positionen nicht als Sand im Getriebe, sondern als Motor von Weiterentwicklung zu verstehen, könnte der Fachdiskurs eine erhebliche Schubkraft erhalten. Denn letztlich ist unstrittig, dass seriöse Praxis auf wissenschaftliche Forschung und Wissenschaft auf den Dialog und die Rückkoppelung mit der Praxis angewiesen ist. Auch mit Blick auf nationale und zukünftige europäische Entwicklungen wird das Qualitätsthema weiter an Bedeutung gewinnen. Je mehr nationale gesetzliche Vorgaben, die z.B. Rahmenbedingungen sichern, abgebaut werden, desto wichtiger könnten verbindlich definierte Qualitätsstandards und Qualitätsverfahren werden.

5   Literatur

Diller, A. (2004): Argumente für ein kohärentes Steuerungssystem – Qualitätsmanagement statt Gutscheinvergabe, Standpunkt Sozial, Hamburg

Diller, A. (2003): Supervision und DIN_EN_ISO Qualitätsmanagement. Zur (Un)vereinbarkeit zweier Systeme in den sozialen Arbeitsfeldern, Forum Supervison

Greif, S./Runde, B./Seeberg, J. (2004): Erfolge und Misserfolge beim Change Management, Göttingen

Kruthaup, B. (2004): Qualität in der institutionellen Elementarpädagogik – ein beliebiges Konstrukt?

Rugor, R./von Studzinski, G. (2003): Qualitätsmanagement nach der ISO Norm – Eine Praxisanleitung für MitarbeiterInnen in sozialen Einrichtungen, Weinheim

Tietze, W./Schuster, K.-M./Roßbach, H.-G. (1997): Kindergarteneinschätzskala (KES), Neuwied

Qualitätsentwicklung und Qualitätssicherung in der Schule
Martin Bonsen

1	Evaluation im Schulbereich	137
2	Die Perspektive der Einzelschule: Organisationsentwicklung und interne Evaluation	140
3	Qualität durch Transparenz und Rechenschaft – externe Schulinspektionen	144
4	Total Quality Management (TQM) für die Schule	147
5	Die Perspektive der Systemsteuerung: Outputsteuerung durch verbindliche Standards	152
6	Schulische Qualitätsarbeit benötigt ein Gesamtkonzept	155
7	Literatur	158

Qualitätsentwicklung und Qualitätssicherung gehören derzeit zu den wohl bedeutendsten Themen der Diskussionen im Bildungs- und Schulbereich. Seitdem internationale Vergleichsstudien gezeigt haben, dass deutsche Schülerinnen und Schüler im internationalen Vergleich im Durchschnitt keinesfalls einen Spitzenplatz hinsichtlich ihrer Fachleistungen und -kompetenzen einnehmen, gibt es eine breite fachliche und öffentliche Diskussion um Wege der Qualitätsverbesserung in Schulen. Die pointierte mediale Verarbeitung der PISA-Ergebnisse (»PISA-Schock«, »Bildungskatastrophe« etc.) dürfte dazu beigetragen haben, dass die Kompetenzen von Schülerinnen und Schülern derzeit als wichtigstes, zuweilen auch »ultimatives« Qualitätskriterium schulischer Arbeit betrachtet werden. Die dahinter stehende Logik ist zunächst einfach: Eine Schule ist so gut, wie ihre Schülerinnen und Schüler gefördert werden. Der Effekt der Förderung wird dabei an messbaren (Fach-)Kompetenzen festgemacht. Schulische Qualität wird somit anhand des Outputs auf Schülerinnen- und Schülerseite bewertet.

Aber auch schon vor der so genannten »empirischen Wende« der deutschen Bildungspolitik in der Mitte der 1990er Jahre war Qualität ein zentrales Thema in der Erforschung und Begleitung von Schulentwicklung. Allerdings hat sich die Qualitätsdebatte im Bildungsbereich nach der PISA-2000-Studie deutlich intensiviert. Wie die offenbar gewordenen Leistungs- und Kompetenzdefizite deutscher Schülerinnen und Schüler behoben werden können, wie sich also die Qualität von Schulen verbessern lässt, wird zum Teil kontrovers diskutiert. In dieser Diskussion verweist Rolff (2004) auf zwei grundsätzliche Linien der Qualitätssteuerung: eine von der Einzelschule ausgehende Entwicklung, das »Schulentwicklungsmodell«, und eine zentral administrierte Entwicklung, also Qualitätsentwicklung durch nationale Bildungsstandards und System-Monitoring.

Das Schulentwicklungsmodell basiert auf der mittlerweile empirisch erhärteten Annahme, dass die Qualität schulischer Arbeit und vor allem die Qualität der Ergebnisse schulischer Arbeit nicht zentral angeordnet werden kann. Die Möglichkeit der bürokratischen Steuerung stößt in der Praxis spätestens an den Eingangstüren der Klassenzimmer an Grenzen. Die zentrale Steuerung der Qualität von Unterricht durch Erlasse und Lehrpläne hat sich in der Schulpraxis als nur wenig effektives Steuerungsinstrument erwiesen. Die Idee des Schulentwicklungsmodells integriert Erkenntnisse und

Ideen der Organisationsentwicklung, der Innovationsforschung und der Systemtheorie und verlagert die Steuerung (zumindest teilweise) auf die Ebene der Einzelschule. Schulen sollen sich demnach selbst Qualitätsziele setzen und die Erreichung dieser Ziele durch Evaluation überprüfen.

Das Modell der zentralen Administration von Schulqualität sieht die zentrale Entwicklung von Bildungsstandards vor, die die Qualität des Unterrichts sichern und Anlass zur Weiterentwicklung geben sollen. Der Grad der Erreichung von Standards soll regelmäßig durch empirische Leistungserhebungen auf Schülerseite überprüft werden. Hierzu werden auf der Basis der Standards Testinstrumente zentral, d. h. durch Testagenturen oder wissenschaftliche Einrichtungen entwickelt. Auch dieses Modell ist gegenüber dem traditionellen Bürokratiemodell eine Innovation. Während bislang die Qualität des Unterrichts durch Lehrpläne erwirkt werden sollte, die genaue curriculare Vorgaben enthielten (»Input-Steuerung«), wird nun formuliert, welche Kompetenzen als Ziel der schulischen Förderung vorgegeben werden (»Output-Steuerung«). Der pädagogisch angemessene Weg zur Erreichung dieser Standards kann somit dezentral und unter Berücksichtigung regionaler und lokaler Spezifika festgelegt werden.

In beiden Idealtypen der Qualitätssteuerung spielt Evaluation eine zentrale Rolle. Während im Schulentwicklungsmodell die interne Prozess-Evaluation (welche um externe Evaluation ergänzt werden kann) im Vordergrund steht, ist es im zweiten Modell die externe Output-Evaluation.

1 Evaluation im Schulbereich

Evaluation wird allgemein verstanden als »die systematische Untersuchung des Nutzens oder Wertes eines Gegenstandes« (Deutsche Gesellschaft für Evaluation 2002). Evaluation ist somit ziel- und zweckorientiert. Der Anspruch, dass Evaluation systematisch erfolgen soll, bedeutet, dass
1. Gegenstandsbereiche, Standards, Verfahren und Methoden vorab geklärt werden,
2. eine systematische Datensammlung anhand geeigneter Messverfahren (Indikatorn und Kriterien) stattfindet,

3. eine Bewertung auf der Grundlage einer nachvollziehbaren Analyse der erhobenen Daten erfolgt – und
4. die Ergebnisse der Datenanalyse und -interpretation als Planungs- und Entscheidungshilfe zur Verbesserung des untersuchten Gegenstandsbereichs genutzt werden.

Im Schulbereich wird Evaluation häufig eingesetzt, um konkrete, zumeist zeitlich begrenzte Projekte hinsichtlich ihrer Güte und Verwendbarkeit zu beurteilen. Evaluation im Zusammenhang eines Qualitätsmanagementsystems muss hingegen *kontinuierlich* angelegt sein und sich auf die *Gesamtheit der Bildungsprozesse* beziehen. Das Ziel eines umfassenden Qualitätsmanagements in der Schule besteht darin, die schulische Arbeit dauerhaft auf den Prüfstand zu stellen, notwendige Entscheidungen auf eine empirische und möglichst rationale Ebene zu stellen und zur Verbesserung der pädagogischen Arbeit beizutragen. Stuffelbeam (1972, S. 131) klassifiziert unterschiedliche Funktionen von Entscheidungen im Bildungswesen als *Planung, Programmgestaltung, Implementation* und *modifizierte Programmwiederholung*.

In Entsprechung zu diesen vier Arten von Bildungsentscheidungen lassen sich unterschiedliche Arten von Evaluation abgrenzen: Kontextevaluation, Inputevaluation, Prozessevaluation und Produktevaluation. Das von Stufflebeam entwickelte »CIPP-Modell« ist hilfreich, um im Rahmen schulischer Evaluation gegebene Bedingungen und Intentionen eines Schulcurriculums, die organisationalen Bedingungen (Kontext der Einzelschule), die konkreten Lehr-Lern-Situationen und schließlich die erzielten kurzfristigen Ergebnisse (Output) sowie langfristige Wirkungen (Outcome) zu beschreiben und zu analysieren. Zusammenhänge können dann in Form eines Strukturmodells zur Evaluation und Qualitätssicherung im Bildungsbereich dargestellt werden. Ein Beispiel hierfür ist das von Ditton (2002) konkretisierte Prozessmodell zur Evaluation und Qualitätssicherung im Bildungswesen, das in Abbildung 1 in leicht modifizierter Form dargestellt ist.

Abbildung 1: Prozess-Modell zur Evaluation und Qualitätssicherung im Bildungswesen in Anlehnung an Ditton (2002, S. 776)

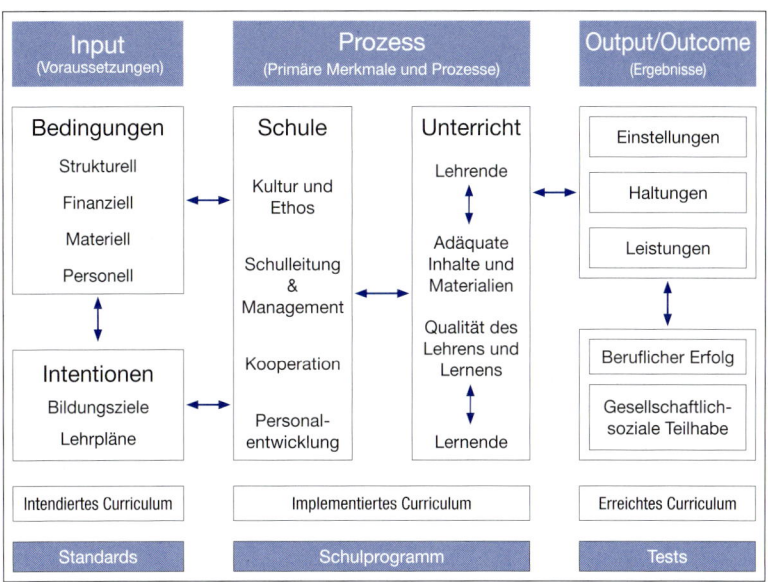

Wenngleich die Verbesserung der Qualität der pädagogischen Praxis das übergeordnete Ziel der Evaluation im Bildungsbereich ist, so lassen sich dennoch unterschiedliche Funktionen abgrenzen, die zu jeweils spezifischen Akzentuierungen führen (vgl. Burkard/Eikenbusch 2000).

Zunächst kann Evaluation zum Zwecke der *Rechenschaftslegung* eingesetzt werden. Dies ist für viele die wohl gängigste Assoziation mit Evaluation. Dabei wird die Qualität erreichter Arbeitsergebnisse und -prozesse analysiert und bewertet. Die Evaluation dient dann der internen oder externen Rechenschaft über die Einhaltung von Standards und erreichten Zielen.

Selbstvergewisserung, Forschung und Erkenntnisgewinn ist die zweite denkbare Funktion von Evaluation. Hierbei wird in der Regel selbstverantwortet und intern evaluiert, um das Wissen über die eigene Situation zu erweitern und neue Einsichten zu gewinnen, um Handlungssicherheit und Orientierung zu erlangen. Die systematische »Erforschung« der Wirkungen des eigenen Handelns, der Erreichung von Arbeitszielen sowie der Voraussetzungen der eigenen Arbeit, dient dann dazu, Probleme und Herausforderungen in der eigenen Tätigkeit besser zu verstehen und gezielter und wirkungsvoller handeln zu können. In diesem Zusammenhang ist Evaluation Kennzeichen eines hohen professionellen Anspruchs.

Darüber hinaus kann Evaluation ebenso als *Werkzeug der Schulentwicklung* verstanden werden. Hierzu werden Daten bei Beteiligten und Betroffenen gesammelt und unterschiedliche Perspektiven eingeholt, um die Effektivität eingesetzter Verfahren und Konzepte systematisch zu beleuchten. Evaluation dient hier dazu, wirksame Entscheidungen zu treffen und datengestütztes Wissen über die Wirksamkeit der eigenen pädagogischen Praxis zu generieren. Ziel ist es, Entscheidungen über Qualitätsverbesserungen auf eine empirische Basis zu stellen.

2 Die Perspektive der Einzelschule: Organisationsentwicklung und interne Evaluation

Die Idee der internen Selbstevaluation von Schulen ist eng verknüpft mit der Idee der Organisationsentwicklung in Schulen. Schon frühere Modelle der Organisationsentwicklung betonen besonders die systematische Datenerhebung (»Organisationsdiagnose«) zum Zweck der Planung organisationaler Veränderungen. Die auf der Grundlage der empirischen Organisationsdiagnose geplanten und umgesetzten Veränderungen sollen grundsätzlich evaluiert und somit organisationsweites Anpassungslernen auf systematischer und empirischer Basis gesichert werden (vgl. Hanft 2002).

Etwa Anfang der 90er-Jahre wurde Evaluation in der deutschsprachigen Diskussion hauptsächlich im Zusammenhang mit der Entwicklung von Einzelschulen gefordert. Evaluation wurde hier als Instrument der Schulentwicklung gesehen, das innere Schulentwicklung anstoßen und unterstützen sollte. Evaluation sollte demnach entwicklungsbegleitend, prozessbezogen und selbst gesteuert vonstatten gehen (vgl. Burkard/Eickenbusch 2000, S. 24) und wurde zu einem zentralen Bestandteil des Konzepts der »lernenden Schule« (vgl. Senge et al. 2000). Evaluation wurde somit hauptsächlich als interne Evaluation, Selbstevaluation oder als pädagogische Handlungsforschung in einem Kreislauf von Aktion und Reflexion verstanden (vgl. Altrichter et al. 2004).

2.1 Klärung des gemeinsamen Qualitätsverständnisses und Überprüfung gemeinsam formulierter Arbeitsziele

Schulische Qualitätsevaluation, ob intern oder extern angelegt, setzt die Klärung dessen voraus, was unter Qualität verstanden wird. Im Schulbereich entstehen Qualitätsanforderungen durch staatliche Vorgaben (traditionell in Form von Lehrplänen), gesellschaftliche Erwartungen, pädagogische Programme und wissenschaftliche Theorien. Diese Anforderungen werden schulextern formuliert. Sie sind teilweise auslegungsbedürftig und die Art und Weise ihrer tatsächlichen Umsetzung ist das Ergebnis einer schulinternen Verarbeitung (vgl. Kempfert/Rolff 2005). Neben den externen Anforderungen wird der Anspruch an die pädagogische Arbeit einer Schule auch intern formuliert. Systematische Formen der gemeinsamen Klärung von Qualitätsansprüchen sind die Entwicklung eines Qualitätsleitbildes beziehungsweise die gemeinsame Erarbeitung eines Schulprogramms. In beiden Fällen werden Qualitätsvorstellungen schulintern ausgehandelt, formuliert und, um den Grad der Verbindlichkeit zu erhöhen, schriftlich dokumentiert.

Die meisten derzeitigen Ansätze schulischer Selbstevaluation setzen ein von der Schule selbst entwickeltes Qualitätsverständnis oder mindestens dokumentierte Arbeitsziele voraus. Die Verbindung von systematischer Zielerarbeitung und Selbstevaluation wird in einigen Bundesländern über Erlasse und Anregungen zur Schulprogrammarbeit (oder Qualitätsprogrammarbeit) gesucht. So hat das Land Nordrhein-Westfalen die Schulprogrammarbeit als verbindliches Steuerungsinstrument für Qualitätsentwicklung und Qualitätssicherung eingeführt. Im entsprechenden Erlass des Schulministeriums wird das Schulprogramm als grundlegendes Konzept der pädagogischen Zielvorstellungen und der Entwicklungsplanung einer Schule verstanden (Ministerium für Schule, Jugend und Kinder des Landes Nordrhein-Westfalen 2003). Alle Schulen sind aufgefordert, im Schulprogramm unter möglichst intensiver Beteiligung der schulischen Gremien, Vorgaben und Freiräume im Hinblick auf ihre spezifischen Arbeitsbedingungen »vor Ort« zu konkretisieren sowie Ziele und Handlungskonzepte für die Weiterentwicklung der schulischen Arbeit zu formulieren. Diese Entwicklungsziele sollen von einer breiten Basis der Schulgemeinde getragen werden, Erfolg versprechend für die Umsetzung sowie konkret und relevant für den Unterricht sein. In einem Arbeitsplan für ein bis zwei Schuljahre legen die Schulen konkrete Handlungsschritte fest. Dieser enthält die Beschreibung der konkreten Vorhaben und Ziele, der angestrebten Ergebnisse, die Benennung von Beteiligten und Verantwortlichen, klare Arbeitsschritte mit einer Zeitplanung und einem Tätigkeitskatalog. Neben dem Arbeitsplan soll das Schulprogramm auch einen an den Entwicklungszielen orientierten Fortbildungsplan sowie die Planungen einer internen Evaluation beinhalten. Die systematische Evaluation der Umsetzung der im Arbeitsplan festgelegten Ziele ist für alle Schulen obligatorisch.

Die Qualitätsentwicklung über Schulprogrammarbeit und interne Evaluation kann als konkretes Beispiel für die Umsetzung zentraler Ideen der Organisationsentwicklung betrachtet werden. Demnach lassen sich organisationale Veränderungen am besten in einem sequentiellen, immer gleichförmigen Prozess realisieren. Die für die Organisationsentwicklung typischen Schritte Diagnose, Planung von Veränderungen, Aktion und Auswertung (Evaluation) finden sich auch im Ansatz der Schulprogrammarbeit wieder. Zudem soll die Schulprogrammarbeit offene Information und aktive Mitwirkung berücksichtigen. Auch nach den Prinzipien der Organisationsentwicklung sollte ein Veränderungsprozess als bewusste, systematische Weiterentwicklung der Einzelschule vom gesamten Kollegium getragen werden.

Die Schulprogrammarbeit der Einzelschule kann jedoch nicht als reine Selbststeuerung verstanden werden. Vielmehr lässt sich in der Praxis das Ausbalancieren von Selbststeuerung und externer Steuerung durch die Schulaufsicht und durch ministerielle Erlasse beobachten. Die Schwerpunkte der Entwicklungsarbeit können von den Schulen nicht vollständig autonom festgelegt werden. Damit die Qualitätsentwicklung nicht auf »Nebenschauplätze« verlagert wird und lediglich unverfängliche und unterrichtsferne Themen in den Fokus der gemeinsamen Betrachtungen rücken, wird beispielsweise bei der Schulprogrammarbeit in NRW die Berücksichtigung der Felder *Unterricht* und *Erziehungsarbeit* unter Einbeziehung des Prinzips der *umfassenden Förderung aller Schülerinnen und Schüler* erwartet (ebd.).

Obwohl der Qualitätsprozess also nach Prinzipien der Selbstorganisation und Selbstständigkeit gestaltet wird, findet dennoch eine grobe organisationsexterne Steuerung der inhaltlichen Ausgestaltung insbesondere der Zielrichtung der Qualitätsprozesse statt. Es fällt hierbei auf, dass zwar output-bezogene Schwerpunkte berücksichtigt werden sollen, sämtliche Aktivitäten zur Qualitätsentwicklung jedoch auf der Prozessebene angesiedelt werden. Welche Maßnahmen im Prozess letztendlich zu Kompetenzverbesserungen bei Schülerinnen und Schülern beitragen, wird in diesem Zusammenhang eher aufgrund von Plausibilitätsannahmen *fest*gelegt, nicht aber mit Hilfe von Kompetenztests im empirischen Sinne *be*legt.

2.2 Indikatorensysteme als »Orientierungsrahmen«

Ebenfalls deutliche schulexterne Steuerungsimpulse beinhalten Ansätze zur schulinternen Qualitätsevaluation auf der Basis vorgegebener »Indikatorensysteme«. In der Regel werden hier verschiedene Qualitätsbereiche, Qualitätskriterien und Indikatoren vorgegeben, die in den Schulen konkretisiert und zum Zwecke der Datensammlung operationalisiert werden müssen. Die Vorgabe von Indikatoren ist der Versuch, einen verbindlichen »Orientierungsrahmen« für schulinterne Selbstevaluation vorzugeben. Das Land Niedersachsen hat allen Schulen mit dem »Orientierungsrahmen Schulqualität in Niedersachsen« (Niedersächsisches Kultusministerium 2003) eine entsprechende »Vorgabe« gemacht. In den Materialien zum Orientierungsrahmen werden sechs »Qualitätsbereiche« vorgestellt: (1) Ergebnisse und Erfolge der Schule, (2) Lernkultur – Qualität der Lehr- und Lernprozesse, (3) Schulkultur, (4) Schulmanagement, (5) Lehrerprofessionalität und Personalentwicklung und (6) Ziele und Strategien der Qualitätsentwicklung. Zu diesen Qualitätsbereichen gibt es 32 Qualitätsmerkmale und insgesamt 90 Qualitätskriterien. Das differenzierte Indikatorensystem soll Schulen helfen, Stärken und sowohl vorrangige als auch langfristige Verbesserungsnotwendigkeiten zu erkennen.

Interne Schulevaluation wird in der Qualitätsdiskussion häufig als Weg betrachtet, auf dem Schulen bei zurückhaltender Steuerung von außen eine Feedback- und Evaluationskultur entwickeln sollen. Selbstverantwortete und selbstgelenkte Evaluationsprozesse sollen schulinterne Diskussionen über die Qualität der pädagogischen Arbeit stimulieren und konstruktive jedoch auch kritische Selbstreflexion fördern. Allerdings wird schulinterne Selbstevaluation kaum als »Allheilmittel« verstanden. Vielmehr wird gefordert, Selbstevaluation mit externen Formen der Rechenschaftslegung zu verbinden. So ist beispielsweise in Materialien des Niedersächsischen Kultusministeriums zu lesen: »Ziel ist es, in allen niedersächsischen Schulen eine Evaluationskultur zu etablieren. Diese umfasst im Kern die regelmäßige Bewertung der Unterrichts- und Erziehungsarbeit und ihrer Ergebnisse. Längerfristig angestrebt wird ein systematisches Qualitätsmanagement, das interne und externe Evaluation verbindet und der qualitativen Weiterentwicklung von Schule und Unterricht, zugleich aber auch der Rechenschaftslegung dient.« (Niedersächsisches Kultusministerium 2003, S. 4)

Die Perspektive der Einzelschule als »Motor der Entwicklung« (Dalin/Rolff 1990) oder »Gestaltungseinheit« (Fend 1986) soll also durch Maßnahmen auf Systemebene ergänzt werden. Quasi als Gegenstück zu den Entscheidungsspielräumen auf organisationaler Ebene werden Schulen zu regelmäßiger Rechenschaftslegung verpflichtet. Externe Monitoring-Maßnahmen können dabei sowohl die Prozessqualität als auch die Output-Qualität der Einzelschule in den Mittelpunkt stellen.

3 Qualität durch Transparenz und Rechenschaft – externe Schulinspektionen

Weltweit arbeiten Länder mit unterschiedlichen Modellen der externen Qualitätssicherung im Schulbereich, wobei die Methode der Schulinspektion ein zentrales Instrument ist. Dabei wird der eindeutig auf Rechenschaftslegung ausgerichtete Anspruch der Inspektion fast durchgehend mit dem Anspruch der Schulentwicklung und der konkreten Verbesserung der pädagogischen Arbeit vor Ort betrachtet. Schulinspektion soll demnach sicherstellen, dass schulinterne Qualitätsmaßnahmen wie Selbstevaluation nicht zu oberflächlichen Fassadenevaluationen oder unangemessenen Selbsteinschätzungen führen. In diesem Sinne hat die externe Inspektion gegenüber der schulischen Selbstevaluation eine *validierende Funktion*.

Andererseits soll die Inspektion Schulen nicht »gängeln«. Hintergrund der Bemühungen um Selbstevaluation und dezentrale Organisationsentwicklung in Schulen ist schließlich die Einsicht in die tatsächliche Begrenztheit der Möglichkeiten bürokratischer Steuerung pädagogischer Qualität. Aus diesem Blickwinkel erscheint es problematisch, Entscheidungsspielräume »vor Ort« durch hierarchische Kontrolle »von oben« einzuengen. Innerhalb der international zu beobachtenden Tendenz hin zu einer größeren Gestaltungsfreiheit von Schulen (»Selbstständigkeit«, Teilautonomie« etc.) ist zu beobachten, dass schulische Selbstständigkeit immer im Zusammenhang mit Fragen der Rechenschaft und Kontrolle auf Systemebene diskutiert wird. Dabei gilt es eine sinnvolle Balance zwischen Autonomie und Kontrolle zu entwickeln (vgl. Scheerens/Glas & Thomas 2003, S. 321f.).

Schulinspektion und externe Evaluation werden im Zusammenhang einer Veränderung schulischer Aufsicht als zukunftsweisende Modelle gesehen. Einige Bundesländer planen Schulinspektionen flächendeckend einzuführen und orientieren sich dabei in der Regel an ausländischen Erfahrungen, zum Beispiel der Arbeit der niederländischen »Inspectie van het Onderwijs«. Erste Erprobungen des niederländischen Konzepts fanden beispielsweise in Niedersachsen und NRW statt. Allerdings ist noch keine Einigkeit über den wirkungsvollsten Modus schulischer Inspektion zu erkennen. Mit Blick auf die Inspektionspraxis verschiedener Staaten lassen sich Inpektionsansätze anhand von vier Merkmalsbereichen unterscheiden und analysieren (vgl. Scheerens/Glas & Thomas 2003, S. 322). Jedes dieser Merkmale führt zu einer spezifischen Akzentuierung der Inspektion und dürfte das Gesamtkonzept schulischer Qualitätsentwicklung auf System- und Einzelschulebene entscheidend prägen (s. Abb. 2).

Abbildung 2: Gestaltungsmerkmale von Schulinspektion (vgl. Scheerens/Glas & Thomas 2003)

Fokus	■ Gegenstand (Personen, Institution, System) ■ Domäne (einzelne Fächer, Fachgruppen, fächerübergreifend) ■ Thema (z. B. allgemein oder spezifisch, z. B. bezogen auf Chancengleichheit oder Mädchenförderung)
Aussagekraft / Ergebnis	■ formativ / summativ ■ Qualitätskriterien ■ Standardisierte Methoden der Datensammlung; Validität und Reliabilität der Indikatoren ■ Analysemethoden ■ »Nachlauf« der Inspektion (Stellungnahmen zum ■ Bericht, Maßnahmenplan, »Follow-up-Inspektion« etc.)
Länge / Intensität	■ Größe des Inspektionsteams ■ Zeit »vor Ort« in der Schule ■ Inspektionsintervall ■ Differenzierte Intensität je nach Abschneiden einer Schule in vorherigen Inspektionen
Stellung innerhalb des Gesamtsystems	■ Zentrale oder lokale Zuständigkeiten ■ In Schulaufsicht eingegliedert oder unabhängig ■ Beratungsanlass oder Aufsicht

Einheitliche Entwicklungen lassen sich nach diesem Schema derzeit eigentlich nur im Bereich des Inspektionsfokus erkennen: In einem modernen Verständnis zielen Schulinspektionen nicht auf die Beurteilung oder die Kontrolle einzelner Personen (z. B. Schulleitung oder Lehrpersonen) ab, sondern dienen der Analyse von Bedingungen und der Bewertung von Arbeitsprozessen und Ergebnissen. Der Blick richtet sich nicht auf die einzelne Lehrkraft, sondern auf die Schule als Organisation. Sie sollen Impulse für die Qualitätsarbeit geben und dienen gleichzeitig der Rechenschaftslegung gegenüber der Schulöffentlichkeit und der Schulaufsicht. Der Inspektionsfokus liegt somit auf der *Schule als Institution*, ist *fächerübergreifend* und *allgemein* ausgerichtet. Als Qualitätskriterien werden in der Regel Indikatorensysteme genutzt (s.o.), wobei sich kein einheitliches Bild der einzusetzenden Methoden abzeichnet. Inwieweit die genutzten Indikatoren tatsächlich reliabel und valide operationalisiert werden und inwieweit interindividuelle Verzerrungen in der Bewertung systematisch kontrolliert werden, entscheidet maßgeblich über die Aussagekraft der Inspektionsergebnisse.

Was nach der Inspektion kommt, ist häufig noch unklar. Das über viele Jahre entwickelte und etablierte englische Inspektionssystems schreibt in diesem Zusammenhang sehr genaue Fristen vor, in denen Schulen auf den Bericht eines Inspektionsteams zu reagieren haben (vgl. OFSTED 2003). Ebenfalls geregelt ist, wie mit Schulen zu verfahren ist, denen die Inspektion mangelhafte Qualität bescheinigt. Ihnen werden »besondere Maßnahmen« auferlegt, aber auch zusätzliche Ressourcen durch die »Local Education Authority« (LEA) bereitgestellt:

»The inspectors may judge that the problems found are of such a severe nature that the school needs to be put into Special Measures immediately. (...) They require a detailed plan of action by the school with a timetable for when improvements will be realised. Again the LEA is required to state how it will support the school. The school will be monitored over the next two years and reinspected (...).« (OFSTED 2005)

Welche Folgen eine externe Inspektion im Falle von offenbar gewordenen Qualitätsmängeln hat, hängt von der Stellung der Inspektion innerhalb des Gesamtsystems ab. Mitglieder der traditionellen Schulaufsicht dürften von den Schulen eher als Aufsicht betrachtet werden, wohingegen unabhängige Kommissionen wohl eher in einer beratenden Rolle akzeptiert werden. Ein Modell, das nicht vom Anspruch der Aufsicht ausgeht als vielmehr einen ganzheitlichen Qualitätsanspruch verfolgt, ist das schweizerische Modell »Qualität durch Entwicklung und Evaluation (Q2E)« (vgl. Landwehr & Steiner 2003). Hierbei handelt es sich um ein umfassendes Qualitätsmodell, das eine kriteriengeleitete schulinterne Qualitätsarbeit mit externer Evaluation verbindet und Schulen zudem die Möglichkeit einer externen Zertifizierung eröffnet.

4 Total Quality Management (TQM) für die Schule?

Q2E ist der Versuch, *Total Quality Management* für das Handlungsfeld Schule in sinnvoller Art zu adaptieren. Unter dem Anspruch, die »charakteristischen Eigenheiten von Schule und Unterricht möglichst gut zu berücksichtigen« (ebd.), dient Q2E dem Aufbau eines ganzheitlichen Qualitätsmanagements. Entwickelt wurde der Ansatz unter dem Eindruck erster Erfahrungen mit der Zertifizierung einer schweizerischen Berufsschule gemäß ISO9000ff. Hier hatte sich gezeigt, dass die Qualitätsmanagementkonzepte der Industrie nur bedingt auf die Bedingungen der Schule übertragen werden können, da das Ziel schulischer Veränderungen immer mit dem Anliegen verbunden ist, eine »neue Lernkultur« institutionell zu verankern (vgl. Gonon 2003, S. 52).

Das Modell Q2E beruht auf praktischen Erfahrungen in verschiedenen schweizerischen Gymnasien und Berufsschulen. Die Grundidee des Ansatzes besteht darin, dass Schulen ein ganzheitliches internes Evaluations- und Feedbacksystem aufbauen. Dieses umfasst verschiedene Komponenten:
1. den Aufbau einer Feedback-Kultur mit direktem Individualfeedback für alle Lehrerinnen und Lehrer,
2. die Einführung systematischer, datengestützter Selbstevaluation auf Schulebene,
3. die Erarbeitung einer systematischen Qualitätsdokumentation (basierend auf einem Qualitätsleitbild oder einem Qualitätshandbuch) – und
4. die Durchführung einer externen Schulevaluation.

Das Konzept des ganzheitlichen Qualitätsmanagements nach Q2E schließt die Bereiche Kooperation, Schulführung, schulspezifische Erarbeitung und Umsetzung gemeinsamer pädagogischer und inhaltlicher Zielsetzungen ein.

Ausgangspunkt der Qualitätsentwicklung ist – wie schon bei der Schulprogrammarbeit – die innerschulische Verständigung auf vordringliche Qualitätsbereiche der schulspezifischen Entwicklung. Hierzu erstellt die Schule ein Qualitätsleitbild. Grundlage für das Leitbild ist das so genannte »Q2E-Basisinstrument«, eine Sammlung von Qualitätsmerkmalen einer guten Schule. Analog zum in Abbildung 1 dargestellten Prozess-Modell untergliedert in die Bereiche Input, Prozess und Output, enthält das »Basisinstrument« die systematische Darstellung von 15 Qualitätsdimensionen. Das gemeinsame Qualitätsleitbild soll von der Schule in einem breit abgestützten Verfahren innerhalb des Kollegiums erarbeitet werden, um – auch hier analog zur Schulprogrammarbeit – eine möglichst große Akzeptanz sicher zu stellen. Das Qualitätsleitbild stellt die normative Basis der Qualitätsarbeit in Form schulinterner Qualitätsansprüche dar.

Abbildung 3: Komponenten des Qualitätsmanagements nach Q2E (Quelle: Landwehr & Steiner 2003)

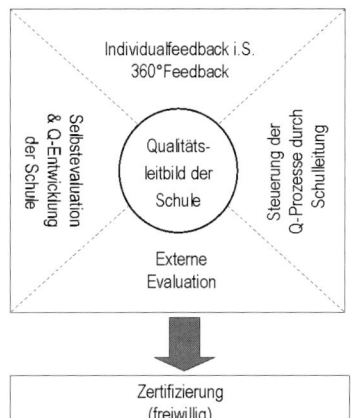

Die Einführung eines direkten und persönlichen Individualfeedbacks betrifft das Lehrerhandeln im Unterricht. Ein wirkungsvolles Qualitätsmanagement für den schulischen Bereich muss auch der Verbesserung und Weiterentwicklung der individuellen Unterrichtspraxis dienen, schließlich liegt das eigentliche »Kerngeschäft« von Lehrerinnen und Lehrern im Unterricht. Das persönliche Individualfeedback soll professionelles Lernen ermöglichen, blinde Flecken der Eigenwahrnehmung aufdecken und helfen, das eigene Handeln kritisch zu reflektieren. Hierzu werden Einschätzungen von Schülerinnen und Schülern aber auch Eltern und unabhängigen Beobachtern oder Kolleginnen und Kollegen erhoben.

In Ergänzung zum Individualfeedback als individuumsbezogene Komponente des Qualitätsmanagements dient die schulische Selbstevaluation dem institutionellen Lernen. Hier steht die Schule als Ganzes im Mittelpunkt und soll als Ganzes verbessert werden. Die schulische Selbstevaluation dient dazu, Soll-Ist-Diskrepanzen zu ermitteln und zu beseitigen und die organisationalen Rahmenbedingungen der pädagogischen Arbeit zu verbessern. Die Selbstevaluation kann darüber hinaus auch zur Rechenschaftslegung genutzt werden. Durch die Sammlung objektiver Daten zu wichtigen Qualitätsbereichen kann die Schule Außenstehenden einen glaubwürdigen Einblick in die Schulqualität ermöglichen. Entsprechend wichtig ist die sorgfältige Dokumentation des Evaluationsprozesses und seiner

Ergebnisse. Nicht zuletzt gilt für die Selbstevaluation (wie im Übrigen auch für alle Arten und Formen von Evaluation): Evaluation ist keine, wenn sie nicht dokumentiert wird (Reischmann 2003).

Da die Aktivitäten zur Qualitätsentwicklung auf Schul- bzw. Lehrkraftebene koordiniert und gelenkt werden müssen, fällt der Schulleitung die Aufgabe zu, das Gesamtkonzept der Qualitätsentwicklung zu steuern. Gemeinsam mit einer Projektsteuergruppe initiiert und organisiert sie den Aufbau und die Institutionalisierung der verschiedenen Q2E-Komponenten. Dabei lassen sich eine strategische und eine operative Führungskomponente unterscheiden: Zum einen geht es darum, Ziele und grundlegende Werte zu erarbeiten, an denen sich die Schule orientieren soll. Zum anderen geht es um die konzeptionelle Festlegung der Prozesse, die eine schrittweise Realisierung der Soll-Vorgaben ermöglichen, sowie die Verantwortung der Umsetzung.

Ein zentrales Element des Q2E-Konzepts ist die konsequente Verbindung schulinterner Qualitätsevaluation mit einem unabhängigen externen Urteil. Dabei geht es – wie bei der Inspektion – nicht um die Beurteilung von Einzelpersonen, sondern um die Schule als Institution und die schulische Kultur. Ausgehend von den bereits dargestellten Komponenten des Q2E-Modells konzentriert sich die externe Schulevaluation zunächst auf die Prozesse des schulinternen Qualitätsmanagements. Konzipiert als »Meta-Evaluation« werden von einem drei- bis vierköpfigen externen Team die Bereiche Individualfeedback, Selbstevaluation und Steuerung der Qualitätsprozesse mit Hilfe standardisier Bewertungstabellen eingeschätzt. Der Schwerpunkt der externen Evaluation liegt somit in der Bewertung der Praxis der schulinternen und selbstverantworteten Qualitätsentwicklung. Der Besonderheit des schulpädagogischen Kontextes geschuldet bleibt der Auftrag der externen Evaluationskommission allerdings nicht auf die Bewertung der internen Qualitätsarbeit beschränkt. Zusätzlich werden zwischen Schule und Evaluationsteam zwei Aspekte der Schul- und Unterrichtsqualität vereinbart, die im Rahmen einer sogenannten »Primärevaluation« bewertet werden. Für die Themen der »Primärevaluation« liefert das Q2E-Modell keine validierten Bewertungsinstrumente. Es gehört daher zu den Aufgaben der externen Evaluationskommission, spezifische Evaluationsinstrumente für die ausgewählten (unterrichtsnahen) Qualitätsbereiche zu erarbeiten. Die auf der Grundlage dieser »maßgeschneiderten Instrumente getroffenen Bewertungen haben in erster Linie Feedback-Funktion und sollen Impulse für die Schulentwicklung geben. Damit die externe Kommission auch im Bereich der spezifischen Primärevaluation zu systematischen Qualitätsaussagen gelangen kann, enthalten die Q2E-Materialien eine »Allgemeine Bewertungssystematik«, die, wenn sie inhaltsspezifisch ausformuliert wird, dazu dienen soll, normative Qualitätsaussagen nachvollziehbar und transparent zu verfassen. Die thematischen Bewertungsinstrumente zur Evaluation des schulinternen Qualitätsmanagements wurden für das Q2E-Modell ebenfalls auf der Grundlage dieser »Allgemeinen Bewertungstabelle« entwickelt, d. h. es handelt sich um einen praxiserprobten und praxistauglichen Vorschlag zur Entwicklung von maßgeschneiderten Evaluationsinstrumenten (vgl. Steiner & Landwehr 2003, S.19ff.).

4.1 Externe Zertifizierung des Qualitätsmanagments von Einzelschulen

Die systematische und in Teilbereichen standardisierte Anlage des Q2E-Modells basiert auf der Annahme, dass Qualität messbar ist und nachvollziehbar und transparent bewertet werden kann. Die Strukturierung der Qualitätsbewertung durch die einheitlichen Materialien sowie die Einbeziehung einer externen Evaluationsgruppe eröffnen die prinzipielle Möglichkeit einer Zertifizierung solcher Schulen, die bereits die Grundkomponenten von Q2E implementiert und hinreichende Qualitäten im Rahmen einer externen Evaluation bewiesen haben. Eine Schule, welche mit Hilfe der drei Komponenten des schulinternen Qualitätsmanagements (Individualfeedback, Selbstevaluation, Steuerung durch die Schulaufsicht) einen vorgegebenen Standard des Qualitätsmanagements erreicht hat, kann sich in der Schweiz bei einer akkreditierten Zertifizierungsstelle anmelden.

Was aber ist ein »den Vorgaben entsprechender Standard des Qualitätsmanagements«? Q2E unterscheidet generell vier Qualitätsstufen. Die thematischen, aber auch die allgemein formulierte Bewertungstabelle unterscheiden zwischen den Aspekten *Praxisorientierung*, *Wirksamkeit* und *institutionelle Einbindung*. Zu einzelnen Teilbereichen dieser Aspekte werden in aufsteigender Reihenfolge Stufen der Qualitätsentwicklung von 1 bis 4 formuliert. Stufe 1 ist erreicht, wenn sich lediglich eine wenig entwickelte, defizitäre Praxis beobachten lässt. Auf Stufe 2 werden grundlegende Anforderungen an eine funktionsfähige Praxis erfüllt. Stufe 3 bedeutet eine Praxis auf gutem Niveau und Stufe 4 umschreibt schließlich eine exzellente Praxis. Generell sind die Stufen so »normiert«, dass die Stufe 4 nur schwer zu erreichen ist. Unter »Normierung« ist an dieser Stelle allerdings nicht die »Eichung« im Rahmen einer empirisch fundierten Testkonstruktion zu verstehen, bei dem Test-Rohwerte in Beziehung zu Populationen gesetzt und somit interpretierbar werden. »Normiert« heißt an dieser Stelle tatsächlich, dass es sich um »normative« Urteile handelt, die anhand genau beschriebener Abstufungen »nachvollziehbar« werden und in den Schulen Anlässe für professionelle Kommunikation, Reflexion und Maßnahmen der Qualitätsentwicklung geben sollen.

Alle Themen der Evaluation, sowohl das Qualitätsmanagement als auch die Primärthemen, werden anhand dieser vierstufigen Einteilung bewertet. Bescheinigt die externe Evaluation einer Schule, dass sie mehrheitlich die vorgegebenen Standards der Stufe 3 erreicht hat, kann sich die Schule zertifizieren lassen. Auf Anfrage der Schule bestimmt die Zertifizierungsstelle dann zwei Auditoren, die auf der Grundlage einer Dokumentenanalyse (Selbstdeklaration, Qualitätshandbuch, Evaluationsbericht) und eines mehrstündigen »Hearings« die Entscheidung über Zertifizierung oder Nicht-Zertifizierung vorbereiten.

Ein Q2E-Zertifikat dient als unabhängiger und externer Nachweis darüber, dass eine Schule ein wirksames Qualitätsmanagement aufgebaut hat. Inwieweit die flächendeckende Zertifizierung von öffentlich finanzierten Schulen sinnvoll ist und ähnliche Wirkungen erzielt wie eine Zertifizierung nicht-öffentlich finanzierter Schulen, die ihr Bildungsangebot unter Marktbedingungen anbieten müssen, ist jedoch noch unbeantwortet.

5 Die Perspektive der Systemsteuerung: Outputsteuerung durch verbindliche Standards

Mit dem Aufkommen der großen national und international vergleichenden Leistungsstudien veränderte sich ab Mitte der 1990er-Jahre der Anspruch an schulische Evaluation langsam, aber kontinuierlich. Die »empirischen Wende« in der deutschen Bildungspolitik, die durch Untersuchungen wie TIMSS, die Untersuchung der Lernausgangslage in Hamburg (LAU) oder PISA angestoßen wurde, hat zu einer Neu-

Akzentuierung der Debatte um schulische Qualitätsentwicklung und Evaluation geführt: Es ist heute unstrittig, dass schulische Maßnahmen sich daran messen lassen müssen, welchen Ertrag sie bei Schülerinnen und Schülern erzielen. Zudem lässt sich eine Veränderung des »Steuerungsparadigmas« von der Input-Steuerung durch Vorgaben hin zu einer Output-Steuerung, d. h. der Messung von Erträgen und dem Vergleich mit erreichten Standards beobachten. Insgesamt ist in der Qualitätsdiskussion eine »Besinnung« auf die Qualität des Unterrichts als »Kerngeschäft« schulischer Bemühungen um optimale Förderung aller Schülerinnen und Schüler festzustellen.

Die Veränderungen des Qualitätsbewusstseins haben Folgen für die Konzipierung und Umsetzung schulischer Evaluation. Zum einen muss sich schulische Evaluation zunehmend auch mit dem Ertrag (»output«) schulischer Förderbemühungen auseinandersetzen. Zudem muss Evaluation als systematisches Verfahren wissenschaftlichen Standards genügen und mit erprobten Testverfahren operieren. Insgesamt lässt sich somit ein quantitativ, aber auch qualitativ veränderter Anspruch an die Evaluation schulischer Arbeit erkennen.

Eine Erkenntnis, die aus international vergleichenden Leistungsstudien abgeleitet wird, ist, dass Staaten, in denen eine systematische Rechenschaftslegung über die Ergebnisse erfolgt – sei es durch regelmäßige Schulleistungsstudien, sei es durch zentrale Prüfungen oder durch ein dichtes Netz von Schulevaluationen – insgesamt höhere Leistungen erreichen (Arbeitsgruppe Internationale Vergleichsstudie 2003). Beispiele hierfür geben einige skandinavische und angloamerikanische Staaten (vgl. Konferenz der Kultusminister der Länder 2004). In diesen Ländern spielen verbindliche Standards für die Rechenschaftslegung von Schulen eine zentrale Rolle. Wie schon im Zusammenhang mit der Schulinspektion ist es auch hier wichtig, eine Balance zwischen dem Gestaltungsspielraum der Einzelschule und staatlichen Vorgaben zu erreichen. Mit dem Instrument der Bildungsstandards soll das Problem der Steuerung auf eine für die deutschen Bildungssysteme neue Art und Weise gelöst werden: Nicht mehr durch detaillierte Richtlinien und Regelungen, sondern durch Vorgabe verbindlicher Ziele, deren Einhaltung tatsächlich überprüft wird, sorgt der Staat für Qualität.

Zu diesem Zweck hat die Kultusministerkonferenz im Dezember 2003 Bildungsstandards für den Mittleren Schulabschluss in den Fächern Deutsch, Mathematik und erste Fremdsprache (Englisch und Französisch) beschlossen. Standards für weitere Fächer (Physik,

Biologie, Chemie) sowie für den Hauptschulabschluss nach Klasse 9 (Deutsch, Mathematik und erste Fremdsprache) und für die Grundschule nach Klasse 4 (Deutsch, Mathematik) wurden im Jahr 2004 entwickelt.

Die Standards greifen allgemeine Bildungsziele auf und legen fest, welche Kompetenzen die Schülerinnen und Schüler bis zu einer bestimmten Jahrgangsstufe erworben haben sollen. Die Bildungsstandards beschreiben somit erwartete Lernergebnisse. Die Lernergebnisse werden dabei in Form von Kompetenzen beschrieben, über die Schülerinnen und Schüler bis zu einem bestimmten Zeitpunkt ihres Bildungsganges verfügen sollen. Um eine empirische Überprüfung der erreichten Standards zu ermöglichen, werden die Kompetenzen überprüfbar und fachbezogen formuliert. Sie sind abgrenzbar, d.h. es lässt sich mittels geeigneter Testverfahren bestimmen, ob eine Schülerin oder ein Schüler über eine bestimmte Kompetenz verfügt oder nicht. Hierzu müssen die Kompetenzen möglichst so konkret beschrieben werden, dass sie sich in Aufgaben umsetzen und mit Hilfe von Testverfahren erfassen lassen. Hierbei wird nicht beansprucht, dass die formulierten Standards das gesamte Spektrum von Bildung und Erziehung abdecken (ebd.).

Bislang hat die Kultusministerkonferenz unter eher pragmatischem Anspruch Regelstandards vereinbart. Mit diesen wurde zunächst ein mittleres Anforderungsniveau definiert, das auf der Basis von Einschätzungen der Praktiker aus Schule und Unterricht, also praktischer Erfahrung beruht. Alternativ wäre die Setzung von notwendigen Mindeststandards sinnvoll, die aber voraussetzen, dass die Schwierigkeit von Aufgaben empirisch überprüft wurde, dass Niveaustufen präzisiert und insgesamt die Standards und Aufgabenbeispiele bereits validiert wurden (vgl. Klieme al. 2003). Die derzeitigen Regelstandards zu realistischen Mindeststandards weiterzuentwickeln könnte durch die Arbeit des »Instituts zur Qualitätsentwicklung im Bildungswesen – Wissenschaftliche Einrichtung der Länder an der Humboldt-Universität zu Berlin« (IQB) gelingen. Das IQB ist eine zentrale und zum ersten Mal in der Geschichte der Kultusministerkonferenz bundesweit tätige und von den Ländern gemeinsam getragene wissenschaftliche Einrichtung, welche die Einhaltung und Weiterentwicklung der Standards sowohl landesweit als auch länderübergreifend überprüfen soll.

Im Rahmen der Qualitätsentwicklung im Bildungswesen haben die Standards die Funktion, Schulen Rückmeldung zu den realisierten Unterrichtsergebnissen zu liefern. Wenn Schulen Qualitäts- und Unterrichtsentwicklung betreiben sollen, so bedeutet dies, dass sie sich regelmäßig des Erfolgs ihrer Arbeit vergewissern (interne Evaluation) und sich zusätzlich einer externen Bewertung ihres »Outputs« stellen. Die zentralen Bildungsstandards liefern hierfür die notwendigen Vergleichsmaßstäbe. Sie beschreiben erwartete Leistungen und sind somit ein Maßstab, an dem die tatsächlichen Leistungen von Schülerinnen und Schülern gemessen werden können.

Den Akteuren des Schulalltags nützen die Bildungsstandards in unterschiedlicher Art und Weise: Lehrerinnen und Lehrer erhalten eine Orientierung für die Analyse, Planung und Überprüfung ihrer Unterrichtsarbeit, Schülerinnen und Schülern erhalten Orientierung und Transparenz hinsichtlich der Leistungserwartungen in den Fächern und der Schulaufsicht wird ein Instrument zur Überprüfung des Schulsystems und möglicherweise auch für die Beratung der Schulen zur Verfügung gestellt. Dabei ist die innerschulische Verarbeitung extern administrierter Tests bzw. deren Rückmeldung ein bislang weitgehend unerforschtes Gebiet. Über die tatsächlichen Wirkungen externer Leistungsfeststellungen auf die Qualitätsprozesse der Einzelschulen liegen bislang allenfalls empirische Ergebnisse aus der angloamerikanischen Forschung vor, die allerdings bereits Hinweise auf einen konstruktiven und wirkungsvollen Umgang mit Testergebnissen zulassen (vgl. Bonsen/von der Gathen 2004). Insgesamt wird mit der Einführung von Bildungsstandards die Hoffnung verbunden, zukünftig den Erfolg pädagogischer Arbeit dokumentieren und bewerten zu können. Anhand von Bildungsstandards lassen sich Indikatoren und Tests entwickeln, die ein langfristiges und ganzheitliches Qualitätsmanagement unterstützen.

6 Schulische Qualitätsarbeit benötigt ein Gesamtkonzept

Die hier skizzierten Strategien zur schulischen Qualitätsentwicklung lassen deutlich unterschiedliche Akzente erkennen. Prinzipiell lassen sich Wege der Qualitätsentwicklung, die schulintern verantwortet, geplant und durchgeführt werden (Qualitätsentwicklung), von solchen abgrenzen, die extern administriert werden (Qualitätssicherung). Beide grundsätzlichen Linien der Steuerung werden in ihrer reinen Form kaum hinreichende Lösungen zur wirkungsvollen Steigerung der Qualität im Bildungswesen darstellen. Rolff (2004,

S. 117) verweist darauf, dass die beiden Linien nicht unvereinbar sind. Seiner Ansicht nach liegt in der Verbindung von Bottom-up- und Top-down-Ansätzen ein viel versprechender Weg zu einem wirkungsvollen integrierten Qualitätsmanagement. Zielführend erscheint daher die systematische Verbindung von interner Qualitätsentwicklung und externer Qualitätssicherung. Das in Abbildung 4 beschriebene Modell eines Qualitätskreislaufes aus interner und externer Evaluation unter Einbeziehung von Standards und Leistungstests verbindet beide Strategien.

Abbildung 4: Kreislauf der Qualitätsentwicklung (Modifiziertes Modell nach Bos/Postlethwaite 2000)

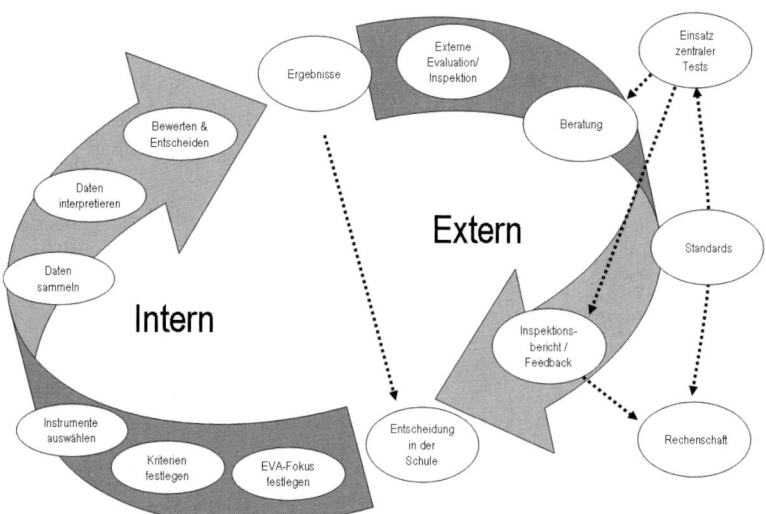

Die Frage nach dem günstigsten Einstieg in dieses komplexe Gefüge aus interner Evaluation und externem Feedback ist dabei empirisch kaum zu begründen. So ist derzeit nichts darüber bekannt, ob ein optimaler Evaluationsprozess mit der Entscheidung der Schule zur Evaluation oder besser mit dem Einsatz von Tests und externer Evaluation initiiert werden kann (vgl. Bos/Postlethwaite 2002, S. 255). Unabhängig von der empirischen Erforschung dieser Frage werden in der Bildungspolitik der Länder längst Maßnahmen zur Qualitätsentwicklung umgesetzt oder zumindest geplant (vgl. Abb. 5).

Abbildung 5: Maßnahmen zur Qualitätsentwicklung nach Bundesländern (E=eingeführt, P=geplant; vgl. Avenarius et el. 2003, S. 263)

Bundesland	Erstellung von Schulprogrammen	Intensivierung der externen Evaluation	Erarbeitung von Standards in den Kernfächern	Qualitätsmanagement an Schulen
BW	E	E	E	E (freiwillig) P (flächendeckend)
BY	E	E	E (in einigen Schulformen)	E
BE	E (Schulversuch) P (flächendeckend)	P	E, P	E (Berufsschulen) P (allgemein bildende Schulen)
BB	E	E	E	(QM wird als Ziel der Schulprogrammarbeit definiert)
HB	E, P (Verpflichtung mit Termin)	P	E	E (teilweise) P (Ausweitung)
HH	E	P	E	(QM wird als Ziel der Schulprogrammarbeit definiert)
HE	E	E	P	E
MV	E	E	-	E, P
NI	E (freiwillig)	E (Erprobung), P	P	E (in Erprobung) P
NW	E, P (Ausweitung geplant)	P	P	E, P (Ausweitung)
RP	E	P (Durchführung des Projekts MARKUS, weitere Untersuchungen vorgesehen)	P (Übernahme der bundeseinheitlichen Standards)	E
SL	E (Empfehlung an die Schulen) P	E, P	P (Übernahme der bundeseinheitlichen Standards)	P
SN	E	P	P	P
ST	E	P	E	P
SH	E	P	P	P (Evaluation der Schulprogrammarbeit & Externe schulische Evaluation im Team)
TH	E	E	E	E

Auch hier zeigt sich, dass keinesfalls einer isolierten Strategie vertraut wird, sondern schulische Qualitätsarbeit durch unterschiedliche Maßnahmen verbessert werden soll. So haben mittlerweile alle Bundesländer die Schulprogrammarbeit eingeführt und die Erarbeitung von Standards in den Kernfächern vorangetrieben. Auch die Intensivierung von externer Evaluation ist in allen Ländern entweder bereits umgesetzt oder zumindest geplant. Ebenso lässt sich eine deutliche Forcierung des schulischen Qualitätsmanagements in nahezu allen Ländern erkennen, wobei dieser Bereich bislang am wenigsten einheitlich geregelt zu sein scheint. In den Ländern zeichnen sich Gesamtkonzepte für Qualitätsmanagement ab. Dabei werden die in diesem Beitrag skizzierten Komponenten der Steuerung des Qualitätsmanagements unterschiedlich gewichtet. So wird beispielsweise die externe Evaluation – zuweilen orientiert am Vorbild der Niederlanden – verstärkt, systematisiert und ausgebaut, interne Evaluation jedoch nicht gleichrangig gefördert. Dort, wo beide Formen der Evaluation in einem Konzept zusammengefasst werden, mangelt es hingegen an einer Abstimmung mit den Bildungsstandards bzw. Schulleistungstests (vgl. Rolff 2004, S. 119).

Wirkungsvolle Qualitätsentwicklung an Schulen entsteht offenbar in einem Spannungsfeld von Dezentralisierung und externer Aufsicht. Neben dem Aufbau von externen Qualitätsagenturen benötigen Schulen für die Qualitätsarbeit einen Orientierungs- und Referenzrahmen sowie praktikable Modelle der Qualitätsentwicklung. Nicht zuletzt entsteht mit der Forderung nach Qualitätsmanagement *in* Schulen ein erheblicher Qualifikationsbedarf. Erst mit der Entwicklung von Evaluationskompetenzen im Kollegium erhalten Schulen das notwendige »Handwerkszeug«, um interne Schulevaluation tatsächlich systematisch, aussagekräftig und somit für die Qualitätsarbeit relevant durchzuführen. Dies erfordert ein gut entwickeltes Unterstützungssystem, wie es beispielhaft in den Niederlanden beobachtet werden kann.

7 Literatur

Altrichter, H./Messner, E./Posch, P. (2004): Schulen evaluieren sich selbst. Seelze: Kallmeyer

Arbeitsgruppe Internationale Vergleichsstudie (2003): Vertiefender Vergleich der Schulsysteme ausgewählter PISA-Staaten. Kanada, England, Finnland,

Frankreich, Niederlande, Schweden (Bildungsreformen, Bd. 2). Bonn: BMBF
Avenarius, H. Ditton, H./Döbert, H./Klemm, K. et al. (Hrsg.) (2003): Bildungsbericht für Deutschland. Opladen: Leske & Budrich
Bonsen, M./von der Gathen, J. (2004): Schulentwicklung und Testdaten. In: Holtappels, H.-G./Klemm, K./Pfeiffer, H./Rolff, H.-G./Schulz-Zander, R. (Hrsg.): Jahrbuch der Schulentwicklung Band 13. Weinheim, München: Juventa. S. 225–252
Bos, W./Postlethwaite, T.N. (2000): Möglichkeiten, Grenzen und Perspektiven internationaler Schulleistungsforschung. In: Rolff, H.-G./Bos, W./Klemm, K./Pfeiffer, H./Schulz-Zander, R. (Hrsg.): Jahrbuch der Schulentwicklung Band 11. Weinheim, München: Juventa. S. 365–386
Burkard, C./Eikenbusch, G. (2000): Praxishandbuch Evaluation in der Schule. Berlin: Cornelsen
Dalin, P./Rolff, H.-G. (1990): Institutionelles Schulentwicklungsprogramm. Soest
Deutsche Gesellschaft für Evaluation (2002): Standards für Evaluation. Köln
Ditton, H. (2002): Evaluation und Qualitätssicherung. In: Tippelt, R. (Hrsg.): Handbuch Bildungsforschung. Opladen: Leske & Budrich. S. 775–790
Fend, H. (1986): ›Gute Schulen – schlechte Schulen‹. Die einzelne Schule als pädagogische Handlungseinheit. In: Deutsche Schule, 78 (3). S. 275–293
Gonon, P. (2003): Q2E auf dem Prüfstand. In: Steiner, P./Landwehr, N. (Hrsg.): Das Q2E-Modell – Schritte zur Schulqualität. Bern: H.E.P. Verlag. S. 52–59
Hanft, A. (2002): Evaluation und Organisationsentwicklung. Eröffnungsvortrag zur 6. Jahrestagung der Deutschen Gesellschaft für Evaluation e.V. (DeGEval) »Evaluation und Organisationsentwicklung« 08.–10. Oktober 2003 in Hamburg
Kempfert, G./Rolff, H.-G. (2005): Qualität und Evaluation. Ein Leitfaden für pädagogisches Qualitätsmanagement. Weinheim, Basel: Beltz
Klieme, Eckhard/Avenarius, Hermann/Blum, Werner; et.al. (2003): Expertise zur Entwicklung nationaler Bildungsstandards. Bonn: Bundesministerium für Bildung und Forschung
Konferenz der Kultusminister der Länder (2004): Bildungsstandards der Kultusministerkonferenz. Argumentationspapier des Sekretariats der Ständigen Konferenz der Kultusminister der Länder in der Bundesrepublik Deutschland, Bonn. Dezember 2004
Ministerium für Schule, Jugend und Kinder des Landes Nordrhein-Westfalen (2003): Schulprogrammarbeit und interne Evaluation – Vorgaben für die

Jahre 2003 und 2004. RdErl. v. 29.4.2003 – 521.1.07.03.06 – 3156, Amtsblatt 55. Jg. Nr. 5

Niedersächsisches Kultusministerium (2003): Orientierungsrahmen Schulqualität in Niedersachsen. Qualitätsbereiche und Qualitätsmerkmale guter Schulen. Hannover, Hildesheim. (http://www.nli.de)

OFSTED (2003): Inspecting schools – Framework for inspecting schools. London: Ofsted Publications Centre

OFSTED (2005): How we inspect state schools. Onlinedokument: http://www.ofsted.gov.uk/howwework/index.cfm?fuseaction=howwework.inspectionsHome

Reischmann, J. (2003): Weiterbildungsevaluation – Lernerfolge messbar machen. Neuwied, Kriftel: Luchterhand

Rolff, H.-G. (2004): Zwei Linien der Steuerung der Qualität von Schulen?. In: Holtappels, H.-G./Klemm, K./Pfeiffer, H./Rolff, H.-G./Schulz-Zander, R. (Hrsg.): Jahrbuch der Schulentwicklung Band 13. Weinheim, München: Juventa. S. 97–123

Scheerens, J./Glass, /Thomas, (2003): Educational Evaluation, Assessment, and Monitoring. Lisse: Swets & Zeitlinger

Senge, P./Cambron-McCabe, N./Lucas, T./Smith, B./Dutton, J./Kleiner, A. (2000): Schools That Learn. London: Nicholas Brealey Publishing

Steiner, P./Landwehr, N. (2003): Das Q2E-Modell – Schritte zur Schulqualität. Bern: H.E.P. Verlag

Stufflebeam, D.L. (1972): Evaluation als Entscheidungshilfe. In. Wulf, C. (Hrsg.): Evaluation – Beschreibung und Bewertung von Unterricht, Curricula und Schulversuchen. München: Piper. S. 113–145

Qualitätsverfahren in der Praxis

Die Qualitätsmanagement-Politik der Bundesarbeitsgemeinschaft der Freien Wohlfahrtspflege
Nachhaltige Qualitätsentwicklung auf der Basis von QM-Systemen
Brigitte Döcker

1	Das Profil der BAGFW	164
2	Die Qualitätspolitik der BAGFW – Einigung auf eine gemeinsame Strategie	166
3	Zentrale Eckpunkte der QM-Strategie für das Arbeitsfeld »Tageseinrichtungen für Kinder«	171

1 Das Profil der BAGFW

In der Bundesarbeitsgemeinschaft der Freien Wohlfahrtspflege (BAGFW) kooperieren die sechs Spitzenverbände der Freien Wohlfahrtspflege:
- die Arbeiterwohlfahrt
- der Deutsche Caritasverband
- das Deutsche Rote Kreuz
- das Diakonische Werk der EKD
- der Deutsche Paritätische Wohlfahrtsverband – und
- die Zentralwohlfahrtsstelle der Juden in Deutschland.

Die 1923 in Berlin gegründete »Deutsche Liga der Freien Wohlfahrtsverbände« ist der Vorläufer der BAGFW. Nach dem Zweiten Weltkrieg nahmen die Verbände der Freien Wohlfahrtspflege ihre Kooperation unter dem neuen Namen »Bundesarbeitsgemeinschaft der Freien Wohlfahrtspflege« wieder auf.

1.1 Leitidee

Die BAGFW orientiert sich an folgender Leitidee:
»Alle Wohlfahrtsverbände verbindet das Engagement für Menschen, die der Hilfe bedürfen. Sie gehen vom selbstverantwortlichen Menschen aus, dessen Menschenwürde das höchste Gut ist – unabhängig von seiner Herkunft, seiner Religion oder seiner sozialen Situation.« (Die Freie Wohlfahrtspflege – Von Menschen für Menschen, S. 7)
»Durch gemeinschaftliche Initiativen und sozialpolitische Aktivitäten sichern sie (die Verbände der Freien Wohlfahrtspflege, die Verf.) soziale Arbeit und entwickeln sie weiter. Damit übernehmen sie Verantwortung für die Gesellschaft und den sozialen Frieden in Deutschland und Europa.« (ebd.)

1.2 Aufgaben

Aufgaben der Bundesarbeitsgemeinschaft der Freien Wohlfahrtspflege sind:

- Beratung und Abstimmung zu allen Fragen der Freien Wohlfahrtspflege, insbesondere bei neu auftretenden Aspekten auf dem Gebiet der Sozial- und Jugendhilfe und vor dem Hintergrund der europäischen Entwicklung
- Mitwirkung an der Gesetzgebung und Kontaktpflege zu relevanten politischen Gremien und Entscheidungsträgern
- Zusammenarbeit in zentralen Angelegenheiten mit Bund, Ländern und Kommunen und weiteren Organen der öffentlichen Selbstverwaltung
- Mitwirkung in Fachorganisationen und Initiativen, soweit Aufgabenfelder der Freien Wohlfahrtspflege betroffen sind
- Austausch mit den Landesarbeitsgemeinschaften der Freien Wohlfahrtspflege
- Pflege und Stärkung der sozialen Verantwortung in der Bevölkerung
- Wahrung der Stellung der Freien Wohlfahrtspflege in der Öffentlichkeit.

Die Arbeit der BAGFW wird gesteuert von dem Vorstand, der sich zusammensetzt aus den Präsidenten und Hauptgeschäftsführern der Spitzenverbände der Freien Wohlfahrtspflege. Die politische Federführung und die damit verbundene Leitungsfunktion in den Gremien werden im turnusmäßigen Wechsel (2 Kalenderjahre) von einem Spitzenverband übernommen. Die gesamte inhaltliche Arbeit läuft als projektbezogene Facharbeit in Projektgruppen, die zusammengesetzt sind aus von den Spitzenverbänden benannten Fachleuten. Sie werden vom BAGFW-Vorstand berufen und erstatten laufend Bericht über die Projektarbeit und lösen sich nach Aufgabenerledigung wieder auf. Die operative Ebene bildet die Geschäftsstelle der BAGFW in Berlin mit der Geschäftsführung, der Koordination der projektbezogenen Facharbeit, dem Presse- und Öffentlichkeitsreferat, dem Referat Finanzen und dem Projekt Qualitätsmanagement.

Abbildung 1: Organigramm der BAGFW

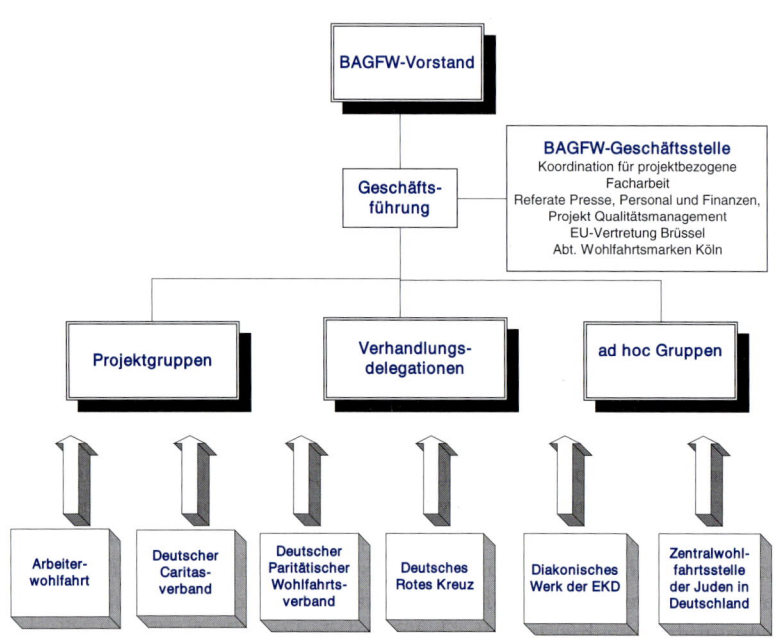

2 Die Qualitätspolitik der BAGFW – Einigung auf eine gemeinsame Strategie

Alle Einzelverbände der BAGFW haben – unabhängig voneinander – schon seit einigen Jahren die Notwendigkeit einer systematischen Qualitätsentwicklung erkannt und einen ähnlichen Weg beschritten, auf dem die Grundlagen des systematischen Qualitätsmanagements (QM) die Richtung anzeigen. Die Entwicklung einer gemeinsamen Strategie war demnach ein logischer Folgeschritt, um gemeinsam auf nationaler Ebene noch wirkungsvoller an der Qualitätsentwicklung in allen Fachbereichen zu arbeiten. Aber auch die europäischen Perspektiven haben die Entwicklung einer gemeinsamen Strategie und die damit verbundene Entscheidung für europäisch anerkannte QM-Modelle forciert.

2.1 Eckpunkte der QM-Strategie der Freien Wohlfahrtspflege

- Integrierte Qualitätsmanagementsysteme
- Qualitätsmanagement als Instrument zur Unternehmens- und Verbandssteuerung
- Umfassendes Qualitätsmanagement (TQM) nach europäisch anerkannten Verfahren
- Förderung von Qualitätsentwicklung, Herstellung von Qualitätssicherheit und Überprüfbarkeit, Kommunikation und Umsetzung von Leitbildern
- Formulierung und Operationalisierung von fachbereichsübergreifenden Qualitätsanforderungen
- Aufbau eines Kommunikations- und Informationssystems
- Anwendung und Umsetzung eines integrierten Prüfansatzes

Die Qualitätsmanagement-Strategie der BAGFW zielt auf die Gewährleistung der gesetzlichen und vertraglichen Anforderungen, auf die Sicherstellung der Fachlichkeit auf der Basis der aktuellen fachwissenschaftlichen Erkenntnisse und die Sicherung der Werteorientierung als dritter Säule von Qualität. Die Maßgabe dabei ist eine wirkungsvolle und nachhaltige Qualitätsentwicklung in der sozialen Arbeit zum Nutzen von Verbrauchern, zu ihrer Sicherheit und letztendlich Zufriedenheit. (Wesentlicher Baustein der Qualitätspolitik der BAGFW sind die Leitbilder der Verbände, die die Basis der werteorientierten Arbeit bilden.)

Die Übereinstimmung der Verbände führte zu einer gemeinsamen Qualitätsstrategie der BAGFW.

Die BAGFW geht von der Grundannahme aus, dass Qualitätsmanagement aus der Organisation heraus entwickelt werden muss und ein System aufgebaut und implementiert wird, dessen ständige Verbesserung immanenter Bestandteil ist. Ziel ist die Umsetzung eines Qualitätsregelkreises auf der gesamten Unternehmensebene, in den definierte qualitätsrelevante Daten aus den täglichen Arbeitsprozessen kontinuierlich einfließen und zur Aus- und Bewertung mit in das Unternehmenscontrolling eingespeist werden.

Abbildung 2: Qualitätsregelkreis

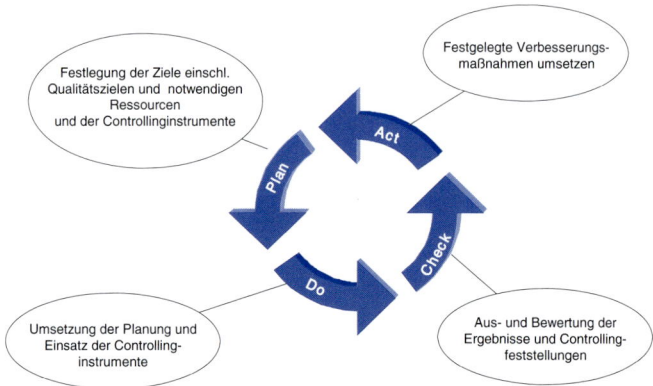

Die klassischen Managementprozesse in den Bereichen Finanzen und Personal werden damit erweitert um die Dimension der Qualität als einer notwendigerweise zu steuernden Unternehmensgröße.

Anerkannte fachwissenschaftliche Erkenntnisse, bewährte Praxismodelle der Fachebene und Einrichtungen und die verbandsspezifischen Anforderungen werden systematisch eingearbeitet, so dass diese Systematik laufend den Regelkreis des Gesamtunternehmens mit Qualitätsdaten der Praxis speist.

Mit zwei Grundsatzpapieren hat der Vorstand der BAGFW im März 2003 die Qualitätsmanagementstrategie verabschiedet. Damit haben sich die Spitzenverbände der Freien Wohlfahrtspflege zur Einhaltung der Qualitätsanforderungen verpflichtet. Diese sind bewusst fachunabhängig formuliert, da sie für alle Fachbereiche gelten[1]:

- Leitbildorientierung
  Leitbilder stellen einen wertebezogenen Orientierungsrahmen dar, der in konkretes Alltagshandeln zu überführen ist.
- Orientierung am persönlichen Nutzen
  Patienten, Klienten, Nutzer und ratsuchende Menschen auch als Kunden zu betrachten heißt, dem Ratsuchenden Souveränität, Selbstbestimmung und Kreativität in seinem Tun und Lassen

---

[1] Die im Folgenden dargestellten Qualitätsanforderungen der BAGFW sind dem Grundsatzbeschluss »Grundanliegen der Wohlfahrtsverbände zur Erreichung ihrer spezifischen Dienstleistungsqualität« des BAGFW Vorstandes vom 18.03.03 entnommen.

zuzuschreiben und zuzuerkennen. Diese Orientierung ist eine Abkehr von einem institutionsorientierten Denken hin zu einem personenorientierten und bedarfsgerechten Handeln in der sozialen Arbeit. Entsprechend bieten soziale Organisationen kompetente, situationsgerechte und umfassende Dienstleistungen an, um Menschen zu befähigen, Entscheidungen in ihrem Interesse selbst zu treffen.

- Gemeinwesen- und Bürgerorientierung
In Deutschland setzen sich engagierte Personen, Gruppen, Initiativen und Verbände für die Gestaltung einer sozialen Gesellschaft ein. Die Freien Wohlfahrtsverbände verstehen sich als Teil und Motor dieser Bewegung. Sie sehen das freiwillige Engagement als unverzichtbaren Beitrag für das Funktionieren eines sozialen Gemeinwesens an. Mit ihren Organisationsformen unterstützen und fördern sie diese gesellschaftlichen Selbsthilfekräfte.

- Mitarbeiterorientierung
Die Mitarbeiterinnen und Mitarbeiter auf allen Hierarchieebenen verwirklichen die wertegebundenen und qualitätspolitischen Ziele der Organisation. Vom Engagement, der fachlichen Kompetenz, Motivation und Zufriedenheit der Mitarbeiterinnen und Mitarbeiter hängt wesentlich die Qualität der Dienstleistungen ab. Ziel einer mitarbeiterorientierten Führung ist es daher, diese Faktoren systematisch zu erkennen und zu fördern – insbesondere durch Personalentwicklung, Aus-, Fort- und Weiterbildung.

- Dienstleistungsorientierung
Die Leistungen der Verbände zielen auf eine Verbesserung der Lebenslage des Einzelnen sowie auch auf die Verbesserung von Partizipationschancen in der Gesellschaft ab. Die im Einzelfall eingesetzten individuellen Leistungen und angewandten Methoden werden mit Blick auf die angezielten Ergebnisse immer wieder neu auf ihre Wirksamkeit und Möglichkeiten der Weiterentwicklung überprüft. Zur Qualität der Dienstleistungen gehören auch die Organisation ehrenamtlicher Arbeit und die Arbeit von Selbsthilfegruppen.

- Ziel- und Wirkungsorientierung
Wirkungsorientierung stellt die Frage in den Vordergrund, was mit Maßnahmen der sozialen Arbeit bewirkt wird. Sie zwingt dazu, klare Ziele zu definieren und Erfolgskriterien zu beschreiben. Wirkungen sozialer Arbeit sind an und von den Adressaten

beobachtbare Effekte, zu deren Zustandekommen Maßnahmen der sozialen Arbeit in nennenswertem Maße beigetragen haben.

- **Vertragspartnerschaft**
Von der Art und Weise der Beziehungsgestaltung gegenüber Leistungsträgern und anderen Interessenspartnern hängt wesentlich ab, ob und wie die notwendigen Bedingungen für qualifizierte soziale Dienstleistungserbringung geschaffen werden können. Ohne Transparenz hinsichtlich der Leistungen, Qualitäten und Vergütungen lässt sich hinreichende Verbindlichkeit zur Sicherung notwendiger Rahmenbedingungen nicht herstellen. Diese ist jedoch Voraussetzung für eine an dem Bedarf der Kunden/Nutzer ausgerichtete Planung und Steuerung des Mittel- und Ressourceneinsatzes – und zwar sowohl aus Sicht des Leistungserbringers wie auch aus Sicht des Leistungsträgers.

- **Ressourcenorientierung**
Dem Anspruch nachhaltigen Handelns in der sozialen Arbeit entspricht ein bewusstes und verantwortbares Umgehen mit finanziellen sowie ökologischen Ressourcen.

- **Management der Qualität**
Das Management der Qualität setzt zwingend die regelmäßige Überprüfung der Anforderungen der Nutzer und Interessenpartner und der Qualitätssteuerung der erbrachten Dienstleistungen anhand definierter Kriterien/Standards voraus. Die Ergebnisse dieser Überprüfungen müssen – sofern erforderlich – zu systematischen Maßnahmen zur Verbesserung der Qualität der Dienstleistungen und des Managements der Qualität führen. Das Vorgehen zum Management der Qualität muss nachvollziehbar und extern überprüfbar sein.

In einem nächsten Schritt werden diese Qualitätsanforderungen für die praktische Umsetzung und Überprüfbarkeit operationalisiert. Dieser Ansatz des integrierten Managementsystems gewährleistet neben der Einbindung der gesetzlichen und fachlichen Grundlagen auch die Verwirklichung von wertebezogenen Qualitätskriterien.

Eine weitere Selbstverpflichtung ist die BAGFW mit dem Vorstandsbeschluss zur Überprüfung und Darlegung von QM-Systemen eingegangen und hat auf hohem Standard Kriterien festgelegt, die für die Überprüfung von QM-Systemen gelten. Dabei wird von einem ineinander greifenden System von Selbstüberprüfungen durch Mitarbeiter der Organisation sowie externen Überprüfungen durch unabhängige Dritte ausgegangen. Zu erfüllende Kriterien für die Darlegung und Überprüfung von QM-Systemen sind[2]:

- Integrierter Prüfansatz
  Erfassung der Dimensionen Werteorientierung, fachliche Orientierung und Managementfähigkeiten bei der Überprüfung.
- Kompetenz der Prüfer
  Ausgewiesene Erfahrung im zu prüfenden Fachbereich sowie Qualifikation als Auditor bzw. EFQM-Assessor sowie die Verpflichtung zur ständigen Fort- und Weiterbildung.
- Unabhängigkeit der Prüfer
  Die Prüfer sind unabhängig von der zu prüfenden Einrichtung und dessen Träger.
- Aussagefähiges Prüfverfahren
  Das Prüfverfahren muss transparent sein und gewährleisten, dass die wirksame Realisierung des QM-Systems – und damit die Qualitätsfähigkeit der Organisation – sowie die Einhaltung der BAGFW-Standards nachgewiesen werden. Der Prüfrhythmus muss sicherstellen, dass die beschriebene Qualität bis zum nächsten Prüftermin mit hoher Wahrscheinlichkeit aufrechterhalten wird.

Die in der BAGFW kooperierenden Spitzenverbände unterstützen ihre Mitgliedsorganisationen bei der Umsetzung dieses ehrgeizigen Vorhabens durch Rahmenhandbücher, Beratung, Fortbildungen, Vermittlung von guten Beispielen etc.

3 Zentrale Eckpunkte der QM-Strategie für das Arbeitsfeld »Tageseinrichtungen für Kinder«

- Qualitätsentwicklung braucht Werteorientierung auf der Basis von Leitbildern eines jeden Verbandes/Trägers. Damit werden die Pluralität und die Vielfalt des Angebotes gesichert.
- Qualitätsfeststellung und Qualitätsentwicklung gehören zusammen. Hier darf keine Trennung erfolgen, denn in den QM-Syste-

---

2 Die folgenden Punkte sind dem vom BAGFW-Vorstand beschlossenen Papier: »Anforderungen der BAGFW an die Darlegung und Prüfung von QM-Systemen« vom 18.03.03 entnommen.

men der Verbände mündet die Qualitätsfeststellung schon wieder in die Weiterentwicklung der Qualität.
- Die Verantwortung und die Aktivität für die Weiterentwicklung der Qualität liegt bei den Trägern und muss aus der Einrichtung, also von innen, kommen unter Beteiligung der Mitarbeiterinnen und Mitarbeiter. So ist die Konzentration nach innen auf die kontinuierliche Verbesserung gerichtet; Mitarbeiterinnen und Mitarbeiter entwickeln die Qualität kontinuierlich weiter unter dem Motto: »An dieser und jener Stelle müssen wir unsere Organisation noch verbessern« – anstatt einer externen Qualitätsfeststellung unter dem Motto: »Welche Anforderungen müssen wir denn noch erfüllen?« Schon in der Pflege hat sich gezeigt, dass Qualitätsentwicklung nicht in Einrichtungen von außen »hineingeprüft« werden kann. Der Blick darf nicht angstvoll nach außen gerichtet werden, sondern die Energie wird benötigt für den selbstkritischen internen Prüf- und ständigen Weiterentwicklungsprozess.
- Kontinuierliche und nachhaltige Qualitätsentwicklung erfordert die Einbeziehung der Managementebene. So wird Qualität neben Personal und Finanzen zur dritten Steuerungsgröße des Trägers.
- Qualitätsentwicklung bedeutet Einbeziehung aller Arbeitsbereiche von Einrichtungen (Hauswirtschaft, Haustechnik, Verwaltung etc.) und aller Arbeitsabläufe und beschränkt sich nicht nur auf die Dienstleistungsprozesse (z. B. die pädagogischen Prozesse in Tageseinrichtungen für Kinder).
- Qualitätsentwicklung umfasst alle Dienstleistungsangebote für alle Altersgruppen von der Krippe bis zum Hort.
- Bei der Qualitätsfeststellung hat sich eine Kombination aus internen Selbstüberprüfungen (Selbstevaluationen) und externen Prüfungen durch unabhängige Personen (Fremdevaluationen) bewährt. Die interne Überprüfung durch Mitarbeiterinnen und Mitarbeiter des Systems bewirkt bereits Qualitätssteigerung im Sinne eines Qualifizierungseffektes der Durchführenden und Beteiligten. Durch den Perspektivenwechsel, den Überprüfungs- und Beurteilungstätigkeit erfordert, sowie die Notwendigkeit der schlüssigen Prüfberichtserarbeitung werden die alltägliche Arbeit und sich einstellende Routine durchbrochen und aus einem anderen Blickwinkel betrachtet. Diese erwünschte Wirkung ist Bestandteil der QM-Strategie.

- Die Evaluationen – hierzu gehören selbstverständlich auch Prozessevaluationen der Kernprozesse der Tageseinrichtung – werden geplant und kontinuierlich durchgeführt und als Qualitätsnachweise dokumentiert. Durch den Vergleich der aktuellen Ergebnisse mit den Ergebnissen des vorherigen Evaluationszeitraums ist die Qualitätsentwicklung nachweisbar.
- Das Qualitätscontrolling steht somit als eine dritte Säule zentraler Unternehmenssteuerung neben den klassischen Bereichen Personal- und Finanzmanagement und ist prozessual mit diesen verknüpft.
- Die in das Qualitätscontrolling eingespeisten Erkenntnisse aus den Evaluationen müssen Weiterentwicklungsmaßnahmen im Personal- und Finanzmanagement (Personalentwicklung, Personalsuche, Fortbildung, Einkauf etc.) zur Folge haben.

Diese Eckpunkte sind mit einem einheitlichen, seitens des Staates eingesetzten Gütesiegel, welches durch von außen kommende Prüfer im Sinne einer Benotung vergeben wird, nicht in Übereinstimmung zu bringen. Das eigentliche Ziel, das bei der Diskussion um Qualität in Tageseinrichtungen verfolgt wird, ist nicht die reine Qualitätsfeststellung und in der Folge eine Benotung, sondern die kontinuierliche Qualitätsentwicklung, welche die gesellschaftlichen Veränderungen, also auch Kultur, Erziehung und Bildung, systematisch aufgreift und welche die aktive und kritische Mitarbeit aller Beteiligten fördert. Diese Mitarbeit ist keinesfalls durch das Aufdrücken eines Stempels und gar noch als Bestrafung durch Finanzkürzung zu erzwingen. Auch wenn die höchste Punktzahl oder die beste Note erreicht ist, ist doch Weiterentwicklung vonnöten; hier aber ist der Maßstab des Gütesiegels am Ende, weil das Konzept der Qualitätsfeststellung mit der besten Benotung endet.

Der dargestellten QM-Strategie haben sich die Spitzenverbände der Freien Wohlfahrtsverbände durch Beschluss des BAGFW-Vorstandes verpflichtet. In den nächsten Beiträgen wird deutlich, dass die Akzentuierungen der QM-Strategie in den Fachverbänden sich durchaus unterscheiden.

AWO-Qualitätsmanagement zur Steuerung der fachlichen Qualität in Tageseinrichtungen für Kinder
Dagmar Schulze-Oben, Ullrich Wittenius

1	Einführung	176
2	AWO-Qualitätsmanagement-Konzept	177
3	AWO-Qualitätsmanagement-Konzept zur Steuerung der fachlichen Qualität in Tageseinrichtungen für Kinder	179
4	Qualitätskriterien für die Dienstleistungen in Tageseinrichtungen für Kinder und deren Träger	184
5	Ausblick	195
6	Literatur	195

1 Einführung

Die Umsetzung des Rechtsanspruches auf einen Kindergartenplatz, vor allem aber die durch PISA ausgelöste politische Diskussion hat die Tageseinrichtungen für Kinder wieder stärker in den Fokus der Jugendhilfe- und der Bildungspolitik gestellt. Während bei der Umsetzung des Rechtsanspruches vorrangig noch der Betreuungsaspekt im Mittelpunkt stand, hat die PISA-Studie zu einer »Neuentdeckung« der Bedeutung und der Notwendigkeit von Bildung geführt. Im Zuge dessen wurde auch »endlich« wieder das öffentliche Bewusstsein über den Stellenwert, den die Arbeit von Tageseinrichtungen für Kinder hinsichtlich der Bildungs- und Lebenschancen von Kindern einnimmt, geschärft. Insbesondere im Rahmen fachwissenschaftlicher Forschungsergebnisse und Projekte wurde deutlich, dass die Anforderungen an ganzheitliche kindliche Bildungsprozesse nicht mehr beliebig definiert und interpretiert werden dürfen. Bildungsziele, Bildungsinhalte und Bildungsprozesse in Tageseinrichtungen für Kinder erfordern verbindliche Qualitätsstandards und einen Rahmen, der sich daran orientiert, welche Fähigkeiten und Kompetenzen Kinder zur Entwicklung einer starken und gemeinschaftsfähigen Persönlichkeit brauchen, um ihr Leben zukünftig im Sinne von Eigen- und Mitverantwortung selbstbewusst und selbständig gestalten zu können. Daher ist es nicht nur eine aus der Veränderung der §§ 76 ff. KJHG resultierende Entwicklung, die zur klareren Herausbildung von Qualitätskriterien und -standards in der Bildung, Erziehung und Betreuung von Kindern in Tageseinrichtungen geführt hat.

Diese Entwicklung war und ist notwendig, denn systematische und kontinuierliche Qualitätsentwicklung – wie auch im KJHG als notwendige Voraussetzung für die Leistungserbringung beschrieben – ist ohne Transparenz hinsichtlich der zu Grunde zu legenden Qualitätskriterien und deren regelmäßiger Überprüfung nicht leistbar. Seinen Niederschlag gefunden hat dies in verbands- und trägerbezogenen Projekten zur Qualitätsentwicklung und Qualitätssteuerung sowie in der fachwissenschaftlichen Beschäftigung mit Qualitätskriterien und -standards.

Da die Träger von Tageseinrichtungen eine hohe Steuerungsverantwortung für das Arbeitsfeld tragen und dieser gerecht werden wollen, und weil Qualitätsentwicklung als nachhaltiger Prozess organisiert werden muss, ist das besondere Engagement der Träger und Verbände für die Festlegung notwendiger Qualitätskriterien und den Einsatz von internem Qualitätsmanagement (QM) ohne Alternative. Die AWO hat sich aus eigenem Selbstverständnis heraus schon seit langem offensiv dieser Qualitätsdiskussion gestellt und deutlich gemacht, dass es nicht mehr ausreicht, nur von Qualität zu sprechen – sie muss auch systematisch gesteuert, nachgewiesen, dokumentiert und kontinuierlich evaluiert werden.

Die AWO hat vor diesem Hintergrund die Konzipierung eines integrierten QM für die Tageseinrichtungen für Kinder vorgenommen, das die verbandliche, trägerbezogene und einrichtungsbezogene Steuerung der Qualität ermöglicht. Diese Steuerung erfolgt auf Basis von Qualitätskriterien, die in der hierzu eingerichteten Interessensgemeinschaft AWO-QM erarbeitet und in der Konferenz der Landes- und Bezirksgeschäftsführer verabschiedet wurden. Die Qualitätskriterien unterliegen selbstverständlich der ständigen Weiterentwicklung und Anpassung an veränderte Rahmenbedingungen, neuen fachlichen Erkenntnissen oder auch veränderten Anforderungen der Kunden und Nutzer. Die Ergebnisse der Nationalen Qualitätsinitiative (NQI) werden dabei genauso in den Blick genommen wie die Veränderung rechtlicher Grundlagen.

Die Steuerungswirkung des Qualitätsmanagements kann auch auf die politische Ebene ausgeweitet werden, wenn QM als Transparenz, Verbindlichkeit und Überprüfbarkeit schaffendes Element im Rahmen des Kontraktmanagements zwischen Leistungsträgern und Leistungserbringern wie auch unter den Leistungserbringern nutzbar gemacht wird. Mit Hilfe des Einsatzes von ergebnisorientierten Kennzahlen kann langfristig eine auf Vergleichbarkeit ausgerichtete jugendhilfe- und bildungspolitische Steuerung aufgebaut werden, die nachvollziehbare und wirksame Versorgungsplanung und Qualitätsentwicklung ermöglicht. Eines sei aber ganz deutlich vermerkt: Ohne den Einsatz von QM durch Träger und Einrichtungen ist dies nicht zu verwirklichen!

2 AWO-Qualitätsmanagement-Konzept

Die Grundlagen der AWO-spezifischen Qualitätspolitik, die aus den Leitsätzen und dem Leitbild der AWO resultiert, wurden im Jahre 2000 festgelegt. Darin ist beschrieben, welche Anforderungen an die Qualität von sozialen Dienstleistungen die AWO an sich selbst stellt – hinsichtlich der Führung und des Managements, der Fachlichkeit, der Kunden- und Mitarbeiterorientierung. Die Steuerung der qualitätsrelevanten Prozesse erfordert aus Sicht der AWO zwingend den Einsatz des Qualitätsmanagements als internes Führungsinstrument. Die fachliche wie auch die managementbezogene Qualitätsentwicklung greift nur dann, wenn das durch Entwicklungsprozesse Erreichte auch im Alltagshandeln gesichert und aufrechterhalten sowie anhand festgelegter Kriterien mit Hilfe der Instrumente des Qualitätsmanagements überprüft werden kann.

Das Qualitätsmanagement-Konzept der Arbeiterwohlfahrt verknüpft daher international anerkannte Standards für ein umfassendes Qualitätsmanagement mit aus dem Leitbild der Arbeiterwohlfahrt abgeleiteten AWO-Qualitätskriterien. Somit werden inhaltliche, auf die Wertorientierung der AWO aufbauende, und formale, auf systematisches Qualitätsmanagement bezogene Anforderungen an eine qualitätsorientierte Dienstleistungserbringung miteinander verknüpft – deswegen auch der Begriff des *integrierten* QM-Konzeptes. Dieses Vorgehen schließt selbstverständlich inhaltlich die arbeitsfeldspezifischen gesetzlichen, fachpolitischen und fachwissenschaftlichen Anforderungen mit ein. Das methodische Werkzeug dieses Konzeptes bildet die internationale Norm DIN EN ISO 9001:2000, die die Anforderungen an Qualitätsmanagementsysteme beschreibt. Angesichts der weitreichenden Qualitätsanforderungen, die die AWO formuliert hat, stellt das AWO-QM-Konzept einen umfassenden Total-Quality-Management-Ansatz dar.

Mit diesem Konzept ist die Fähigkeit eines Trägers bzw. seiner Einrichtungen und Dienste verbunden,
- den nutzenorientierten Mitteleinsatz nachweisen zu können,
- die Wirksamkeit nachvollziehbarer Leistungen und deren Legitimation darlegen zu können,
- systematische Steuerung der führungs- und fachbezogenen Prozesse und Ergebnisse realisieren zu können – und
- einen ständigen Qualitätsverbesserungsprozess organisieren zu können.

Als Rahmenorientierung für die Umsetzung des AWO-QM-Konzeptes in den Einrichtungen wurden arbeitsfeldspezifische Muster-QM-Handbücher entwickelt, an deren Erstellung und Weiterentwicklung AWO-MitarbeiterInnen mit fachspezifischem Know-how aus verschiedenen Bundesländern beteiligt waren. Das Muster-QM-

Handbuch für Tageseinrichtungen auf Bundesebene bildet mit der Festlegung unverzichtbarer Qualitätskriterien zu den qualitätsrelevanten Kern- sowie Unterstützungsprozessen auf Führungs- und Fachebene die Grundlage für die konkrete Differenzierung und Weiterentwicklung auf der örtlichen Ebene (vgl. Diller 2001, S. 479).

3 AWO-Qualitätsmanagement-Konzept zur Steuerung der fachlichen Qualität in Tageseinrichtungen für Kinder

Die Fachlichkeit der Mitarbeiterinnen und Mitarbeiter kann durch QM nicht ersetzt, aber durch eine systematische Steuerung unterstützt und weiterentwickelt werden. Den Kritikern von QM sei an dieser Stelle ganz deutlich gesagt: Hierdurch wird das pädagogische Handeln *nicht* auf statische Handlungsvollzüge reduziert bzw. die jeweilige fachliche Profession in einem Handlungsfeld *nicht* durch Handlungsschablonen ersetzt. Durch QM wird vor allem sichergestellt, dass sich die Fach- und Handlungskompetenz der Mitarbeiterinnen und Mitarbeiter an fachlichen und wertebezogenen Kriterien orientiert, die transparent, verbindlich und überprüfbar gemacht werden. Dazu dienen u. a. im QM-System verankerte Qualitätsstandards (vgl. AWO Bundesverband 2000).

Aus-, Fort- und Weiterbildung sowie die durch Berufserfahrung erlangte Fachlichkeit der Handelnden ist die entscheidende Voraussetzung für qualifizierte Soziale Arbeit. Es gehört zur Führungsverantwortung des Trägers, diese durch steuernde Prozesse (Fortbildungsplanung, Personalentwicklung, angemessene Personalauswahlverfahren, gezielte Umsetzung von Fortbildungsergebnissen u. a.) zu sichern.

Verbindliche und standardisierte Instrumente der Entwicklungsbeobachtung, der Situationsanalyse, der Dokumentation und Evaluation stellen einen Handlungsrahmen dar, der Qualitätsbewertung und, daraus abgeleitet, Qualitätsentwicklung erst möglich macht. Diese Instrumente festzulegen und verbindlich anzuwenden, sind wesentliche Bestandteile professioneller fachlicher Arbeit. Die Fachkräfte wissen, ihr Handeln mit konkreten und überprüfbaren Zielen und die Überprüfung und Auswertung der Maßnahmen bzw. Prozesse sowie die damit verbundene Bewertung ihres Tuns nachvollziehbar – lern- und entwicklungsorientiert – zu betreiben.

Jede Fachlichkeit braucht darüber hinaus einen Werterahmen als Bezugssystem, das Mitarbeiterinnen und Mitarbeitern Orientierung gibt. Vielfach gibt erst der Kontext zu einer Leitidee oder zu einem Menschenbild den entscheidenden Ausschlag für die Bestimmung inhaltlicher Qualität im Alltagshandeln. Die Orientierung an Grundwerten muss daher konstitutives Merkmal jedes Qualitätsmanagements in der Sozialen Arbeit sein. Dabei beschränkt sich die Auseinandersetzung mit und die Formulierung von Leitwerten nicht nur auf die klassischen »Helfer«, sondern auf alle Ebenen des Unternehmens (Führung, Verwaltung, Servicebereiche). Leitbildprozesse und die Reflexion von Konzeptionen sind daher wiederkehrende Aufgaben im QM-Regelkreis einer wertegebundenen Qualitätsentwicklung (vgl. Wittenius 2003, S. 21).

Da die Mitarbeiterinnen und Mitarbeiter in den Tageseinrichtungen für Kinder ExpertInnen ihrer Prozesse und Methoden sind, können maßgeschneiderte Qualitätsmanagementverfahren nur von ihnen bzw. mit ihnen entwickelt und kontinuierlich verbessert werden. Die Qualität sozialer Dienstleistungen stellt sich auch im Ergebnis einer unterstützenden bzw. helfenden Beziehung und damit in der Koproduktion dar. Insofern ist die Einbeziehung der Kunden bzw. Nutzer bei der Planung der Prozesse und der Auswertung von Prozess-, Struktur- und Ergebnisqualität bzw. deren Weiterentwicklung in der Sozialen Arbeit unverzichtbar.

Die AWO ist bei der Festlegung ihres Qualitätsmanagement-Konzeptes für Tageseinrichtungen für Kinder von den nachfolgenden Grundsätzen ausgegangen, die nicht isoliert zu betrachten sind, sondern in direktem Zusammenhang stehen:

- Trägerverantwortung
  Der Träger ist in der Pflicht – er trägt nach außen und nach innen die Gesamtverantwortung für seine Tageseinrichtungen für Kinder. Von seiner Qualitätspolitik, seinen Qualitätszielen, seinem Kunden- und Mitarbeiterverständnis und seiner Steuerung hängt in wesentlichem Maße der Prozess der Qualitätssicherung und Weiterentwicklung in den Tageseinrichtungen für Kinder ab. Das AWO-QM-Konzept enthält daher differenzierte Anforderungen an die Trägerqualität. Für den Bereich von Führung und Organisation sind weitreichende Qualitätskriterien verbindlich festgelegt.

- **Verbindliche Beschreibung, Umsetzung und Weiterentwicklung der fachlichen Qualität**
  Die fachliche Qualität in den Tageseinrichtungen für Kinder muss auf der Grundlage von gesellschaftlichen Herausforderungen, gesetzlichen Vorgaben, aktuellen fachwissenschaftlichen Erkenntnissen, spezifischen Kundenanforderungen – insbesondere von Kindern und Eltern – dem Leitbild des Trägers und den sozialraumorientierten Erfordernissen nach innen und nach außen verbindlich beschrieben, umgesetzt und kontinuierlich weiterentwickelt werden. Das AWO-QM-Konzept beschreibt Qualitätskriterien zur Strukturqualität und zur fachlichen Prozess- und Ergebnisqualität in Tageseinrichtungen für Kinder.
- **Zufriedenheit der Kunden/Nutzer**
  Eltern haben als Kunden bzw. Nutzer der Einrichtung ein Recht auf Transparenz der Dienstleistung, auf ein kundenorientiertes Dienstleistungsverständnis und auf Beteiligung bei der qualitativen Weiterentwicklung der fachlichen Arbeit. Kinder haben ein Recht auf eine alters- und entwicklungsentsprechende Partizipation. Kundenorientierung in diesem Sinne gehört zum Selbstverständnis der AWO. Hierzu zählt auch die regelmäßige Ermittlung und Berücksichtigung von Kundenwünschen, ein konstruktiver Umgang mit Beschwerden, die aktive Beteiligung an der konzeptionellen Arbeit und die Ermittlung der Kundenzufriedenheit – alles dies dient als Grundlage für den ständigen Verbesserungsprozess.
- **Beteiligung und Zufriedenheit der Mitarbeiterinnen und Mitarbeiter**
  Die mit Qualitätsmanagement verbundene Erweiterung des professionellen Handelns in den Tageseinrichtungen gelingt nur dann, wenn sich die MitarbeiterInnen in den Tageseinrichtungen wie auch die MitarbeiterInnen in den trägerbezogenen Schnittstellen mit dem Qualitätsentwicklungsprozess identifizieren und aktiv daran beteiligt sind. Mitarbeiterbeteiligung und Personalentwicklung werden im AWO-QM als wesentliche Führungsaufgabe verstanden. Die träger- und einrichtungsspezifischen Umsetzungen, die Gestaltung von verbindlichen Qualitätskriterien und -standards, Verfahrensregelungen, Checklisten wie auch der projektorientierte Einführungsprozess sind fachlich fundiert und beteiligungsorientiert zu leisten. MitarbeiterInnen-Befragungen, Fort- und Weiterbildung zur Erweiterung des professionellen

und qualitätsmanagementorientierten Handelns sowie regelmäßige Personalentwicklungsgespräche sind wesentliche Instrumente mitarbeiterorientierter Führungsarbeit.

- Dokumentation und Evaluation
Die Dokumentation des fachlichen Handelns ist ein unverzichtbares Element einer qualifizierten und professionalisierten Arbeit. Sie ist die Voraussetzung für einen systematischen und zu konkreten Aussagen führenden Evaluationsprozess der pädagogischen Arbeit und der Führungsprozesse. Das AWO-QM-Konzept enthält verbindliche Anforderungen an die Dokumentation und Evaluation der qualitätsrelevanten Prozesse. Hierdurch wird sichergestellt, dass die MitarbeiterInnen in den Tageseinrichtungen für Kinder auf der Basis relevanter Daten ihre Qualitätsziele, die pädagogischen Prozesse sowie die fachlichen Qualitätsstandards regelmäßig überprüfen, bewerten und weiterentwickeln können – das Gleiche gilt für die Führungsprozesse.

- Bürgerschaftliches Engagement und ehrenamtliche Mitwirkung
Die AWO beschreibt hierzu in ihrem Leitbild eine Grundhaltung mit dem Ziel, ehrenamtliche Mitwirkung, bürgerschaftliches Engagement und freiwillige Soziale Arbeit zu fördern, sodass Solidarität praktiziert und die Verantwortung der Menschen für die Gemeinschaft gestärkt werden. Das AWO-QM-Konzept beinhaltet Qualitätskriterien, die die Anforderungen an die Führungsebene, die Konzeption für das Management freiwilliger Sozialer Arbeit und ehrenamtliches Engagement betreffen und dabei besonders die Beteiligung von Eltern als ehrenamtlich Mitwirkende in den Mittelpunkt rücken.

- Interne fachliche Überprüfung
Qualitätsmanagement erfordert in den Tageseinrichtungen und beim Träger eine regelmäßige interne Überprüfung und Selbstbewertung auf der Grundlage fachlich festgelegter Bewertungskriterien (interne Audits). Der Träger ist verpflichtet, die regelmäßige interne Überprüfung der fachlichen Qualität in den Tageseinrichtungen für Kinder in einem Jahresplan und darüber hinaus anlassbezogen festzulegen. Grundlage bilden die im QM-Handbuch der Einrichtung dokumentierten verbindlichen fachlichen Prozesse und Qualitätsstandards bzw. die AWO-Qualitätskriterien. Die interne Überprüfung erfolgt durch FachexpertInnen, die zusätzlich als Qualitätsbeauftragte geschult sind.

- **Prozessorientierte Steuerung durch ein Managementsystem**
Qualitätsentwicklung als kontinuierlicher fachlicher Verbesserungsprozess erfordert bei Träger und Tageseinrichtung eine systematische, nachweisbare und prozessorientierte Steuerung im Sinne eines umfassenden Qualitätsmanagements. Die AWO hat sich dabei für das QM-Modell der im Jahre 2000 modifizierten DIN EN ISO 9001:2000 entschieden. Das Qualitätsmanagement-System stellt im AWO-QM keinen Selbstzweck dar, sondern schafft die notwendige Transparenz, Verbindlichkeit und kontinuierliche Weiterentwicklung der fachlichen Qualität und dient als Führungsinstrument.

Die Steuerung von nachhaltiger Qualitätsentwicklung baut auf einem Qualitätsmanagement-Regelkreis auf, der die systematische Planung, Umsetzung, Überprüfung und Verbesserung des fachlichen Handelns beschreibt.

Abbildung 1: Das PDCA-Modell – Regelkreis zur Verbesserung von Prozessen

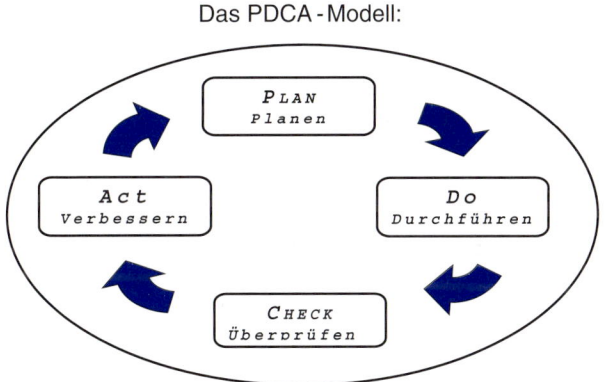

Regelkreis zur Verbesserung von Prozessen

Das AWO-QM-Konzept beinhaltet die Anforderung der kontinuierlichen Verbesserung der fachlichen Qualität in den Tageseinrichtungen und der Führungsverantwortung des Trägers. Dieses muss anhand des Qualitätsmanagement-Regelkreises in allen beschriebenen Prozessen plausibel nachgewiesen werden.

- **Unabhängige Zertifizierung der fachlichen Qualität und ihrer Steuerung**
  Die fachliche Qualität einer Tageseinrichtung muss auf der Grundlage klarer Qualitätskriterien nach außen hin erkennbar und nachweisbar sein. Das integrierte AWO-QM-Konzept sieht daher auch eine integrierte Zertifizierung der Tageseinrichtungen für Kinder und des Trägers vor. Inhaltlich muss dabei nachgewiesen werden, dass sich die fachliche Qualität an den AWO-Qualitätskriterien – und damit an gesetzlichen Anforderungen, an fachwissenschaftlichen Erkenntnissen, an fachpolitischen Herausforderungen, an den Wünschen und Bedarfen der Kunden und am AWO-Leitbild – orientiert. Gleichzeitig wird überprüft, ob die Trägerqualität und die fachliche Qualität entsprechend dem QM-Modell der DIN EN ISO 9001:2000 systematisch, verbindlich und nachweisbar sowie im Sinne ständiger Qualitätsentwicklung gesteuert werden. Diese externe Überprüfung wird gemeinsam von hierfür auf AWO-Bundesebene eingesetzten und vom Träger unabhängigen AWO-FachexpertInnen und von anerkannten, für den sozialen Dienstleistungsbereich akkreditierten Zertifizierungsgesellschaften durchgeführt. Diese integrierten Zertifizierungsverfahren sind nicht auf eine reine Qualitätsfeststellung begrenzt, sondern beinhalten darüber hinaus ebenso die Überprüfung der kontinuierlichen systematischen Verbesserungsfähigkeit der Organisation und der Einrichtung.

4 Qualitätskriterien für die Dienstleistungen in Tageseinrichtungen für Kinder und deren Träger

Verbindliche Qualitätskriterien hat die AWO sowohl für den Bereich »Führung und Organisation« als auch für die »Dienstleistungen in Tageseinrichtungen für Kinder« beschrieben. Letztere stellen die fachlich unverzichtbaren Anforderungen an die Gestaltung der pädagogischen Prozesse, der Unterstützungsprozesse und damit selbstverständlich auch an das fachlich-pädagogische Handeln der Mitarbeiterinnen und Mitarbeiter in den AWO-Tageseinrichtungen für Kinder dar. Diese müssen auf der Umsetzungsebene konkretisiert und mit Hilfe des DIN EN ISO-Instrumentariums gesteuert werden. Alle zertifizierten Tageseinrichtungen der AWO haben diese Qualitätskriterien nachweislich umgesetzt.

Um den Rahmen dieses Beitrages nicht zu sprengen, soll nachfolgend nur stichpunktartig – und daher nicht vollständig – dargestellt werden, zu welchen Prozessen und Prozessteilen die AWO-Qualitätskriterien hinsichtlich der Gestaltung der pädagogischen Arbeit Aussagen machen.

4.1 Dienstleistungen in Tageseinrichtungen für Kinder

4.1.1 Grundsätze

Die Dienstleistungserbringung in Tageseinrichtungen für Kinder orientiert sich am AWO-Leitbild und dem davon abgeleiteten Leitbild der Einrichtung, sie beachtet die bundes- und landesgesetzlichen Grundlagen und entwickelt die Konzeption der Einrichtung auf der Grundlage fachwissenschaftlicher Erkenntnisse mit Beteiligung der Mitarbeiterinnen und Mitarbeiter wie auch der Eltern.

4.1.2 Bildung, Betreuung und Erziehung – Pädagogische Prozesse mit Kindern

Zur Förderung einer eigenverantwortlichen und gemeinschaftsfähigen Persönlichkeit sind Bildung, Erziehung und Betreuung die zentralen Aufgaben der Tageseinrichtung und in allen pädagogischen Prozessen untrennbar miteinander verbunden. Vor dem Hintergrund gegenwärtiger und zukünftiger gesellschaftlicher Herausforderungen nimmt aber Bildung einen besonderen Schwerpunkt ein. Die AWO versteht Bildung als einen ganzheitlichen Prozess, der vom Kind ausgeht und mit der Geburt beginnt. In der neueren pädagogischen Diskussion ist damit im Wesentlichen ein »sich selbst bilden« gemeint – als ein breit angelegter innerer Verarbeitungsprozess, an dem Sinnesorgane, Körper, Gefühle, Denken und Erinnerung beteiligt sind. Damit sich Kinder auf diesem Wege die Wirklichkeit erschließen können, brauchen sie vielfältige Lern- und Erfahrungsmöglichkeiten, die sich an ihren individuellen Bedürfnissen und ihrem Entwicklungsstand orientieren sowie ihre individuelle Lebenssituation berücksichtigen. Bildung findet daher in allen nachfolgend aufgeführten pädagogischen Prozessen mit Kindern als Lernen mit allen Sinnen statt. Die interkulturelle pädagogische Arbeit mit Kindern wird als Querschnittsaufgabe verstanden, die in allen Prozessen zu berücksichtigen ist.

- Ein weichenstellender Prozess der pädagogischen Arbeit ist die *Eingewöhnungsphase* der Kinder, die hinsichtlich der Zielsetzung, Planung und Umsetzung unter besonderer Berücksichtigung der individuellen Bedarfslagen und Lebensgewohnheiten von Kindern und Eltern zu gestalten ist. Besonderen Stellenwert in dieser Phase haben die Transparenz der Arbeitsweise der Kita, die Abstimmung mit den Eltern und der innerbetriebliche Informationsfluss über die Beobachtungen und Erkenntnisse zu diesem Prozess.
- Die *Bring- und Abholsituation* ist substanzieller Teil der täglichen fachlichen Arbeit mit Eltern und Kindern, in der es wesentlich darum geht, Übergänge und die Kommunikation mit den Eltern fachlich zu gestalten.
- Mit einem qualifizierten *Entwicklungsbeobachtungs- und Planungssystem* werden entwicklungsfördernde Maßnahmen identifiziert und initiiert, deren Ergebnisse mit Blick auf die formulierten pädagogischen Ziele überprüft werden. Darüber hinaus sind sie die Grundlage für Elterngespräche über den Entwicklungsverlauf ihres Kindes.
- *Spielphasen, Projekte, Angebote und Aktivitäten* sind wesentlicher Bestandteil der pädagogischen Arbeit mit Kindern zur Unterstützung und Förderung von ganzheitlichen Bildungsprozessen. Kinder erwerben hierdurch spielerisch Wissen und lernen, es im Alltag anzuwenden. Sie brauchen dabei Zeit, Raum und Ruhe zum Forschen, Ausprobieren, Experimentieren und Erproben für sich alleine, zu zweit oder in einer Gruppe mit Anderen, wobei dem entdeckendem Lernen und der Unterstützung kindlicher Neugierde ein besonderer Stellenwert zukommt. Ziele, Inhalte und Methoden orientieren sich an den damit verbundenen pädagogischen Anforderungen und basieren auf jeweils aktuellen Situationsanalysen und auf der Beteiligung der Kinder.
- Die Durchführung von *Festen, Feiern und Ausflügen* als pädagogischer Prozess erfordert die Festlegung der mit dem Prozess verbundenen Zielsetzungen einschließlich der Definition von Kriterien für die Auswahl, die Beteiligung der Kinder und Eltern, die Vereinbarung notwendiger Regeln und die Festlegung hierfür erforderlicher Verfahrensregelungen. Bei der Planung werden die

kulturellen Hintergründe und die Wünsche der Kinder und Eltern beachtet.
- Die *kindorientierte Mahlzeitengestaltung* in einer gemütlichen und kommunikativen Atmosphäre unterstützt die Selbständigkeit und das Selbstbestimmungsrecht der Kinder, vermittelt und fördert eine angemessene Tischkultur.
- *Bewegung* und die Ermöglichung von *Ruhe/Entspannung/Rückzug* sind für die Persönlichkeitsentwicklung und Lernbereitschaft der Kinder von großer Bedeutung. Zentrale Elemente der Gestaltung im pädagogischen Prozess sind die Bereitstellung von ausreichend Raum und Zeit, das Aufgreifen, Begleiten, Unterstützen und Fördern der Bewegungsimpulse bzw. der motorischen und sensomotorischen Erfahrungen und Bedürfnisse der Kinder im Sinne einer ganzheitlichen Förderung sowie ein ausgewogenes pädagogisches Angebot zur Befriedigung der kindlichen Bedürfnisse nach Ruhe, Entspannung und Rückzug.
- Auf der Grundlage eines ganzheitlichen Ansatzes wird in Einrichtungen mit der entsprechenden Angebotsstruktur die *Integration behinderter Kinder* konzipiert. Konzeptioneller Ausgangspunkt sind dabei die spezifischen Anforderungen an die systematische Entwicklungsbeobachtung, die individuelle Hilfeplanung, die Koordination therapeutischer Maßnahmen und die fachliche Kooperation zwischen den pädagogischen Fachkräften und den Erbringern therapeutischer Leistungen.
- Die spezifischen alters- und entwicklungsbedingten Anforderungen an die Gestaltung pädagogischer und pflegerischer Prozesse mit *Kindern unter drei Jahren* und die damit eng verbundene Absprache und Zusammenarbeit mit den Eltern sind umfassend dargelegt und mit Qualitätsstandards hinterlegt.
- Die pädagogische *Arbeit mit Schulkindern* wird unter Berücksichtigung ihrer altersspezifischen Bedürfnisse geplant. Die Wünsche bei der Freizeitgestaltung und die erforderliche Unterstützung bei der Erledigung ihrer Hausaufgaben werden mit Blick auf die individuellen Bedarfe miteinander verknüpft. Spezifische Angebote an Eltern und die Kooperation mit LehrerInnen im Einvernehmen mit den Eltern sind wichtige Aspekte für die pädagogische Arbeit mit Schulkindern.
- Die individuelle Begleitung und Unterstützung der Kinder beim Verlassen des vertraut gewordenen Lebensraumes wird im Pro-

zess »*Ablösung und Übergänge*« beschrieben, der insbesondere im letzten Jahr vor dem Schuleintritt an Bedeutung gewinnt.

4.1.3 Gestaltung der Räume und Außenanlagen

Die Gestaltung der Räume und Außenanlagen ist von wesentlicher Bedeutung für selbstinitiierte Spielprozesse und das Wohlbefinden der Kinder. Eine für Kinder anregungsreiche und überschaubar gestaltete Umgebung erfordert daher in hohem Maße eine Orientierung an fachwissenschaftlich fundierten Erkenntnissen. Daher ist eine kindgerechte, konzeptorientierte und ästhetische Gestaltung und Ausstattung der Räume, in denen sich Kinder wohl fühlen können, die ihren altersbezogenen und entwicklungspsychologischen Bedürfnissen und Wünschen entsprechen und an der sie im Sinne von Partizipation beteiligt werden, eine weitere zentrale Qualitätsforderung. Hierzu zählt auch die Gestaltung der Außenanlagen mit Platz für elementare kindliche Spiel- und Bewegungsbedürfnisse und vielfältige Möglichkeiten der Naturerfahrung.

4.1.4 Zusammenarbeit mit den Eltern

Auf der Grundlage eines umfassenden Kundenverständnisses wird die Zusammenarbeit mit den Eltern geplant, durchgeführt und ausgewertet. Qualitätskriterien insbesondere zu Aufnahmeverfahren, Elternmitwirkung, Elterninformation, Elternberatung und Elternaktivitäten beschreiben diesen Prozess näher. Regelmäßige Elternbefragungen und Beschwerdemanagement stehen in engem Zusammenhang mit diesem Prozess.

4.1.5 Gesundheitsvorsorge/-fürsorge

Die Gesundheitsvor- und -fürsorge ist als Querschnittsthema zu behandeln, das mit allen pädagogischen Prozessen weitgehend verknüpft ist. Hierzu gehören neben der Sicherstellung der erforderlichen Kompetenzen der pädagogischen Fachkräfte u. a. Prozessbeschreibungen und Qualitätsstandards für den Umgang mit ansteckenden Krankheiten, für Sofortmaßnahmen in Unfallsituationen, für den Umgang mit Medikamenten und die Einhaltung der Sicherheitsbestimmungen, des kontinuierlichen Unfallschutzes und der Aufsichtspflicht.

4.1.6 Hauswirtschaft

Die Qualitätskriterien an die hauswirtschaftlichen Prozesse beinhalten eine kindgerechte, gesunde und abwechslungsreiche Ernährung, die Berücksichtigung ökologischer und ökonomischer Gesichtspunkte beim Einkauf, den sparsamen Umgang mit Energie, Wasser und Materialien, die Abfallvermeidung und -trennung und die Nutzung umweltfreundlicher Reinigungsmittel. Die Einhaltung gesetzlicher Rahmenvorgaben wie LebensmittelhygieneVO oder InfektionsschutzG ist im QM-System ebenso zu regeln wie die Festlegung eines Verfahrens zwischen Träger und Einrichtungsleitung für die Pflege und Instandhaltung von Gebäude, Innen- und Außenanlagen.

4.1.7 Interne Organisation und Kommunikation

Die Durchführung und Dokumentation von regelmäßigen Besprechungen zur Sicherung der fachlichen Zusammenarbeit und der innerbetrieblichen Organisation, die Sicherstellung einer langfristigen und bedarfsorientierten Dienstplanung unter Beteiligung der Mitarbeiterinnen und Mitarbeiter, einschließlich der Vertretungspläne für Ausfälle und Notsituationen, sind wesentliche Qualitätskriterien.

4.1.8 Vernetzung und Zusammenarbeit im Gemeinwesen

Mit der Verpflichtung, geeignete Maßnahmen zur Förderung der regionalen Vernetzung, zur Integration der Einrichtung in das Gemeinwesen, zur Erschließung seiner Infrastruktur, zur geregelten Zusammenarbeit mit den wichtigsten Kooperationspartnern und zur aktiven Vertretung kinder- und familienpolitischer Interessen zu ergreifen, soll die Zusammenarbeit und Vernetzung im Gemeinwesen sichergestellt werden.

4.1.9   Dokumentation und Evaluation

Um den Prozess der gesamten Leistungserbringung auf der Grundlage »Qualitätsziele und Qualitätsanforderungen« zurückverfolgen, Prozesse und Abläufe auswerten und bewerten und die aus der Evaluation gewonnenen Erkenntnisse zur Verbesserung der pädagogischen Arbeit nutzen zu können, bedarf es der Dokumentation der Evaluation der internen Prozesse. Die Qualitätskriterien setzen an der Erhebung und Auswertung von qualitätsrelevanten Daten und Informationen (z. B. Rückmeldungen von Kunden und Nutzern), an der Auswertung einrichtungsinterner Erfahrungen und an den Ergebnissen von Qualitätsaudits an.

4.1.10   Umgang mit Eigentum der Kunden

Eine angemessene Regelung zum Schutz des materiellen Eigentums der Kinder bzw. Eltern vor Verlust und Beschädigungen gilt es zu treffen. Darüber hinaus müssen auch die Einhaltung der Datenschutzbestimmungen und der Schweigepflicht geregelt und sichergestellt werden.

4.1.11   Lagerung von Arbeitsmitteln, Waren und Prüfmitteln

Eine sachgerechte Handhabung und Lagerung von Materialien, Reinigungsmitteln, Geräten u. a. auf der Grundlage gesetzlicher Anforderungen zur Sicherstellung der Gebrauchsfähigkeit und vor allem zum Schutz der Kinder vor Gefahren stehen im Mittelpunkt dieses Qualitätskriteriums.

4.1.12   Umgang mit fehlerhaften Dienstleistungen

Der konstruktive und qualitätsgeleitete Umgang mit Beschwerden und Fehlern erfordert eine systematische Erfassung und Bewertung, eine zeitnahe Behandlung und Behebung von fehlerhaften Dienstleistungen und bei Beschwerden eine zeitnahe Rückmeldung an den Kunden. Hierzu gehört auch eine zentrale Auswertung auf Trägerebene zur Einleitung erforderlicher Korrektur- und Vorbeugemaßnahmen.

4.2 Führung und Organisation

Ohne erkennbare Überzeugung und Tatkraft der Leitung fehlt dem QM-Projekt das Rückgrat. Die Führungsprozesse und die internen Dienstleistungen (Personalmanagement, Kosten- und Finanzmanagement, Controlling, Gebäudemanagement u. a.) unterliegen ebenso dem Qualitätsmanagement wie die Leistungserbringung der Tageseinrichtung für Kinder, weil sie erheblichen Einfluss auf die Qualität der Arbeit in den Einrichtungen haben. Hinsichtlich einer qualifizierten Führungsarbeit – als eine Voraussetzung für qualifizierte pädagogische Arbeit – werden im AWO-QM-Konzept Qualitätskriterien formuliert, die die gleiche Verbindlichkeit haben wie die für die pädagogische Arbeit.

4.2.1 Verantwortung der Leitung

Dem Träger der Einrichtung als oberster Leitung obliegt die gesamte Verantwortung für Organisation und Management einschließlich des Qualitätsmanagements. Dabei müssen folgende Anforderungen beschrieben und ihre Umsetzung belegt werden:

- Die Einführung und Anwendung eines mitarbeiterorientierten Führungskonzeptes und die Beteiligung der Mitarbeiter und Mitarbeiterinnen bei der Entwicklung, Umsetzung und ständigen Verbesserung des QM-Systems.
- Die Ermittlung der Anforderungen der Kunden und das Vertragsmanagement.
- Die Ableitung und Umsetzung der Qualitätsziele und der Qualitätspolitik auf der Führungsebene und für jeden Funktionsbereich.
- Die Qualitätsplanung mit umfassender Ermittlung und Bestimmung aller Aktivitäten und Ressourcen, die zur Erreichung der formulierten Qualitätsziele erforderlich sind.
- Die Überwachung der Zielerreichung, Bewertung und ständigen Verbesserung des QM-Systems unter Einbeziehung der Ergeb-

nisse des Beschwerdemanagements, der Kunden- und Mitarbeiterbefragungen und der Ergebnisse aus internen Audits.
- Die Lenkung der Dokumente und Qualitätsaufzeichnungen, um sicherzustellen, dass alle wesentlichen Geschäftsprozesse dokumentiert und alle Beteiligten die zur Durchführung ihrer Arbeit erforderlichen Informationen, Daten und Dokumente zeitnah erhalten, sowie zur Verwendung von verbraucherfreundlichen Vertragsmustern für die Verträge mit den Nutzern.
- Die Kooperation und Vernetzung des Unternehmens und seiner Einrichtungen im Einzugsbereich und die Sicherstellung der Mitwirkung an verbandsübergreifenden Fachgremien mit regionaler und überregionaler Bedeutung.
- Die Sicherstellung eines Risikomanagements, das mindestens eine Risikobewertung (Eintrittswahrscheinlichkeit und Risikopotenzial) und eine Festlegung von Maßnahmen zur Risikominimierung und deren Überprüfung beinhaltet.

4.2.2 Personalmanagement

In der Verantwortung der Leitung sind für das Personalmanagement nachfolgende Qualitätskriterien festgelegt:

- Die Ausrichtung der Führungsgrundsätze am Verbandsleitbild, dazu zählt die Anwendung eines dezentralen und mitarbeiterorientierten Führungs- und Verantwortungskonzeptes sowie die Festlegung von Anforderungsprofilen und Aufgabenbeschreibungen für die Personalstellen.
- Die Schaffung transparenter und verbindlicher Kommunikationsstrukturen, die Sicherstellung einer zeitnahen Kommunikation und die systematische Einarbeitung neuer Mitarbeiterinnen und Mitarbeiter.
- Die Personalplanung und -zuordnung mit kontinuierlicher Analyse und Planung des Personalbedarfes und der Sicherstellung, dass die Stelleninhaber über ausreichende Ausbildung, Kenntnisse und Erfahrung zur Erfüllung ihrer Aufgaben verfügen.
- Im Rahmen der Personalentwicklung die Einführung und Umsetzung eines Personalentwicklungskonzeptes, mit der Sicherstellung regelmäßiger Personalgespräche und einer bedarfsorientierten

Fortbildungsplanung und -durchführung sowie der Evaluation der Ergebnisse.
- Die Umsetzung eines qualifizierten Arbeits- und Gesundheitsschutzes für die Mitarbeiterinnen und Mitarbeiter im Rahmen der Regelungen zur Arbeitssicherheit.

4.2.3 Management freiwilliger Sozialer Arbeit

- Die Festlegung der Verantwortung hierfür auf Leitungsebene und Umsetzung auf Basis eines Konzeptes für das Management freiwilliger Sozialer Arbeit.
- Abschluss einer angemessenen Haftpflicht- und Unfallversicherung für freiwillige Mitarbeiterinnen und Mitarbeiter.
- Die Kommunikation und Einbindung der Freiwilligen in den notwendigen Informationsfluss in der Organisation.
- Die Erstellung von Tätigkeits-, Anforderungs- und Bewerbungsprofilen für freiwillige soziale Aufgaben.
- Die Schulung von Freiwilligen mit dem Ziel der Erhöhung der Kompetenz, der Vermittlung neuer Anregungen und Impulse für die praktische Arbeit, der Steigerung der Motivation und der persönlichen Weiterentwicklung.

4.2.4 Management von Gebäuden und Sachausstattungen

Die Definition und Einhaltung baulicher Standards, der Standards zur Sachausstattung zählen hierzu ebenso wie die Führung von Instandhaltungsplänen.

4.2.5 Kosten- und Finanzmanagement

Es umfasst eine angemessene Wirtschaftsplanung, ein wirksames Controllingsystem, die Anwendung einer kaufmännischen Buchführung und der Kosten- und Leistungsrechnung im Rechnungswesen und eine kontinuierliche Analyse der Wirtschaftsergebnisse sowie die Durchführung von Wirtschaftlichkeitsanalysen für die Einrichtungen und Dienste. Die angemessene Planung, Durchführung und Auswertung von Vergütungsverhandlungen sind weitere Schwerpunkte des Kosten- und Finanzmanagements. Auch die Festlegung und Sicherstellung von Beschaffungsrichtlinien zur Bewertung und Auswahl von Lieferanten einschließlich der Wareneingangskontrolle im Rahmen des Einkaufs zählen zu den Qualitätskriterien.

4.2.6 Sozialmarketing

Die Information der Öffentlichkeit, die Vermarktung des sozialen Dienstleistungsangebotes auf Basis einer mittel- und langfristigen Marketingstrategie sind ebenso Anforderungen im Rahmen des Sozialmarketings wie die Sicherstellung eines Projektmanagements für die Entwicklung neuer bzw. die Weiterentwicklung der angebotenen Dienstleistungen.

4.2.7 Qualitätscontrolling

Wirksames Qualitätscontrolling bedarf der Planung, Durchführung und Auswertung regelmäßiger Kundenbefragungen bzw. der regelmäßigen Ermittlung der Kundenzufriedenheit, die auch durch die Erfassung und Analyse von Beschwerden ermittelt wird. Die Ergebnisse liefern wichtige Basisdaten für die erforderlichen Korrektur- und Vorbeugemaßnahmen. Der systematische und rationale Umgang mit fehlerhaften Dienstleistungen hat das Ziel, frühzeitig Fehlerquellen und deren Ursachen zu erkennen und eine zeitnahe Nachbesserung zu ermöglichen bzw. die Ursachen für aufgetretene Fehler schnell erkennen und bearbeiten bzw. beseitigen zu können.

Die Ermittlung der Mitarbeiterzufriedenheit durch regelmäßige Mitarbeiterbefragungen sowie die Sicherstellung eines Verfahrens zur Erfassung und Analyse von Verbesserungsvorschlägen ist ebenfalls Teil des Qualitätscontrollings. Mit den regelmäßigen internen Qualitätsaudits wird sichergestellt, dass alle qualitätsrelevanten Aspekte erfasst und gesteuert werden können.

Die Hinweise auf Verbesserungspotenziale fließen schließlich ein in den kontinuierlichen Verbesserungsprozess (Qualitätsziele/Qualitätsplanung/Überprüfung der Wirksamkeit der Maßnahmen).

5 Ausblick

Bis Ende 2004 haben bereits 200 AWO-Tageseinrichtungen für Kinder und deren Träger das integrierte QM als Steuerungs- und Führungsinstrument eingesetzt und unter Beachtung der AWO-Qualitätskriterien beachtliche Qualitätsentwicklungsprozesse vollbracht. Im Rahmen der integrierten Zertifizierung haben sie darüber hinaus den Nachweis über die erreichte fachliche und kundenorientierte Qualität sowie die Fähigkeit zum ständigen Verbesserungsprozess erbracht. Für diese Tageseinrichtungen kann von der dauerhaften und nachhaltigen Qualitätsentwicklung ausgegangen werden. Unzählige weitere Tageseinrichtungen haben sich auf den Weg gemacht, diese Ziele zu erreichen.

Die Positionierung dieser Tageseinrichtungen im Wettbewerb mit anderen Anbietern, gegenüber Vertragspartnern und Kostenträgern wie auch innerhalb der verbandlichen Organisation hat sich damit wesentlich verbessert. Die Fähigkeit, gezielt und zeitnah auf veränderte Bedingungen und Anforderungen reagieren zu können, sowie die Fähigkeit, sich und seinen Mitarbeiterinnen und Mitarbeitern wie auch Dritten gegenüber seine Leistungen, Fähigkeiten und Wirkungen konkret darstellen zu können, ist wesentliche Voraussetzung für die eigene Zukunftsfähigkeit.

6 Literatur

AWO-Bundesverband, Qualitätsentwicklung in Tageseinrichtungen für Kinder, Bonn 2000

Diller, A., Das Musterqualitätshandbuch – Wegweiser für AWO-Kitas. In: Theorie und Praxis der Sozialen Arbeit 12/2001

Wittenius, U. (2003), Qualitätsmanagement in der Sozialen Arbeit, in: Brückers, Tandem-QM, Bonn 2003.

AWO-Qualitätsmanagement in der Praxis
Der PDCA-Regelkreis in der Alltagsarbeit der Kindertageseinrichtungen
Beate Dreiner-Tönnes, Ulla Sevenich-Mattar

1	Erster Schritt des Regelkreises: das Planen	198
2	Zweiter Schritt des Regelkreises: die Umsetzung bzw. Durchführung der pädagogischen Arbeit	201
3	Dritter und vierter Schritt des Regelkreises: überprüfen/analysieren, verbessern und anpassen	202

Die zentrale Leitidee eines systematischen Qualitätsmanagementsystems ist die kontinuierliche Verbesserung der fachlichen Arbeit auf der Grundlage des PDCA-Regelkreises. Dieser enthält folgende Phasen: das »Planen« (**P**), das »Durchführen« (**D**), das »Überprüfen/Analysieren« (**C**) und das »Verbessern/Anpassen« (**A**) (vgl. den Beitrag von Dagmar Schulze-Oben/Ulrich Wittenius in diesem Band).

Dieses methodische Verfahren ist in der pädagogischen Praxis keine neue Erfindung und wird auch in den Ausbildungen der Erzieherinnen vermittelt. Die systematische Umsetzung wird im Alltag aber häufig vernachlässigt. Wie dieser Ansatz in der Alltagsarbeit der Kindertageseinrichtungen umgesetzt wird, die auf der Grundlage eines systematischen Qualitätsmanagements arbeiten, beschreibt folgendes Praxisbeispiel aus dem Fachverband für Kinder- und Jugendhilfe der AWO im Bezirk Mittelrhein, dem 76 nach DIN EN ISO 9001 und den AWO-Qualitätskriterien zertifizierte Tageseinrichtungen für Kinder angehören.

1 Erster Schritt des Regelkreises: das Planen

Voraussetzung für die Planung der Arbeit ist die Analyse der Situation der Kinder und der Gruppe. Dabei wird angestrebt, sowohl die Situation der Gruppe als auch jedes einzelnen Kindes zu erfassen und die weiteren pädagogischen Dimensionen darauf aufzubauen. Dafür werden zwei Instrumente eingesetzt – die Situationsanalyse und das Beobachtungsverfahren.

1.1 Situationsanalyse

In der Situationsanalyse werden wesentliche Aspekte zur Situation der Kinder und der Gesamtgruppe analysiert und dokumentiert. Dies erfolgt fortlaufend und wird mindestens siebenmal jährlich in den Auswertungs- und Planungsbesprechungen in der Gesamtheit durch die Erzieherinnen aktualisiert.

Auszüge zu den Aspekten der Situationsanalyse:
- Interessenslagen, Neigungen, derzeitige Aktivitäten der Kinder in der Gruppe
- Äußerungen und Erzählungen/Berichte der Kinder

- Fragen und Wünsche der Kinder
- Beobachtungen der pädagogischen Mitarbeiterinnen (z.B. wenig/viele Konflikte; ruhige/unruhige Spielsituationen; Gruppengefüge)
- Bevorzugte Spielbereiche und Materialien
- Überlegungen der pädagogischen Mitarbeiterinnen hinsichtlich zukünftiger Lebenssituationen der Kinder
- Äußerungen und Wünsche von Eltern/Personensorgeberechtigten.

Aus der Auswertung dieser Daten werden die pädagogischen Ziele abgeleitet bzw. begründet, die Projektthemen definiert sowie Angebote und Aktivitäten geplant. Auch bei der Gestaltung der Räume und Außenanlagen werden die Ergebnisse der Situationsanalyse berücksichtigt.

1.2 Beobachtungsverfahren

Die Fähigkeit der Mitarbeiterinnen, Beobachtungen durchzuführen, zählt zu den fachlichen Kompetenzen aller Erzieherinnen. Beobachtungen sind die Grundlage für die Planung der pädagogischen Prozesse und damit für die Förderung der Kinder. Das Grundproblem, dass es keine völlig objektiven Beobachtungen geben kann, ist ein Merkmal aller Beobachtungsverfahren. Systematische Verfahren, die Qualifikation der Mitarbeiterinnen und der Austausch mit den Kolleginnen sind wichtige Instrumente, um den »subjektiven Faktor« zu steuern.

Wir unterscheiden zwischen situationsorientierter und systematischer Beobachtung. Diese beiden Formen der Beobachtung dienen der Sammlung von Informationen über die Kinder als Grundlage für die pädagogische Arbeit.

1.2.1 Die situationsorientierte Beobachtung

Diese erfolgt im Gruppenalltag und wird dokumentiert durch z.B. kindbezogene Aufzeichnungen in Beobachtungsbögen, Fotos oder Kurzbeschreibungen auf der Rückseite von Kinderzeichnungen (s. Bildungsvereinbarung NRW 2003).

1.1.2 Die systematische Beobachtung

Darüber hinaus werden systematische Beobachtungen durchgeführt. Sie erfassen die Interaktionen der Kinder, die Ausprägung ihrer Stärken und Fähigkeiten in der Wechselwirkung mit der erzieherischen Umwelt. Zweimal jährlich werden dazu alle Kinder einer Gruppe nach dem wissenschaftlich anerkannten Leuvener Beobachtungsmodell, das im erfahrungsorientierten Ansatz eingebettet ist, mittels vorgegebener Kriterien beobachtet.

Alle Erzieherinnen des Fachverbandes wurden zusätzlich durch Fortbildungen und Fachtagungen qualifiziert. Geregelte bedarfsorientierte Schulungen sichern fortwährend den richtigen Einsatz dieses Beobachtungssystems.

Beim Leuvener Modell werden anhand von »Signalen« die Indikatoren »Engagiertheit« und »Emotionales Wohlbefinden« durch die Erzieherinnen eingeschätzt. Es wird geprüft, was die erzieherische Beziehungs- und Einrichtungsumwelt bei den Kindern bewirkt:

- Erlebt das Kind Erfahrungen bzw. werden ihm Erfahrungen in der Einrichtungsumwelt ermöglicht, die es für seine positive Entwicklung braucht?
- Versteht das Kind seine Gefühle, findet es einen adäquaten Weg zu sich selbst und zu anderen Kindern und Erwachsenen? (Wie geht es dem Kind in der Einrichtungsumwelt?)

Die Beobachtungsergebnisse werden in Beziehung gesetzt zu den in NRW festgelegten Bildungsbereichen in der Bildungsvereinbarung und in einem spezifischen Beobachtungsbogen dokumentiert, der hierfür – in Abstimmung mit Prof. Laevers, Universität Leuven – durch den Fachverband entwickelt wurde. Dieser Beobachtungsbogen wird von den Erzieherinnen auch zur Erstellung der Bildungsdokumentation genutzt.

Verlauf der systematischen Beobachtung:
- Dreiwöchige Beobachtungsphase (Gruppenscreening)
- In der vierten Woche: Reflexion und Auswertung der Beobachtungen in der Kleinteamsitzung (Besprechung auf Gruppenebene), einerseits im Hinblick auf die Gesamtgruppe und andererseits

im Hinblick auf die Kinder, bei denen ein erhöhter Förderbedarf festgestellt wurde.
- In der fünften und sechsten Woche: gezielte Beobachtung der Kinder mit erhöhtem Förderbedarf anhand von weitergehenden Beobachtungsbögen.
- In der darauf folgenden Kleinteamsitzung: Festlegung der Ziele und Maßnahmen für die Kinder mit erhöhtem Förderbedarf. Die dort festgelegten Ziele werden konkret, d.h. operationalisiert, überprüfbar und messbar formuliert. Ebenso werden die Maßnahmen konkret und im Sinne einer Handlungsanleitung festgelegt und dokumentiert. Im Sinne des PDCA-Regelkreises wird nachfolgend kontinuierlich überprüft, ob die unterstützenden Maßnahmen entwicklungsfördernde Wirkung bei den Kindern zeigen.
- Es werden Elternsprechtage für alle Eltern mit dem Angebot von Entwicklungsgesprächen durchgeführt. Hier werden die Beobachtungen und die pädagogischen Maßnahmen mit den Eltern besprochen, ggf. werden den Eltern zusätzlich therapeutische oder Fördermaßnahmen durch andere Fachdienste empfohlen.

2 Zweiter Schritt des Regelkreises: die Umsetzung bzw. Durchführung der pädagogischen Arbeit

Aus der Auswertung der o.g. Daten werden die pädagogischen Ziele abgeleitet bzw. begründet, die Projektthemen definiert und Angebote und Aktivitäten geplant. Auch die Gestaltung der Räume und Außenanlagen wird abgeleitet aus der Situationsanalyse und den Beobachtungen.

2.1 Gestaltung der Spielbereiche und Materialien

Der Gestaltung der Spielbereiche und Materialien kommt im Hinblick auf die Selbstbildungspotenziale der Kinder eine hohe Bedeutung zu. Deshalb wird die Gestaltung regelmäßig auf der Grundlage der Beobachtungsergebnisse und der Situationsanalyse angepasst:

- Welche Interessenlagen herrschen vor, und wie müssen die Räume gestaltet werden, damit Kinder – entsprechend ihren Inte-

ressenlagen und Neigungen – experimentieren und forschen können?
- Welche Materialien müssen derzeit bereitgestellt werden?

Die Kinder werden bei diesem Prozess aktiv beteiligt.

In der nachfolgenden Zeit werden die Wirksamkeit der Spielbereiche und Materialien durch die fortwährende Situationsanalyse und die Beobachtungen der Kinder überprüft, Konsequenzen gezogen bzw. Maßnahmen ergriffen.

2.2 Projekte/Aktivitäten

Neben dem Freispiel zur Unterstützung und Förderung der Eigeninitiative des Kindes sind Projekte mit aufeinander aufbauenden Angeboten selbstverständlicher Bestandteil der pädagogischen Arbeit.

Projekte werden aus den Beobachtungen und der Situationsanalyse abgeleitet und mit Beteiligung der Kinder geplant, durchgeführt und dokumentiert. Jedes Projekt wird nach Abschluss von den Kindern und Erzieherinnen den Eltern in unterschiedlicher Form (z. B. durch eine Fotowand) präsentiert. Die Auswertung der Projekte umfasst die Überprüfung und die Festlegung von Verbesserungspotenzialen für die Planung und Durchführung von nachfolgenden Projekten.

Darüber hinaus wird ein Aktivitätenspiegel geführt, in dem dokumentiert wird, welches Kind an welchem Angebot teilgenommen hat. Hierdurch wird »auf einen Blick« erkennbar, welche Interessen und Neigungen die einzelnen Kinder haben. Weiterhin wird für die Erzieherin erkennbar, ob sie alle Bildungsbereiche gleichermaßen berücksichtigt hat.

3 Dritter und vierter Schritt des Regelkreises: überprüfen/analysieren, verbessern und anpassen

3.1 Auswertung und Wirksamkeitsprüfungen

Die Auswertung der Aktivitäten und die daraus abzuleitenden Maßnahmen für die Weiterentwicklung und Verbesserung werden folgendermaßen umgesetzt: Einmal monatlich erfolgt in jedem Kleinteam (Gruppenebene) eine Auswertung. Hierbei werden die festgelegten Maßnahmen, die pädagogischen Interventionen im Alltag, die Gestaltung der Spielbereiche und Materialien, die Projekte, Aktivitäten und die Interaktionen der Erzieherinnen auf Wirksamkeit hin überprüft und dokumentiert. Die abschließend festgestellten und dokumentierten Verbesserungspotenziale sind handlungsleitend für die weitere pädagogische Arbeit der Erzieherinnen. Bei dieser Auswertung geht es keineswegs nur um formale Verfahrensabläufe, hier stehen ebenso die fachlichen Kompetenzen, die »Interaktionsqualitäten« der Erzieherinnen und die festgelegten Standards für die jeweiligen pädagogischen Prozesse auf dem Prüfstand.

Abbildung 1: Fünf Schritte der Evaluation

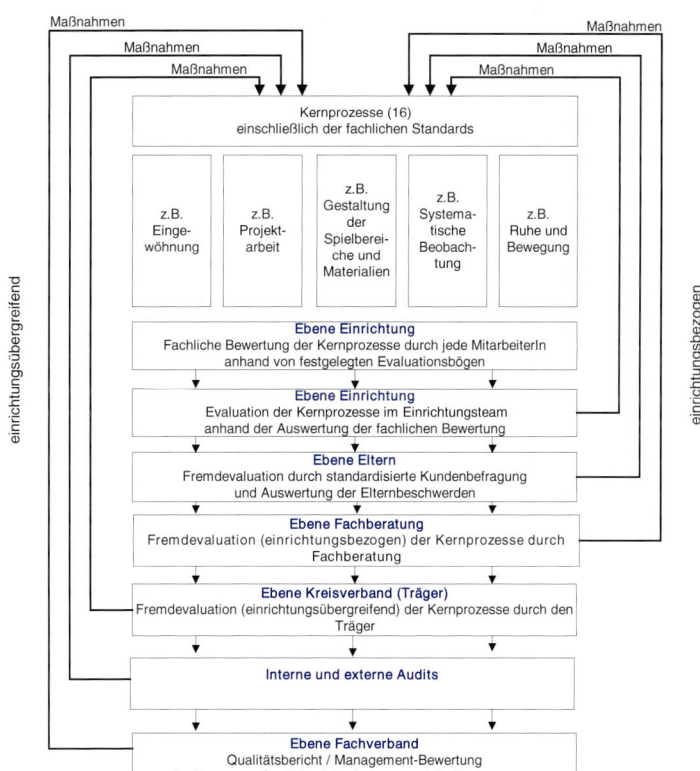

3.2 Evaluationen

Einmal jährlich erfolgt eine grundlegende Evaluation aller pädagogischen Prozesse. Die Evaluationen beinhalten fünf Schritte:
1. Selbstevaluation auf der Einrichtungsebene
2. Fremdevaluation durch Eltern
3. Fremdevaluation durch Fachberatung
4. Fremdevaluation durch den Träger (AWO-Kreisverband)
5. Fremdevaluation durch die Gesamtorganisation (Fachverband)

Die Abbildung 1 skizziert die einzelnen Schritte.

Ad 1: Die **Selbstevaluation auf der Einrichtungsebene** beinhaltet die Bewertung der pädagogischen Arbeit durch die Mitarbeiterinnen der Einrichtungen. Für jeden Prozess gibt es einen Bewertungsbogen, in denen die Mitarbeiterinnen ihre fachliche Bewertung des jeweiligen Prozesses eintragen. In Evaluationszirkeln wird das Ergebnis dieser fachlichen Bewertungen analysiert, sich daraus ergebende Verbesserungspotenziale besprochen und im Sinne qualitativer Weiterentwicklung zur Umsetzung festgelegt.

Der Auszug aus einem Bewertungsbogen (vgl. Abb. 2) zeigt, wie die Evaluationsinstrumente aufgebaut sind.

Abbildung 2: Auszug aus einem Bewertungsbogen

Entwicklungsbeobachtung/ Maßnahmen	1. Trifft voll zu	2. Trifft überwiegend zu	3. Trifft nur teilweise zu	4. Trifft nicht zu	Besser wäre, wenn…
Der Zeitraum für die Beobachtungsphase wurde eingehalten.	😊	🙂	😐	☹️	
Das Beobachtungsinstrument konnte ich sicher einsetzen.	😊	🙂	😐	☹️	
Meine Ziele waren überprüfbar.	😊	🙂	😐	☹️	
Meine Maßnahmen waren wirksam.	😊	🙂	😐	☹️	

Ad 2: Zur **Fremdevaluation durch Eltern** gehört die Auswertung von regelmäßig durchgeführten Elternbefragungen und Elternbeschwerden.

Ad 3: Zur **Fremdevaluation durch die Fachberatung** leiten die Einrichtungsleitungen die Ergebnisse der einrichtungsinternen Evaluationen und die Maßnahmeplanung weiter. Dies erfolgt unmittelbar nach dem in der Einrichtung durchgeführten Evaluationszirkel.

Die Fachberatung bewertet aus ihrer Sicht die festgelegten Maßnahmen in Bezug auf die Auswertungen und berät das Einrichtungsteam. Die abschließend festgelegten Maßnahmen werden umgesetzt und fließen im nächsten Jahr wieder in die Evaluation ein.

Ad 4: Die Fremdevaluation auf der **Ebene des Kreisverbandes** stellt darüber hinaus eine übergreifende Zusammenfassung aller Ergebnisse aus den 76 Tageseinrichtungen für Kinder auf der Ebene des Kreisverbandes und des gesamten Fachverbandes dar.

Diese Gesamtauswertungen in den Kreisverbänden ebenso wie im Fachverband geben Aufschluss darüber, ob ein Prozess wirksam umgesetzt wird oder welche grundsätzlichen Probleme bzw. Verbesserungspotenziale vorhanden sind. Daraus resultierend werden Maßnahmen zur Verbesserung der Prozesse festgelegt.

Ad 5: Die Fremdevaluation auf der **Ebene des Fachverbandes** stellt darüber hinaus eine übergreifende Zusammenfassung aller Ergebnisse aus den 76 Tageseinrichtungen für Kinder auf der Ebene des Trägers dar. Das nachfolgende Beispiel zeigt eine tabellarische Auswertung (vgl. Abb. 3) eines Prozesses.

Abbildung 3: Ergebnis aus dem Kindergartenjahr 2003/2004

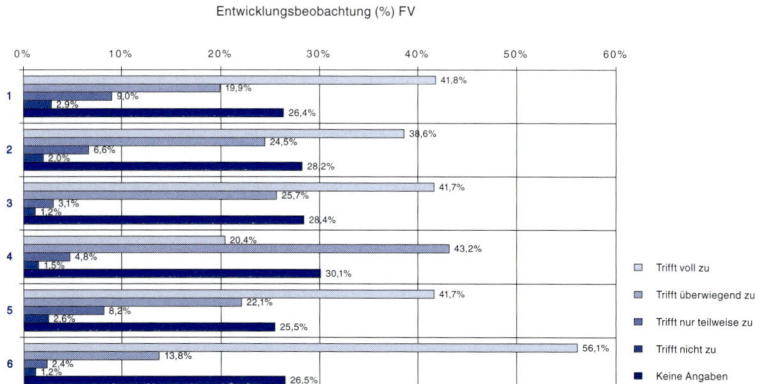

1. Der Zeitraum für die Beobachtungsphase wurde eingehalten.
2. Das Beobachtungsinstrument konnte ich sicher einsetzen.
3. Meine Ziele waren überprüfbar.
4. Meine Maßnahmen waren wirksam.
5. Die fallbezogenen Besprechungen fanden regelmäßig statt.
6. Die Eltern wurden informiert und beraten.

Diese Gesamtauswertungen geben Aufschluss darüber, ob ein Prozess wirksam umgesetzt wird oder welche grundsätzlichen Probleme bzw. Verbesserungspotenziale vorhanden sind. Daraus resultierend werden Maßnahmen festgelegt. In dem o.g. Ergebnis wurden Verbesserungspotenziale bei drei Fragen deutlich und folgende Maßnahmen ergriffen:

- Unterstützung der Einrichtungen bei der Jahresplanung mit dem Ziel, den Zeitraum der Beobachtungsphasen störungsfrei zu halten;
- Beratung der Einrichtungen bei der Dienstplangestaltung mit dem Ziel, Besprechungen zu ermöglichen;
- weitere Fortbildungen zu dem Beobachtungsinstrument mit dem Ziel, einen sichereren Umgang mit dem Beobachtungsinstrument zu erreichen;
- Beratung und Fortbildungen zu kindbezogenen Maßnahmen mit dem Ziel, die Wirksamkeit und Nachhaltigkeit dieser Maßnahmen zu erhöhen.

Die Steuerung der fachlichen Arbeit durch das QM-System erforderte in den Tageseinrichtungen des AWO-Fachverbandes einen erheblichen Umdenkungsprozess und zunächst auch einen hohen Zeitaufwand, der mit großem Engagement und großer Bereitschaft aller Mitarbeiterinnen geleistet wurde. Dabei gab es verständlicherweise zunächst auch Vorbehalte, Missverständnisse und Widerstände zu bearbeiten, die – mit Blick auf das professionelle Selbstverständnis der pädagogischen Mitarbeiterinnen – nachvollziehbar sind. Mittlerweile haben sich das Bewusstsein und die Handlungskompetenzen – im Sinne von kontinuierlicher Weiterentwicklung der Qualität – spürbar verstärkt und auch der Zeitaufwand, der zu Beginn erforderlich war, hat sich reduziert.

Folgende Statements aus der Praxis zeigen, wie die Mitarbeiterinnen die Umstellung der Arbeit bewerten:

- »Das QM-System führte bei uns zu einer deutlich stärkeren Strukturierung und einer höheren Verbindlichkeit. Früher haben wir auch vieles von dem gemacht, was wir heute machen, aber nicht so konsequent und nicht so kontinuierlich.«
- »Die Nachvollziehbarkeit und die Überprüfbarkeit macht unsere pädagogische Arbeit nachhaltiger und führt damit auch zu einer höheren Zufriedenheit und Sicherheit.«
- »Früher musste jede Kita alles selber machen, heute sind wir vernetzt und profitieren von dem Wissen und den Erfahrungen der anderen 76 Kitas in unserem Verbund. Das macht Spaß und erleichtert die Arbeit.«
- »Wir dokumentieren viel mehr als vorher. Das nervt zwar manchmal, führt aber zu gesicherten Erkenntnissen über die Kinder und ihre Lebenssituationen und ist eine gute Grundlage zur Auswertung und Evaluation der pädagogischen Arbeit. Somit gehen keine Informationen und keine Erkenntnisse über die Kinder ›verloren‹.«
- »Die Transparenz und die Qualitätsprüfungen (interne und externe Audits) haben bei den Eltern zu einer höheren Akzeptanz und Wertschätzung der pädagogischen Arbeit geführt.«
- »Wir überprüfen kontinuierlich die pädagogische Arbeit und wissen dadurch, ob unser pädagogisches Handeln bei den Kindern auch etwas bewirkt.«
- »Durch die festgelegten Prozesse, Kommunikationswege, Zuständigkeiten und Besprechungsthemen ist die Teamarbeit wesentlich strukturierter und ressourcenorientierter geworden.«

- »Die Teamarbeit ist strukturierter, es gibt fest vereinbarte Kommunikationswege, Zuständigkeiten und Besprechungen.«
- »Die kontinuierlichen Auswertungen und Evaluationen erhöhen die Qualität unserer Arbeit, geben uns pädagogischen Mitarbeiterinnen Sicherheit und bieten die Möglichkeit, die Arbeit nach außen (z. B. bei Eltern, Jugendämtern, Politikern …) darzustellen und nachzuweisen.«

Das KTK-Gütesiegel® – ein verbandlich abgestimmtes Enwicklungs- und Zertifizierungsinstrument für Kindertageseinrichtungen
Ralf Haderlein

1	Gesellschaftlicher Auftrag und trägerspezifischer Auftrag	210
2	Das KTK-Gütesiegel	212
3	Auszug zum Bereich Kinder aus dem KTK-Gütesiegel®	214
4	Fazit	217

Kindertageseinrichtungen sind wie andere soziale Einrichtungen einem ständigen Lern- und somit Weiterentwicklungsprozess unterzogen. Die Fortführung pädagogischer und didaktischer Konzepte, die Anforderungen an bedarfsgerechte Öffnungszeiten, die kompetente Zusammenarbeit mit Eltern sind zentrale Themen des Arbeitsfeldes, mit denen sich Träger und Mitarbeiter/innen seit vielen Jahren auseinandersetzen. Die aktuelle Debatte fordert darüber hinaus mehr Transparenz, mehr Kundenorientierung, mehr Effektivität und Effizienz und eine systematische Weiterentwicklung der Qualität. Das neue TAG und die implizite Forderung nach der Einführung eines Qualitätsmanagements unterstreicht diese Perspektive. Auch das steigende Qualitätsbewusstsein der Gesellschaft, das durch Studien wie PISA oder OECD verstärkt in die Debatte eingebracht wurde, fordert solche Handlungsschritte geradezu heraus.

In diesem Zusammenhang ist die Einführung eines transparenten Qualitätsmanagementsystems für alle Seiten nicht nur von Vorteil, sondern auch unbedingt empfohlen und notwendig. Ein solches Verfahren umfasst die Komplexität der Kindertageseinrichtung im Gegensatz zu einzelnen, nur Teilaspekte betrachtenden Ratingskalen, die zudem einen trägerspezifischen Auftrag negieren.

QM wird mittlerweile in über 1200 Kindertageseinrichtungen der katholischen Kirche angewandt. Dieser Anteil ist nicht auf Grund einer Gesetzesinitiative wie TAG wachsend, sondern weil diese Einrichtungen mittels des Instrumentes ihr eigenes Profil verschärfen, weiterentwickeln und durch kundenorientierte Prozesse vertieft auch transparente Qualitätsdimensionen nach außen sichtbar werden ließen, was unmittelbar zu einer Imagesteigerung und -verbesserung und somit zu mehr Kundenzufriedenheit und damit Kinderorientierung führte.

1 Gesellschaftlicher Auftrag und trägerspezifischer Auftrag

Ausgehend von der eigenen Qualitätspolitik – in sozialen Einrichtungen eher bekannt unter Leitbild – formulieren die Einrichtungen ihr jeweils eigenes Profil, welches sie mittels Qualitätszielen und den daraus abgeleiteten Prozessen operationalisieren. Die Qualitätspolitik der jeweiligen Einrichtung hängt in entscheidendem Maße vom jeweiligen Träger und damit dessen Interessen und Bedingungen ab. Inhalte der Qualitätspolitik sind also immer auf die jeweilige

Gesellschaft, den Träger und die Kunden der Einrichtung ausgerichtet, sie sind kontextbezogen. Eine kontextlose Kriteriologie mancher auf dem Markt existenter Gütesiegel verhallt gerade deshalb in Beliebigkeit.[1] Eine Kindertageseinrichtung – egal in welcher Trägerschaft – muss sich zwei Aufträgen stellen: dem gesellschaftlichen Auftrag und dem trägerspezifischen Auftrag. Der gesellschaftliche Auftrag ist mit Erziehung, Betreuung und Bildung und den von den Ländern vorgegebenen Bildungsplänen definiert. Der trägerspezifische Auftrag wird von den jeweiligen Trägern definiert.

Um eine Verdeutlichung dieser Aussagen vorzunehmen, wird das Bild eines Baumes verwendet, der aus zwei Stämmen besteht, dem Stamm »gesellschaftlicher Auftrag« und dem Stamm »trägerspezifischer Auftrag«. Die aus beiden Stämmen erwachsenden Äste verschmelzen in der Krone ineinander und sind nicht mehr zu trennen. Die Krone bildet das Ergebnis der Kindertageseinrichtung. Die Wurzeln reichen tief in den Nährboden, der mit den jeweiligen Nährstoffen und der Sinndeutung der Träger gefüllt ist. So wird eine Kindertageseinrichtung in katholischer Trägerschaft auf dem Nährboden und der Sinnqualität des christlichen Glaubens eingebunden in die katholische Kirche stehen oder eine kommunale Einrichtung auf dem Nährboden und der Sinnqualität des Grundgesetzes, der sich daraus ableitbaren staatstheoretischen Begründungen sowie der Eingebundenheit in die lokale politische Gemeinde. Die jeweiligen Aufträge werden dann mit diesen – um im Bild zu bleiben – Nährböden und Sinnqualitäten verbunden. So wird der religiöse Bildungsbegriff andere Nuancen aufweisen als der kommunale Bildungsbegriff. Die jeweiligen trägerspezifischen Aufträge vertiefen und erweitern die sich durch den gesellschaftlichen Auftrag ergebenden Möglichkeiten. So wird eine katholische Einrichtung nicht durch das Lernen von Gebeten und das Besuchen von Gottesdiensten »katholisch« (eine kommunale Einrichtung nicht durch das Auswendiglernen des Grundgesetzes und den Besuch von Gemeinderatssitzungen kommunal), sondern beide Einrichtungen werden ihr jeweiliges Profil erhalten, wenn beide Aufträge ineinander verschmolzen sind. Es geht also um die Haltung einer Kindertageseinrichtung, und damit um die der Mitarbeiter/innen und des Trägers.

---

1 Zur ausführlichen Diskussion der Frage eines nationalen trägerunabhängigen Gütesiegels im Kontext höchstrichterlicher Rechtsprechung kann der Beitrag »Das Spezifikum katholischer Kindertageseinrichtungen. Der 3. Weg aus der Sicht des Bundesverfassungsgerichts und die Frage nach der Möglichkeit eines nationalen Gütesiegels« von Ralf Haderlein vertiefenden Einblick bieten. Zu beziehen über den KTK-Bundesverband.

Diese Haltung mit ihrer Deutung von Welt und Sein gilt es herauszuarbeiten, transparent zu gestalten, im Managementprozess umzusetzen und weiterzuentwickeln.

2 Das KTK-Gütesiegel

Dieser Situation hat sich der KTK-Bundesverband mit seinen 8000 Einrichtungen gestellt. Dazu hat sich der Bundesvorstand entschlossen, ein verbandlich abgestimmtes, an der europäischen Norm DIN EIN ISO 9001 orientiertes, dem EFQM-Modell[2] angelehntes Bundesrahmenhandbuch zu entwickeln, zu erproben und seinen Mitgliedseinrichtungen zur Verfügung zu stellen.

Mit dem so genannten KTK-Gütesiegel® wird das vierfache Mandat katholischer Kindertageseinrichtungen deutlich:
- Sicherung der Zukunft durch Balance zwischen kirchlichem und gesellschaftlichem Auftrag;
- Umsetzung eines eigenen katholischen Profils, bei dem die Angebote und Arbeitsabläufe kontinuierlich geprüft, weiterentwickelt und dokumentiert werden;
- Stärkung des Vertrauens in das Leben, Förderung der Kinder, Unterstützung der Eltern und Stiftung von Solidarität in und mit der Kirchengemeinde und der politischen Gemeinde.

Das KTK-Gütesiegel® ist so angelegt, dass es einerseits als ein am EFQM-Ansatz und den Ergebnissen der Nationalen Qualitätsinitiative orientiertes Weiterentwicklungsinstrument genutzt werden kann. Andererseits ist es ein Zertifizierungsinstrument nach DIN EN ISO 9001 inklusive der fachlichen Anforderungen des gesellschaftlichen und kirchlichen Auftrages. Mit der Umsetzung des KTK-Gütesiegels® profilieren sich die Kindertageseinrichtungen als katholische Einrichtungen mit ihren jeweiligen spezifischen Aufgabenfeldern. Damit fördert der KTK-Bundesverband die Qualitäts-

---

2 EFQM – European Foundation for Quality Management: Unabhängig von Branche, Größe, Struktur oder Reifegrad brauchen Organisationen ein geeignetes Managementsystem, wenn sie erfolgreich sein wollen. Das EFQM-Modell ist ein praktisches Werkzeug, das Hilfestellung gibt für den Aufbau und die kontinuierliche Weiterentwicklung eines umfassenden Managementsystems und das aufzeigt, wo man sich auf der Reise zu Excellence befindet. Es hilft, eigene Stärken, Schwächen und Verbesserungspotenziale zu erkennen und die Unternehmensstrategie darauf auszurichten. Das EFQM-Modell für Excellence ist ein Total-Quality-Management-Modell, das alle Managementbereiche abdeckt und zum Ziel hat, den Anwender zu exzellentem Management und exzellenten Geschäftsergebnissen zu führen.

entwicklung auf Grundlage verbandlich abgestimmter Qualitätsanforderungen. An Wettbewerbsstandorten ermöglicht die Umsetzung des KTK-Gütesiegels® Wettbewerbsvorteile gegenüber anderen Anbietern.

Das KTK-Gütesiegel® umfasst insgesamt neun Qualitätsbereiche, die eine inhaltliche Trennung zur besseren Systematisierung vornehmen, aber in sich aufeinander bezogen sind. Die Komplexität der Prozesse in Kindertageseinrichtungen lässt sich nicht in eine einfachdimensionierte Systematik packen, deshalb sind die Einrichtungen aufgefordert, die Anforderungen der jeweiligen Qualitätsbereiche nicht dogmatisch zu trennen, sondern an sinnvollen Stellen miteinander dynamisch zu verbinden. Die neun Qualitätsbereiche unterteilen sich in Kinder, Eltern, Kirchengemeinde, politische Gemeinde, Glaube, Träger und Leitung, Personal, Mittel und den Qualitätsbereich Qualitätsentwicklung/Qualitätssicherung.

Jedem Qualitätsbereich liegt eine durchgehende Struktur zu Grunde. In der Präambel des Qualitätsbereiches wird eine Situationsbeschreibung (»In katholischen Kindertageseinrichtungen wird wahrgenommen ...«), die sich aus den Erfahrungen von Leiterinnen und Erzieherinnen speist, vorgenommen. Diese Befunde werden an den oben beschriebenen Grundlagen, dem Nährboden und der Sinnqualität, des katholischen Glaubens reflektiert (»In katholischen Kindertageseinrichtungen wird davon ausgegangen ...«), um im dritten Schritt der Qualitätsbereichspräambel in die Verhaltensebene umgesetzt zu werden (»In katholischen Kindertageseinrichtungen wird so gehandelt ...«). Der damit vorgenommene Dreischritt orientiert sich an der im zweiten Vatikanischen Konzil erfolgreich eingesetzten Formel: sehen, urteilen, handeln. Aus der Präambel werden danach Qualitätsanforderungen formuliert, die eine erste Konkretionsebene darstellen. Um eine messbare Ebene zu erreichen, werden die Qualitätsanforderungen auf die praktische Ebene operationalisiert. So entsteht ausgehend von den Präambeln der jeweiligen Qualitätsbereiche ein sich durchziehender roter Faden bis zu den Praxisindikatoren, anhand derer die Bewertung vorgenommen wird. Zum besseren Verständnis wurden ausgewählte Nachweismöglichkeiten den Einrichtungen im KTK-Gütesiegel® an die Hand gegeben.

3   Auszug zum Bereich Kinder aus dem KTK-Gütesiegel®

»Die Präambel:

In katholischen Kindertageseinrichtungen

... wird wahrgenommen,
dass Kinder oft als alleinige Sinnstifter und Quelle des Glücks ihrer Eltern überfordert sind. Gleichzeitig werden sie als Konsumenten der Wirtschaft umworben. Kindheit als eigenständige und bedeutende Lebens- und Entwicklungsphase mit all ihren Chancen, Krisen und Orientierungsmöglichkeiten wird oft nicht wertgeschätzt. In der Gesellschaft begegnen Kinder Menschen unterschiedlicher Kulturen, Nationen und Religionen. Sie erleben Menschen mit Behinderung, Menschen, die in Armut leben oder die anderweitig benachteiligt sind. Kinder wachsen zudem in einer von Wertepluralismus geprägten Gesellschaft auf. Viele Kinder erleben auch, dass ihr Leben und das ihrer Familien von Übergängen geprägt ist. Diese sind gekennzeichnet durch Neuanfang und Abschied, und damit auch durch die Notwendigkeit, das Leben und seine Übergänge bewältigen zu können.

... wird davon ausgegangen,
dass Gott Kindern, wie allen Menschen, eine unverwechselbare Würde schenkt und sie in ihrer Eigenständigkeit wertschätzt – unabhängig von ihrem Alter, ihrem Entwicklungsstand, ihrer Herkunft, ihrer besonderen Lebenslage oder ihrer Kaufkraft. Gott nimmt die Kinder an, wie sie sind. Jesus selbst durchlebte diese Kindheit. Er unterstreicht damit den unverwechselbaren Stellenwert des Kindes von Anfang an. Indem er sich den Kindern zuwendet und sie segnet, spricht er ihnen seinen Schutz zu. Er stellt sie in die Mitte der Gesellschaft und macht sie zum Vorbild für die Erwachsenen. In seiner Auferstehung gibt er den Menschen, und damit den Kindern, die Kraft und Hoffnung, Lebensübergänge zu bewältigen und so zu verarbeiten, dass ihnen daraus Stärke erwächst.

... wird so gehandelt,
dass die Würde des Kindes und dessen Einzigartigkeit im pädagogischen Alltag respektiert wird. Kinder erleben sich in katholischen Kindertageseinrichtungen als eigenständige Persönlichkeit, die von den pädagogischen Mitarbeiterinnen wertgeschätzt wird. Sie haben die Gewissheit, von verlässlichen Bezugspersonen und Dialogpart-

nern angenommen und geliebt zu werden. Dies gilt für alle Kinder, unabhängig davon, welcher Nationalität oder welchem Glauben sie angehören. Hier lernen Kinder, was sie zur Bewältigung von Übergängen und für ihr künftiges Leben brauchen.«

Auf der ersten Konkretionsebene entstehen in diesem Bereich vier Anforderungen:

1. Katholische Kindertageseinrichtungen stellen einen Bezug zum Alltag der Kinder her.
2. Katholische Kindertageseinrichtungen bereiten Kinder ausreichend auf ihr zukünftiges Leben vor.
3. Katholische Kindertageseinrichtungen sind Orte, in denen Kinder ausreichend Freiraum und Orientierung erhalten.
4. In Katholischen Kindertageseinrichtungen bestimmen Kinder mit.

Die erste Anforderung wird wie folgt in den Praxisindikatoren operationalisiert:

»In katholischen Kindertageseinrichtungen,
1. ist die Beobachtung von Kindern und die Analyse ihrer Bedürfnisse eine unverzichtbare Grundlage für die pädagogische Planung;
2. reagieren die pädagogischen Mitarbeiterinnen angemessen auf die Bedürfnisse und Interessen der unterschiedlichen Altersgruppen der Kinder;
3. werden Kinder in besonderen Lebenslagen angemessen integriert;
4. lernen Kinder, eigene Gefühle wie Trauer, Angst, Wut, Enttäuschung und Freude auszudrücken sowie die Gefühle anderer Kinder zu respektieren.«

Um eine Bewertung der jeweiligen Praxisindikatoren vorzunehmen, wird der Deming'sche Qualitätskreislauf angewandt. Bei jedem Praxisindikator gilt es nachzuweisen, dass dieser geplant, durchgeführt, überprüft und verbessert wurde.

> Planen:
> Gibt es in der Kindertageseinrichtung Regelungen/Dokumente zum Praxisindikator, aus denen hervorgeht, dass die Anforderung berücksichtigt werden soll/geplant wird?
>
> Handeln:
> Wie wird der Praxisindikator auf der Grundlage der Anforderung umgesetzt?
>
> Prüfen:
> Wie wird der Erfolg der Umsetzung des Praxisindikators geprüft/reflektiert?
>
> Verbessern:
> Wie werden aus den Ergebnissen der Prüfung/Reflexion Konsequenzen abgeleitet?

Die Kindertageseinrichtungen müssen zu allen vier Phasen jedes Praxisindikators Nachweise erbringen, dass diese abgearbeitet wurden. Nur wenn alle vier Kriterien des Deming'schen Qualitätskreislaufes bearbeitet wurden, gilt der Praxisindikator als erfüllt.

Um eine Zertifizierung nach dem KTK-Gütesiegel® zu erhalten, müssen die Einrichtungen folgende Punkte erfüllen:
- alle Praxisindikatoren, die Forderungen der DIN EN ISO 9001:2000 beinhalten – und
- mindestens 50 Prozent der Praxisindikatoren je Anforderung.

Somit wird sichergestellt, dass sowohl das Qualitätsmanagementsystem angewandt wird als auch die inhaltlichen Qualitätskriterien einer katholischen Kindertageseinrichtung umgesetzt werden.

Das Zertfizierungsverfahren wird eingeleitet, indem eine Einrichtung bei einem der zugelassenen Zertifizierer die Zertifizierung nach dem KTK-Gütesiegel® beantragt. Die Zertfizierung erfolgt dann nach den Vorgaben des KTK-Gütesiegels®. Die so genannten Audits werden von speziell für das KTK-Gütesiegel® geschulten KTK-Gütesiegelauditoren, die eine grundständige Auditorenausbildung gemäß der DIN EN ISO 9001:2000 vorweisen können, durchgeführt. Die Auditoren werden sowohl von der Zertifizierungsstelle als auch vom KTK-Bundesverband überwacht und fortgebildet.

Für die Umsetzung des KTK-Gütesiegels® hat der KTK-Bundesverband ein Bundesrahmenhandbuch erarbeitet. Dieses enthält neben der Zertifizierungsgrundlage die Qualitätsanforderungen mit den Praxisindikatoren, die Nachweismöglichkeiten als Orientierungshilfe für die Einrichtungen sowie die Bewertungsmatrix. Einführende Beiträge zur Bedeutung des Qualitätsmanagements für katholische Kindertageseinrichtungen runden das Bundesrahmenhandbuch ab. Spezifische Aussagen und Anforderungen der Diözesen zur Qualität von katholischen Kindertageseinrichtungen ergänzen sinnvoll das KTK-Bundesrahmenhandbuch wie die Informationen über das Zertifizierungsverfahren und über die Zertifizierungsgesellschaften.

Als weiteres Unterstützungsmittel gibt der KTK-Bundesverband das Managementhandbuch als Grundlage und Unterstützung für Fachberater, Träger und Erzieherinnen heraus. Es umfasst: einführende Beiträge zum Umgang mit dem KTK-Gütesiegel, weitergehende Erläuterungen zu einigen ausgewählten Anforderungen und Praxisindikatoren, Beschreibung einiger ausgewählter Praxisindikatoren von der Praxis für die Praxis sowie ausgewählte Ergebnisse des Projektes »Vertrauen in das Leben stärken. Das Profil katholischer Kindertageseinrichtungen«, welches von vier Kommissionen der Deutschen Bischofskonferenz sowie dem KTK-Bundesverband getragen wird. Das Projekt orientiert sich am KTK-Gütesiegel® und setzt vier ausgewählte Bereiche mit allen Praxisindikatoren um.

4   Fazit

Das KTK-Gütesiegel® ist das erste zertifizierbare bundeseinheitlich verbandlich abgestimmte Qualitätsentwicklungsinstrument auf der Grundlage der DIN EN ISO 9001 und des EFQM-Ansatzes. Gleichzeitig dient das KTK-Gütesiegel® als Zertifizierungsinstrument nach europäischem Standard. Die Zusammenarbeit mit unabhängigen etablierten Zertifizierern garantiert ein Optimum an Transparenz, Unterstützung und Offenheit. Durch die Anlage des KTK-Gütesiegels® wird eine ständige Weiterentwicklung auf fachlicher, trägerspezifischer, gesellschaftlicher und qualitätsmanagementorientierter Ebene gewährleistet. Somit hat der KTK-Bundesverband mit dem KTK-Gütesiegel® ein in der Bundesrepublik einmaliges Instrument geschaffen, um das Profil seiner Einrichtungen zu stärken und weiterzuentwickeln. Die kirchliche Zertifizierungsgesellschaft Procum Cert® hat eine erste Einrichtung im Januar 2005 nach dem KTK-Gütesiegel® zertifiziert.

Eigene Wege der Qualitätsentwicklung in evangelischen Kindertageseinrichtungen
Doris Beneke

1	Einführung	220
2	Theologische Dimension in evangelischen Tageseinrichtungen für Kinder	222
3	Praxisdimensionen in evangelischen Tageseinrichtungen für Kinder	224
4	Qualitätsdimensionen in evangelischen Tageseinrichtungen für Kinder	227
5	Literatur	234

Doris Beneke

1 Einführung

Die Evangelische Qualitätsoffensive ist ein eigener Beitrag der Bundesvereinigung Evangelischer Tageseinrichtungen für Kinder e.V. (BETA) zur bundesweiten Debatte um die Qualität von Kindertageseinrichtungen. Sie besteht aus unterschiedlichen Bausteinen, die systematisch weiterentwickelt werden.

Am Anfang stand die Qualifizierung von Fachberatungen und Fortbilder(inne)n, die in Kooperation mit der Diakonischen Akademie Deutschland eine umfassende Weiterbildung zu Qualitätsmanager(inne)n in der sozialen Arbeit erhielten. Damit ist ein breites bundesweites Netz von Fachkräften entstanden, die evangelische Kindertageseinrichtungen im Prozess der Qualitätsentwicklung professionell begleiten.

Als weiterer Baustein wurde beschlossen, evangelischen Trägern und Einrichtungen eine Orientierungshilfe bei der Entwicklung einrichtungsbezogener Qualitätsprozesse zu bieten. Die unterschiedlichen Ansätze[1], die bis dahin angeboten wurden, führten vielfach zu Verwirrungen darüber, welches denn nun der »richtige« Ansatz sei.

Trägerverbände und Fachberatungen wünschten sich eine systematischere Zugangsweise zur Qualitätsentwicklung, die auch Elemente von Personalentwicklung und Organisationsentwicklung beinhaltet. Ziel sollte es sein, für den evangelischen Trägerbereich eine so weit wie möglich einheitliche, methodische und inhaltliche Vorgehensweise zu implementieren.

Die Bundesvereinigung Evangelischer Tageseinrichtungen für Kinder hat sich nach intensiven Diskussionen dafür entschieden, ein Konzept für ein umfassendes Qualitätsmanagementsystem auf Grundlage eines Qualitätshandbuchs zu entwickeln, das Systeme wie *Total Quality Management* (TQM), *European Foundation of Quality Management* (EFQM) sowie die Instrumente der DIN EN ISO 9000:2000 berücksichtigt. Die konkrete Umsetzung erfolgte durch die Entwicklung des Bundes-Rahmenhandbuchs, das zugleich als Leitfaden zur Entwicklung von einrichtungsspezifischen Handbüchern dient (BETA/DQF 2002).

---

1 Beispielhaft dafür stehen die »*Kindergarten-Einschätz-Skala*« (KES) von Prof. Dr. Wolfgang Tietze (Tietze u. a. 2001), das Konzept des Kronberger Kreises (Kronberger Kreis 1998) und das Qualitätssystem *integrierte Qualitäts- und Personalentwicklung (IQUE)* von Ulrike Ziesche (Ziesche 1999, 2001, 2002).

Der gewählte Ansatz berücksichtigt sowohl wesentliche Aspekte des evangelischen Selbstverständnisses als auch Anforderungen, die an den trägerspezifischen Hintergrund zu stellen sind. Zentrale Elemente wie Leitbild, Wertorientierung und Haltung werden ebenfalls mit einbezogen und bieten zusätzliche Argumente für die Anwendung dieses Bezugssystems. Damit trägt das Selbstverständnis auch dazu bei, evangelische Träger bei der Wahrnehmung ihrer Führungsverantwortung zu unterstützen und die Mitarbeiter(innen) aktiv, verantwortlich und mit ihren Fähigkeiten und Begabungen in den Prozess der Qualitätsentwicklung mit einzubeziehen.

Des Weiteren bindet es die Eltern als Nutzer der Kindertageseinrichtungen systematisch in die wesentlichen Prozesse ein und beteiligt sie als Partner am Entwicklungsprozess ihrer Kinder.

Die Instrumente der DIN EN ISO 9000:2000 bieten ein breites Repertoire an Methoden und Verfahren zur Unterstützung und Absicherung von Qualitätsentwicklungsprozessen. Ihre auf eine kontinuierliche Qualitätsverbesserung ausgerichtete Konzeption spiegelt die Ansprüche an die Güte evangelischer Arbeit mit Kindern angemessen wider. Der Anspruch der kontinuierlichen Verbesserung zielt aber nicht nur auf die zentralen pädagogischen Prozesse in der Arbeit mit Kindern ab, sondern auch auf Bereiche wie Angebotsstruktur, Wirtschaftlichkeit, Personalentwicklung oder Vernetzung.

Kindertageseinrichtungen sind für Kinder zu einer selbstverständlichen Sozialisationsinstanz geworden, die sie bei ihren Entwicklungs- und Bildungsprozessen begleitet und unterstützt. Für viele Eltern ist die Unterstützung und Entlastung durch evangelische Kindertageseinrichtungen zu einem unverzichtbaren Bestandteil ihrer individuellen Lebensplanung und -gestaltung geworden, den sie als wichtige Dienstleistungsfunktion empfinden und in Anspruch nehmen.

Neben der Vereinbarkeit von Familie und Beruf kommt Kindertageseinrichtungen eine wichtige Aufgabe bei der Stärkung der Elternkompetenz zu. Ziel ist es, Kindertageseinrichtungen als Orte für die Stärkung der Erziehungskraft von Familien zu profilieren und diesen Ansatz bereits in die Gestaltung der Zusammenarbeit mit den Eltern einzubringen.

So tragen Kindertageseinrichtungen und Eltern gemeinsam mit weiteren Angeboten der evangelischen Träger wie Familienbildungsstätten oder Beratungsstellen zum gelingenden Aufwachsen von Kindern bei.

2 Theologische Dimension in evangelischen Tageseinrichtungen für Kinder

2.1 Das Menschenbild

Das Bundes-Rahmenhandbuch der BETA und des Diakonischen Instituts für Qualitätsmanagement und Forschung gGmbH (DQF) bezieht ausdrücklich die theologische Dimension in der Qualitätsentwicklung mit ein. Diese ist unverzichtbar für evangelische Einrichtungen und spiegelt sich in allen Qualitätsdimensionen wider.

Theologische Aussagen finden zusammen mit pädagogischen Aussagen Eingang in das christliche Leitbild. »Wer mit Menschen zu tun hat, trägt auch Vorstellungen darüber in sich, wie diese Menschen sind und wie sie sein sollten« (Harz 2002, S. 1f.). Mit der Klärung und Offenlegung des Menschenbildes geben wir eindeutig Auskunft über zentrale Haltungen im Umgang mit Kindern und Eltern, aber auch über den Umgang zwischen Trägern und Mitarbeiter(inne)n.

Eltern haben das Recht zu wissen, von welchem Geist und welchen Überzeugungen die Arbeit in einer Kindertageseinrichtung geprägt ist. Neben dem Staunen über und der Achtung vor der Schöpfung, stellen Hoffnung und Respekt die elementaren Grundlagen, die sich in der täglichen Arbeit als theologische Qualitätsmerkmale wiederfinden. Das christliche Menschenbild sieht in jedem Kind eine einzigartige und einmalige Persönlichkeit – mit ihren Stärken und Schwächen. Dies gilt gleichermaßen für Erwachsene.

Erzieher(innen) in evangelischen Kindertageseinrichtungen sind für Fragen des Glaubens offen und unterstützen die Kinder bei der Auseinandersetzung mit den so genannten Sinn-Fragen des Lebens nach dem Woher, Warum und Wozu.

Dieser Haltung zufolge gehört die religiöse Dimension zur Wirklichkeit der Welt, wobei die in anderen Religionen vorfindbaren Werte den Kindern zusätzliche wertvolle Lebensgrundlagen bieten (vgl. BETA 2003). In diesem Zusammenhang wird betont, dass Neugierde und Interesse für andere Religionen und Kulturen selbstverständliche Bestandteile der Arbeit in evangelischen Tageseinrichtungen für Kinder sind. Hier wird die Verschiedenheit der Kulturen und Religionen nicht nur toleriert, sondern als Bereicherung empfunden und erlebt. Die Ausführungen zum Menschenbild prägen auch die Grundaussagen in den Beiträgen zu den pädagogischen Praxisdimensionen (vgl. BETA/KTK 2002).

2.2 Der Bildungsauftrag aus religionspädagogischer Sicht

Ein besonderer Stellenwert kommt dem Bildungsauftrag evangelischer Tageseinrichtungen für Kinder aus religionspädagogischer Sicht zu. Die aktuelle Bildungsdebatte läuft Gefahr, den Bildungsauftrag zu reduzieren auf Kompetenzen der Zukunft, zum Beispiel auf das Zurechtfinden in einer virtuellen Welt. Religion und Traditionen muten in diesem Kontext fast als »verklärter« Blick zurück in vergangene Zeiten an.

Dieser Auseinandersetzung widmet das Bundes-Rahmenhandbuch ein eigenes Kapitel, das sich mit dem Bildungsbegriff differenziert und aus einer erweiterten Perspektive auseinander setzt.

Bei dieser kontroversen Betrachtung geht es nicht darum, pädagogische Alltagsvollzüge um religiöse Merkmale additiv zu ergänzen, sondern zu erkennen, dass Menschen mit ihren Wünschen und Bedürfnissen in evangelischen Einrichtungen ernst genommen und in ihrem Recht auf Würde unterstützt werden.

Vor diesem Hintergrund folgt das spezifische Dienstleistungsspektrum evangelischer Einrichtungen, das zugleich zur Entfaltung einer reichen Landschaft an Angeboten herausfordern soll, folgendem Grundsatz:

»Kinder als ›Gottsucher‹ ernst nehmen und ihnen ein glaubwürdiges Angebot gelebter Religion zu machen, bleibt ein entscheidender Auftrag evangelischer Tageseinrichtungen für Kinder« (Haas in BETA/DQF 2002, S. 1/49).

2.3 Leitsätze der Trägerschaft

Dem Bundes-Rahmenhandbuch liegt eine Kernaussage aus dem Total Quality Management (TQM) zugrunde, der zufolge die Verantwortung für die Anregung, Unterstützung und Absicherung der Qualitätsentwicklung bei den Führungskräften liegt. Für viele Träger aber stellt sich grundsätzlich die Frage nach der Motivation für die Trägerschaft.

Pastor Renke Brahms erläutert die unterschiedlichen Ebenen der Motivation aus theologischer und historischer Sicht sowie unter Wettbewerbs- und Marktgesichtspunkten. Er beschreibt, warum Eigenschaften wie Solidarität mit den Schwachen, zum Glauben hinführen durch Vorleben und Vermitteln, Zusammenleben und Gestalten von Gemeinschaft oder Feiern christlicher und anderer Feste die wesentlichen Aspekte evangelischer Trägerschaft markieren. Somit bietet das Bundes-Rahmenhandbuch den Trägern handhabbare Materialien und Instrumentarien sowohl zur individuellen Entwicklung des Selbstverständnisses evangelischer Trägerschaft als auch seiner Rückbesinnung und Vergewisserung.

Insgesamt trägt es dazu bei, die in den Prozessen beschriebene Verantwortung der Leitung bzw. des Trägers bewusst wahrzunehmen und zu gestalten.

3 Praxisdimensionen in evangelischen Tageseinrichtungen für Kinder

3.1 Verantwortungsebenen

Voraussetzung für eine erfolgreiche Umsetzung der Qualitätsentwicklungsprozesse ist die Klärung der einzelnen Verantwortungsebenen. In diesem Sinne fordert die DIN EN ISO 9000:2000 für jeden einzelnen Prozess klar festgelegte Verantwortungsebenen. Dies schließt eine professionelle Wahrnehmung von Trägerverantwortung und bewusste Gestaltung der Führungsaufgaben mit ein.

Das Bundes-Rahmenhandbuch will dazu beitragen, diese Prozesse zu qualifizieren und einen Überblick über die Verantwortungsebenen sowie deren Aufgaben und Kompetenzen zu geben. Es beschreibt das gesamte System – vom Fachverband über Fachberatung, vom Träger bis zu den Mitarbeiter(inne)n – mit seinen jeweiligen Verantwortlichkeiten. Die ausführlichen Darstellungen lassen sich als Grundlage für Musterdienstanweisungen nutzen, die einzelnen Aufgabenbeschreibungen für inhaltliche Klärungsprozesse zwischen Träger und Leitung und für Prozesse der Teamentwicklung.

3.2 Aufgabenbereiche in evangelischen Tageseinrichtungen für Kinder

Die Aufgabenbereiche stellen die verbindlich zu regelnden Verfahrensabläufe und Qualitätsprozesse der Einrichtungen dar. Sie werden nach folgenden, für alle Kindertageseinrichtungen relevanten Schlüsselprozessen gegliedert und beschrieben:

1. Betreuung, Erziehung und Bildung
2. Zusammenarbeit mit Eltern
3. Bedarfsermittlung und Bedarfsentsprechung
4. Schaffung von und Umgang mit finanziellen Ressourcen
5. Personaleinsatz und Qualifikation
6. Verwaltung
7. Hauswirtschaft
8. Zusammenarbeit mit der Kirchengemeinde
9. Vernetzung mit anderen sozialen Einrichtungen
10. Öffentlichkeitsarbeit.

Jeder Aufgabenbereich wird vor dem Hintergrund aktueller wissenschaftlicher Erkenntnisse und den Erfahrungen mit der *best practice*[2] differenziert erörtert.

Im Kapitel *Bildung* sind bereits die aktuellen Ergebnisse aus wissenschaftlichen Modellprojekten berücksichtigt, ebenso die Zusammenführung von Qualitätsentwicklung und Verbesserung der Bildungsqualität.

Im anschließenden Qualitätskriterienkatalog werden die erforderlichen Qualitätsziele operationalisiert. Er benennt die Qualitätsanforderungen in den Bereichen *Struktur-*, *Prozess-* und *Ergebnisqualität*.

Da die Reflexion und regelmäßige Überprüfung verbindlich zum Prozess gehören, sind die im Kriterienkatalog aufgeführten Maßnahmen zur Evaluation speziell auf die einzelnen Aufgabenbereiche zugeschnitten. Folglich ist auch die Überprüfung der Zielerreichung, die u. a. durch eine Zufriedenheitserhebung erfolgen sollte, im Ablauf des Qualitätsprozesses konkret beschrieben.

Der Kreislauf der Qualitätsentwicklung wird erst durch die Vorgaben zur Evaluation und Dokumentation des beschriebenen Prozesses vollständig. Das Bundes-Rahmenhandbuch bietet nach jeder

---

2 Im Benchmarking erzielte Identifikation des besten Ergebnisses.

Themeneinheit entsprechende Erhebungsbögen und Arbeitsblätter an, die helfen, die Vorgaben für die einzelnen Aufgabenbereiche schnell und unkompliziert anzuwenden und zu erfüllen.

Ein wesentlicher Anspruch bei der Erstellung der Kriterienkataloge war die Integrationsfähigkeit der einzelnen Kriterien in die normalen Arbeitsabläufe einer Kindertageseinrichtung. Auch sollte ein angemessenes Verhältnis von Aufwand zum erzielbaren Gewinn und zur erreichbaren Effizienz gewährleistet sein.

Zuweilen können aber auch Abweichungen ein Zeichen von Professionalität sein, vorausgesetzt, dass sie begründet und nachvollziehbar sind.

3.3 Qualitätskriterien und verbindliche Verfahrensvorgaben

Im Folgenden sind exemplarisch Qualitätskriterien und verbindliche Verfahrensvorgaben aus den Bereichen Struktur-, Prozess- und Ergebnisqualität aufgeführt:

- Der Bedarf wird regelmäßig und systematisch anhand von Fragebögen ermittelt.
- Die Öffnungszeiten decken den Bedarf von Familien ab.
- Die Bildungsprozesse jedes einzelnen Kindes sind dokumentiert.
- Die Eltern sind über die individuellen Bildungsentwicklungen ihres Kindes informiert.
- Die Erzieherin dokumentiert ihre Beobachtungen für jedes Kind schriftlich, reflektiert sie und wertet sie aus.
- Die Erhebung der Elternzufriedenheit erfolgt regelmäßig.
- Die Eltern werden mindestens einmal jährlich im Elterngespräch über die Entwicklung ihrer Kinder informiert.
- Angestrebt wird eine Teamkultur, die sich durch Beziehungsfähigkeit und Entwicklung von Konfliktbearbeitungsstrategien auszeichnet.
- Kollegiale Beratung gilt als durchgängiges Handlungsprinzip.
- Jede Einrichtung verfügt über ein Personalentwicklungskonzept, das auch Regelungen zur Supervision enthält.
- Die Einrichtung verfügt über eine angemessene Büroausstattung mit Telefon, Fax und PC.

- Das Mahlzeitenangebot berücksichtigt regionale und saisonale Angebote sowie die Speisevorschriften, die Kinder in die Einrichtung mitbringen.
- Die Möglichkeiten der Zusammenarbeit mit dem Träger werden in einer Jahresklausur geplant, unter Berücksichtigung der Reflexionen über die Arbeit des Vorjahres.
- Die Kindertageseinrichtung verfügt über gute Kooperationsbeziehungen zu anderen sozialen Einrichtungen im Gemeinwesen.

Die Kriterienkataloge eignen sich auch zur individuellen Standortbestimmung einer Einrichtung, zum Beispiel durch folgende Fragestellungen:

- Welche der o. g. Forderungen werden bereits erfüllt?
- Welche befinden sich im Aufbau?
- An welcher Stelle ist noch Unterstützung durch Beratung und Begleitung notwendig?

4 Qualitätsdimensionen in evangelischen Tageseinrichtungen für Kinder

Die Qualitätsdimensionen entsprechen den Instrumenten der DIN EN ISO 9000:2000 und bilden die Grundlage für das Bundes-Rahmenhandbuch. Zum besseren Verständnis werden die Fachtermini aus der DIN EN ISO und den ebenfalls dem Handbuch zugrunde liegenden Darlegungsmodellen Total Qualitty Management (TQM) und European Foundation of Quality Management (EFQM) erläutert und mit konkreten Handlungsanleitungen verbunden.

4.1 Die Verantwortung der Trägerschaft

Die größte Verantwortung übernimmt die Trägerschaft, weil sie das Leitbild, die Qualitätspolitik und das Qualitätsmanagementsystem entwickeln und festlegen muss.

Dies bestätigen auch die prägnanten Texte zu den einzelnen Bereichen: Sie bilden die Grundlage für Entscheidungsfindungsprozesse und für die konkrete Umsetzung der Erfordernisse der Normenstruktur.

Als Erstes wird die Aufgabe der Leitbildentwicklung beschrieben. Im Leitbild kommen sowohl die Wertorientierung der Einrichtung zum Ausdruck als auch die Ansprüche an ihre Fachlichkeit. Damit nimmt das Leitbild eine doppelte Funktion ein: Zum einen macht es die Vorteile der Qualität für die Nutzer der Einrichtung sichtbar, zum anderen dient es Trägern und Mitarbeiter(inne)n als wichtige Orientierungshilfe zur Bestimmung bzw. Bestätigung der gemeinsamen Strategien.

Dieses Kapitel enthält darüber hinaus eine konkrete Anleitung zur Entwicklung eines trägerspezifischen Leitbildes, sofern dieses noch nicht vorhanden ist. Damit bietet es Trägern zusätzlich handhabbare Arbeitsmaterialien.

4.2 Kontinuierliche Verbesserung

Das Prinzip der kontinuierlichen Verbesserung geht von der Annahme aus, dass sich alle Prozesse schrittweise verbessern lassen. Gleich der Funktionsweise eines Regelkreises hilft es – systematisch angewandt –, mit jedem Durchlauf vorhandene Schwachstellen aufzuspüren, gleichwohl aber auch Bewährtes zu erkennen. Das Funktionsprinzip des Regelkreises ist eine typische Problemlösestrategie, weil es Verbesserungspotenziale konsequent nutzt.

Es kann zudem erheblich zur Zufriedenheit der Beteiligten beitragen, indem es konkrete Probleme, Hindernisse und Schwachstellen bei der Umsetzung sachlich erfasst, ohne nach dem Schuldigen für unbefriedigende Ergebnisse zu suchen. Im Bundes-Rahmenhandbuch sind die Instrumente und Methoden zur Umsetzung des Prinzips der kontinuierlichen Verbesserung in den Qualitätskriterienkatalogen für jeden Aufgabenbereich bereits konkret aufgeführt und beschrieben.

4.3 Dokumentation

Ein weiteres Kennzeichen für ein gutes Qualitätsmanagementsystem ist seine systematische Dokumentation. Sie zeichnet sich sowohl durch präzise und einfache Beschreibungen aus als auch durch die Systematik (z. B. Beobachtungs- und Fragebögen, Protokolle von Teambesprechungen oder Klausuren).

Die Dokumentation erfasst alle qualitätsrelevanten Arbeitsabläufe und Strukturen und stellt in ihrer Gesamtheit die Grundlage für das einrichtungsspezifische Handbuch dar. Dieses bietet allen Beteiligten einen umfassenden Einblick in relevante Prozesse, dient als Basis für weitere Verbesserungsprozesse und gewährleistet, dass wichtige Informationen nicht verloren gehen.

Des Weiteren belegen Dokumentationen die Entwicklung der einzelnen Kinder. Damit sind sie nicht nur wichtige Dokumente zur Beschreibung von Wirksamkeit pädagogischer Arbeit, sie tragen auch zu einer besseren Zufriedenheit der Mitarbeiter(innen) mit der eigenen (pädagogischen) Arbeit bei.

Die Dokumentation des Qualitätsmanagementsystems kommt auch den Eltern zugute: Sie erhalten konkrete Einblicke in die Arbeit mit den Kindern und können dadurch zu einer realistischen Einschätzung über Verbesserungspotenziale ihrer Entwicklung gelangen.

Das Bundes-Rahmenhandbuch bietet für jeden Aufgabenbereich neben konkreten Vorgaben zur Dokumentation auch Vordrucke für Erhebungsbögen sowie Checklisten zur Entwicklung einrichtungsspezifischer Dokumentationen.

4.4 Evaluation

Die Evaluation der pädagogischen und der strukturellen Prozesse wird als Instrument spätestens nach Abschluss der Projekte der Nationalen Qualitätsinitiative zum Standard in der Qualitätsentwicklung erhoben.

Das Bundes-Rahmenhandbuch wird – soweit sinnvoll und nötig – nach Veröffentlichung der Ergebnisse mit einer Ergänzungslieferung Bezug auf die ermittelten Resultate nehmen. In seiner jetzigen Fassung schlägt es in den Qualitätskriterienkatalogen konkrete Maßnahmen vor, die alle dem Bereich der Selbstevaluation, d. h. der Selbstbewertung analog des Total Quality Managements (TQM) zuzuordnen sind. Sie sind in der Regel ohne externe Anleitung handhabbar, sollten allerdings durch Einbezug von Fachberatung von Zeit zu Zeit durch eine externe Sichtweise erweitert werden.

Fremdevaluation für Kindertageseinrichtungen ist im Rahmen der Nationalen Qualitätsinitiative bisher nur ansatzweise erprobt, hier liegen bislang nur wenige Erfahrungen vor. Das Bundes-Rahmenhandbuch bietet durch seinen Aufbau und die Anlehnung an die Instrumente der DIN EN ISO 9000:2000 grundsätzlich die Möglichkeit der Fremdevaluation durch so genannte Audits. Es enthält zum besseren Verständnis einen Musterauditbogen, der eine Vorstellung über derartige Verfahrensweisen vermittelt.

Anzumerken ist, dass Auditierung und Zertifizierung nachrangig bewertet werden, weil es in erster Linie darauf ankommt, die Elemente der Prozessgestaltung und -entwicklung zu implementieren. Es geht darum, Kindertageseinrichtungen zu befähigen, als dynamische Institutionen die wesentlichen Elemente der Organisations- und Personalentwicklung selbstständig und selbstverständlich umsetzen.

4.5 Zertifizierung und Gütesiegel

Die DIN EN ISO 9000:2000 erfüllt als Darlegungsmodell die Voraussetzungen für eine externe Zertifizierung. Der Aufbau des Bundes-Rahmenhandbuches ist so gestaltet, dass Träger auf seiner Grundlage eine externe Zertifizierung ihrer Einrichtung vornehmen lassen können.

Die Bundesvereinigung Evangelischer Tageseinrichtungen für Kinder bewertet Zertifizierungen und Gütesiegel kritisch. Solange nicht eindeutig ist, wem diese kostenaufwendigen Verfahren tatsächlichen Nutzen bringen und wer sie finanziert, wird die Bundesvereinigung keine Empfehlungen in diese Richtung geben. Unter Kosten-Nutzen-Gesichtspunkten ist zurzeit eine Zertifizierung kaum zu legitimieren.

Wenn es gilt, zusätzliche Mittel in dieses Arbeitsfeld zu leiten, so müssen sie dringend zur Sicherung, zum Erhalt und zum Ausbau personeller Ressourcen genutzt werden. Denn bei schlechten und unzureichenden Rahmenbedingungen entwickelt sich jedes noch so qualifizierte Qualitätsmanagement zu einem sehr schwierigen Prozess, der vielleicht irgendwann sogar an den vorgegebenen Strukturen scheitert.

Eines der wesentlichen Ziele des Bundes-Rahmenhandbuches ist, die Vorteile der ihm zugrunde liegenden Normenstruktur von Systematik, Dokumentation, Trägerverantwortung, Wertorientierung und christlichem Menschenbild zu nutzen. Evangelische Prinzipien wie Dialog, Wertschätzung, Respekt, Vergebung und Partizipation sind weitaus bedeutsamer als Feststellungsverfahren. Sie bilden die Grundlage für die beschriebenen Aufgabenbereiche und den Schlüsselprozess.

4.6 Das Bundes-Rahmenhandbuch und das Gütesiegel auf der Basis der KES-R

Die Bundesvereinigung Evangelischer Tageseinrichtungen für Kinder bewertet das Gütesiegel auf der Basis der KES-R kritisch.

Es liegen Erfahrungen aus einzelnen Kommunen vor, in denen evangelische Träger aufgefordert wurden, sich an dem Einsatz dieses Instrumentes zu beteiligen. Die Auswertungen lassen die Schlussfolgerung zu, dass die KES-R als Instrument von Qualitätsentwicklung wenig Nutzen bringt.

Im günstigsten Fall gelang mit der KES-R so etwas wie eine Stärken-Schwächen-Analyse, so dass die Einrichtungen, die sich an Verfahren beteiligt haben, den Qualifizierungsbedarf konkretisieren konnten. Folgende Aspekte erwiesen sich als problematisch:

- Die KES-R setzt Standards im pädagogischen Bereich, die längst nicht in allen Einrichtungen gewollt und gewünscht sind. Die pädagogischen Konzeptionen vieler Einrichtungen sind weiter und inhaltlich differenzierter entwickelt als die konzeptionellen Grundlagen in der KES-R. Am Beispiel der Aufsichtspflicht lässt sich dieser Widerspruch verdeutlichen. Die KES-R räumt der Aufsichtspflicht einen hohen Stellenwert ein. In der pädagogischen Arbeit ist es weithin gelungen, Aufsichtspflicht mit pädagogischen Konzeptionen in Einklang zu bringen und Kinder entsprechend ihrem Entwicklungsstand Innen- und Außenräume ohne ständige Kontrolle nutzen zu lassen, eine Entwicklung, die angesichts der Herausforderungen, die an Kinder im Alltag und auch in ihrer außerhäuslichen Umgebung gestellt werden, konsequent ist.
- Ein weiterer wesentlicher konzeptioneller Aspekt qualifizierter pädagogischer Arbeit ist die Differenzierung in Jungen und Mädchen. Die Dimension Gender, die sogar Eingang in fast alle Bildungsvereinbarungen gefunden hat, wird in der KES-R nicht gewürdigt.

- Die KES-R impliziert insgesamt ein relativ gleich bleibendes, unabhängig von individuellen Persönlichkeiten der Kinder und unterschiedlichen Ausgangssituationen geprägtes pädagogisches Verhalten, das überprüft wird.
- Ein Gütesiegel auf der Basis der KES-R berücksichtigt die vorhandene und im SGB VIII verankerte plurale Trägerstruktur nicht. Trägerspezifische und damit auch konzeptionsspezifische Ausrichtungen der Einrichtungen werden nicht berücksichtigt, obwohl gerade diese Schwerpunkte für viele Eltern einen wesentlichen Faktor für die Wahl einer Einrichtung darstellen. Der Zwang zu einheitlichen Standardeinrichtungen steigt, Vielfalt als Qualitätsaspekt geht völlig verloren.
- Völlig ungelöst sind die Fragen nach den Konsequenzen bei Mängelfeststellung. Erhält der Träger öffentliche Zuschüsse zum Beispiel für die Anpassung der räumlichen Situation an aktuelle Standards? Wird für alte Einrichtungen ein Investitionsprogramm aufgelegt? Wird die Einrichtung geschlossen? Bekommt sie das Gütesiegel nicht und wird deshalb von Eltern nicht mehr gewählt? Oder entscheiden Eltern letztendlich nach ganz anderen Kriterien und belegen diese Einrichtung weiterhin, auch ohne Gütesiegel? Lässt die Versorgungsquote im Einzugsbereich überhaupt zu, dass die Einrichtung nicht belegt wird? Das sind Fragen, die bei der Entwicklung von Gütesiegeln bearbeitet und entschieden werden müssen.
- Das Gütesiegel soll Eltern die Orientierung bei der Wahl der Einrichtung erleichtern. Dies setzt generell die Möglichkeit zur Wahlfreiheit voraus, also ein entsprechendes differenziertes Angebot und entsprechende Versorgungsquoten in allen Regionen. Der OECD-Bericht hat noch einmal sehr eindeutig die mangelnde Versorgungssituation in Deutschland West beschrieben. Eltern wird im Zusammenhang mit einem Gütesiegel eine Wahlfreiheit und ein Gestaltungseinfluss suggeriert, die nicht der Realität entsprechen.
- In der KES-R finden die aktuellen Fachdebatten in Deutschland wie der Bildungsauftrag, die länderspezifischen Bildungsvereinbarungen und die daraus folgenden pädagogischen Konzepte keine Berücksichtigung. Diese stellen aber den aktuell gültigen Rahmen für die Bildungsarbeit in Deutschland dar und müssen Berücksichtigung bei der Qualitätsbewertung von Einrichtungen finden.

- Die evangelischen Kindertageseinrichtungen verfügen mit dem Bundesrahmenhandbuch der BETA über ein QM-Instrument, das Verbindungen zu den bisher veröffentlichten Bildungsplänen, Vereinbarungen und Empfehlungen herstellt.

Aus allen aufgeführten Kritikpunkten ist ersichtlich, dass ein Gütesiegel – vorausgesetzt, dass dieses Instrument die angestrebten Ziele überhaupt erreichen kann – nur im Konsens mit allen Trägergruppen und unter Berücksichtigung der in Deutschland praktizierten pädagogischen Ansätze und trägerspezifischen Qualitätsentwicklungskonzepten entwickelt werden könnte.

Dazu sind die Ergebnisse der Nationalen Qualitätsinitiative im System der Tageseinrichtungen für Kinder einzubeziehen, die eine Fülle von Anregungen zur Bestimmung pädagogischer Qualität bieten.

Für den Bereich der Kindertageseinrichtungen ist zu prüfen, ob die Ansätze zur externen Evaluation, die in den Projekten der Nationalen Qualitätsinitiative im System der Tageseinrichtungen entwickelt wurden, nicht der fachlich sinnvollere Weg sind, wenn Qualitätsentwicklung sich der externen Prüfung unterziehen soll. Voraussetzung ist auch hier die Qualifizierung fachlich geeigneter Personen für diese Aufgabe, um einen relativ hohen Grad an Fachlichkeit und Objektivität sicherzustellen.

Eltern, die darüber informiert sind, dass die Einrichtung sich neben der kontinuierlichen Verbesserung durch Methoden der Selbstevaluation auch der externen Evaluation stellt, erhalten auf diese Weise eine wesentlich aussagekräftigere Orientierung über Grundhaltungen und Qualitätssicherung bei der Wahl der Einrichtung.

Fachliche Weiterentwicklung und innovatives Handeln entstehen durch permanente Herausforderung zur Reflexion und Überprüfung des Ist-Standes und nicht durch Feststellungsinstrumente, die vorrangig Kontrollfunktion haben.

Es ist also wesentlich sinnvoller, in die Organisations- und Personalentwicklung jeder Kindertageseinrichtung zu investieren und auf diese Weise ein entsprechendes Qualitätsniveau sowie ein grundlegendes Entwicklungspotenzial sicherzustellen.

Das Gütesiegel auf der Basis der KES wird den Ansprüchen, die an Qualitätsmanagement im evangelischen Bereich gestellt werden, jedenfalls nicht gerecht.

5 Literatur

Bundesvereinigung Evangelischer Tageseinrichtungen für Kinder e.V. (BETA) (Hrsg.) (2003): Vielfalt leben – Profil gewinnen. Interkulturelle und interreligiöse Erziehung und Bildung in evangelischen Tageseinrichtungen für Kinder. Stuttgart

Bundesvereinigung Evangelischer Tageseinrichtungen für Kinder e.V. (BETA) und Diakonisches Institut für Qualitätsmanagement und Forschung gGmbH (DQF) (Hrsg.) (2002): Bundes-Rahmenhandbuch Evangelischer Tageseinrichtungen für Kinder. Stuttgart

Bundesvereinigung Evangelischer Tageseinrichtungen für Kinder e.V. (BETA)/ Verband Katholischer Tageseinrichtungen für Kinder e.V. (KTK) (Hrsg.) (2002): Bildung von Anfang an – der Bildungsauftrag von Kindertageseinrichtungen in kirchlicher Trägerschaft. Stuttgart/Freiburg

Harz, Frieder (2002) in: Bundesrahmenhandbuch Evangelischer Tageseinrichtungen für Kinder. Stuttgart

Kronberger Kreis für Qualitätsentwicklung in Kindertageseinrichtungen (Hrsg.) (1998): Qualität im Dialog entwickeln. Seelze

Wolfgang Tietze et. al. (2001): Kindergarten-Einschätz-Skala. Neuwied

Ziesche, U. (1999): Werkstatthandbuch zur Qualitätsentwicklung in Kindertagesstätten. Neuwied

Ziesche, U. (2001): Qualitätswerkstatt Kita. Konflikte in Kindertagesstätten. Neuwied

Ziesche, U. (2002): Qualitätswerkstatt Kita. Bildungsprozesse in Kindertagesstätten. Neuwied

Qualität in Kindertageseinrichtungen des Paritätischen Wohlfahrtsverbandes

Maria Groß, Martin Hoyer, Tina Kuhne, Martin Peters, Gerwin Roth, Walter Steinmetz

1	Empfehlungen für eine bessere Praxis – Qualitätsempfehlungen des PARITÄTischen Hamburg	237
2	Der Qualitätscheck PQ-Sys® für Kindertageseinrichtungen – ein Instrument zur Qualitätsentwicklung im Deutschen PARITÄTISCHEN Wohlfahrtsverband e.V.	243
3	Fazit	256
4	Literatur	259

Maria Groß, Martin Hoyer, Tina Kuhne, Martin Peters, Gerwin Roth, Walter Steinmetz

Die Struktur des PARITÄTISCHEN ist geprägt durch die Eigenständigkeit der Träger, die in Landesverbänden zusammengeschlossen sind bzw. überregional tätigen Mitgliedsorganisationen angehören. Es ist in dieser Struktur der *Vielfalt, Offenheit und Toleranz* nicht vorgesehen, dass z.B. ein QM-System für alle verpflichtend eingeführt wird. Der PARITÄTISCHE baut auf die Mitwirkungsbereitschaft der Mitglieder, ihre Kreativität und Kooperationsbereitschaft. Von den jeweiligen Ebenen werden Angebote für die Mitglieder gemacht, um deren Arbeit zu unterstützen und zu stärken. Im Bereich Qualitätsmanagement ist die *PARITÄTISCHE Gesellschaft für Qualität mbH* ein wichtiger Partner der Landesverbände, Träger und Einrichtungen. In diesem Beitrag geht es darum, zwei in einigen Landesverbänden des PARITÄTISCHEN verfolgte Ansätze vorzustellen und in der Diskussion zu verorten.

Das eine Beispiel ist ein *Qualitäts-Check PQ-Sys® für Kindertageseinrichtungen,* an dessen Entwicklung Fachkräfte aus einigen Landesverbänden mitarbeiteten. Eine bewährte Methode der Qualitätsentwicklung, der Qualitäts-Check PQ-Sys®, der bereits jahrelang in unterschiedlichen Arbeitsfeldern erprobt war, wurde angereichert mit den Erkenntnissen der PraktikerInnen aus dem Bereich der Kindertagesstätten. So entstand ein neues, spezifisches Instrument, das nun in Kindertagesstätten eingesetzt wird. Es ermöglicht den an der Qualitätsentwicklung beteiligten Fachkräften einen Einstieg in die Qualitätsentwicklung und setzt auf den spezifischen Erfahrungsebenen an.

Einen anderen Einstieg wählte der Landesverband Hamburg. Hier wurden *fachliche Standards* erarbeitet, die deutlich machen, welchen Grundsätzen sich die Einrichtungen gegenüber den Kindern, Eltern, Zuschussgebern und im Ablauf der eigenen Arbeit verpflichtet fühlen.

Der *Qualitäts-Check PQ-Sys® für Kindertageseinrichtungen* und die *Qualitäts-Empfehlungen* des Landesverbandes Hamburg sind konkrete Angebote, die den Einrichtungen und Trägern im Rahmen des PARITÄTISCHEN zur Verfügung stehen und zur Sicherung der Qualität in Kindertageseinrichtungen eingesetzt werden. Beide tragen dazu bei, dass sich Kindertagesstätten gezielt mit der eigenen Qualität auseinander setzen. Sie nutzen die Erkenntnisse, die sie in den Qualitätsentwicklungsprozessen gewinnen im Alltag und verbessern so ihre pädagogische Arbeit und die Trägerstruktur.

Der PARITÄTISCHE fördert diese Auseinandersetzung der Träger mit Qualitätsentwicklung und setzt dabei neben dem Einsatz gezielter Methoden und Instrumente auf die Qualität der Prozesse, die der Weiterentwicklung dienen und die von den Einrichtungen und Trägern selber mitgestaltet werden.

1 Empfehlungen für eine bessere Praxis – Qualitätsempfehlungen des PARITÄTischen Hamburg

Mit der Einführung des Kita-Gutschein-Systems im August 2003 in Hamburg sind auch die im PARITÄTischen organisierten Träger mit ihren Einrichtungen erstmals aufgefordert gewesen, auf breiter öffentlicher Basis deutlich zu machen, wie sie die Qualität in ihren Häusern beschreiben, sichern und zukünftig (weiter-)entwickeln wollen.

Dabei hatte der *PARITÄTische* in Hamburg bereits 1998 ein Modellprojekt zu Qualitätsfragen mit den Mitgliedsorganisationen durchgeführt. Ergebnisse aus diesem zweiphasigen Modellprojekt sind in die neuen Qualitätsempfehlungen des *PARITÄTischen* eingeflossen. »*Soziales Handeln in Vielfalt*« ist das prägende Motto der über 170 angeschlossenen Kindertagesbetreuungseinrichtungen im Landesverband Hamburg.

Kinder aus unterschiedlichen Kulturen und Regionen leben und lernen in den Kindertageseinrichtungen selbstverständlich und gleichberechtigt zusammen. *PARITÄTische* Einrichtungen sind Orte der Bildung und Begegnung, somit wichtige Ausgangspunkte sozialer Gerechtigkeit in einer multikulturellen Stadt.

Der *PARITÄTische* Hamburg (2003) geht in seinen Qualitätsempfehlungen dabei von einem Bild des Kindes aus, in dem das Kind wesentlicher Akteur seiner eigenen Entwicklung ist. Neben diesem Respekt vor den individuellen Selbstbildungsprozessen brauchen Kinder aber auch Erwachsene, die ihnen etwas zumuten, die sie »locken« und an denen sie ihre Hypothesen abarbeiten können. Und: Sie brauchen andere Kinder für die gelingende Konstruktion eines sozialen Miteinanders.

Die Handlungsprinzipien des *PARITÄTischen* »*Toleranz, Offenheit und Vielfalt*« prägen die Haltung der Einrichtungen und die vorliegenden Qualitätsempfehlungen in besonderer Weise. Die Empfehlungen tragen dazu bei, die Qualitätssicherung und -entwicklung in den Kindertagesbetreuungseinrichtungen *PARITÄTischer* Träger transparent zu machen und weiter voranzutreiben. Gleichzeitig zeigen sie die besonderen Leistungen der Einrichtungen der Öffentlichkeit und dem Kostenträger deutlicher als bisher auf.

Zu den vier Leitthemen

- Pädagogische Konzepte
- Pädagogische Praxis
- Elternarbeit – und
- MitarbeiterInnen-Qualifikation

wurde in insgesamt elf Empfehlungen die aus paritätisch-fachlicher Sicht »beste Fachpraxis« beschrieben, die konzeptionsübergreifend anwendbar ist.

Sie berücksichtigen die Spezifika einer Elterninitiative mit zwölf Kindern ebenso wie die Trägerverbünde mit mehr als zehn Einrichtungen und weit über 1000 Plätzen, sie sind in Wald- und Bewegungskindergärten genauso umsetzbar wie in multikulturellen, Waldorf- oder Integrationseinrichtungen. Jeder Träger, der sich diesen Qualitätsempfehlungen verpflichtet, entwickelt analog den einzelnen Empfehlungen eigene, für die Einrichtung passende Ausführungen.

Darüber hinaus orientiert sich der Paritätische u. a. an den Forderungen, die Beate Irskens an ein modernes zukunftsweisendes Qualitätskonzept stellt (Irskens 2002). Danach sollten die Organisation und die Betroffenen folgende Grundsatzfragen vor Beginn eines Qualitätsentwicklungsprozesses klären:

- »Passen die eigenen Werthaltungen zur ›Unternehmenskultur‹ und zum Leitbild?
- Werden die Betroffenen zu Beteiligten gemacht? Ist das Modell anpassungsfähig an die spezifischen Erfordernisse und die Situation bzw. kann der Qualitätsentwicklungsprozess passend für die Einrichtung ›geschneidert‹ werden?
- Kann das Konzept ressourcenfreundlich umgesetzt werden, d. h. können mit den zur Verfügung stehenden Ressourcen die Alltagsaufgaben noch bewältigt werden?
- Fördert das Konzept die Qualität der fachlichen Arbeit mit den Beteiligten, insbesondere die pädagogische Arbeit mit den Kindern?« (ebd.)

An diesen Forderungen müssen sich abschließend auch die vorliegenden Konzepte der Einrichtungen des Paritätischen im Landesverband Hamburg messen lassen.

Die konkrete Umsetzung der einzelnen Empfehlungen kann und wird dabei zu unterschiedlichen Ergebnissen führen. So werden Kitas beispielsweise die Qualitäts-Empfehlung: *»Wir bieten Ihnen eine Erziehungspartnerschaft an«* einrichtungsindividuell beantworten (vgl. Der PARITÄTische Hamburg 2003).

Dies ist aus Sicht des Paritätischen eine grundlegende Notwendigkeit. Schließlich geht es bei der Qualitätsentwicklung doch immer zuerst um die entscheidende Frage, was hier, in diesem Umfeld, mit diesen Bedingungen gute Qualität ausmacht. Erst daran können sich dann methodische, didaktische oder verfahrenstechnische Fragen anschließen.

Die Qualitätsempfehlungen des PARITÄTischen in Hamburg beinhalten folgende Vorgaben, die wir hier als Auszug wiedergeben:

1.1 Pädagogische Konzepte

In unseren Häusern ist die Welt zu Hause!
Das Zusammenleben von Menschen aus unterschiedlichen Kulturkreisen erweitert den Horizont, weckt Interesse am Unbekannten und Fremden und fördert die Entwicklung von Toleranz. Dazu gehört für uns auch, Kinder und Eltern in ihrer Herkunftssprache zu respektieren und zu bestärken.
Erleben Sie selbst!

Integration ist für uns gelebte Wirklichkeit!
Viele unserer Kinderbetreuungseinrichtungen setzen sich engagiert und kompetent für Kinder mit Behinderungen ein.
Wohnortnah bieten sie in Einzelintegration oder Integrationsgruppen Kindern mit ihren individuellen Möglichkeiten und Begabungen einen wichtigen Raum für ihre Weiterentwicklung.
Das verhindert Ausgrenzungen und ist ein Gewinn für alle!

Maria Groß, Martin Hoyer, Tina Kuhne, Martin Peters, Gerwin Roth, Walter Steinmetz

Wir bauen mit am Netzwerk im Stadtteil!
Wir verstehen unsere Einrichtungen als Orte für Familien und wichtige nachbarschaftliche Kontakte.
Darüber hinaus legen wir großen Wert auf die Zusammenarbeit und Vernetzung mit anderen sozialen und kulturellen Einrichtungen im Stadtteil.
Treffpunkt: Kita!

1.2 Pädagogische Praxis

Wir bieten Erfahrungs- und Erlebnisräume und regen Bildungsprozesse an!
Kinder wollen in ihren individuellen Entwicklungsprozessen unterstützt und gefördert werden.
Auf der Grundlage gezielter Beobachtung und gemeinsamer Gespräche entwickeln wir mit den Kindern Angebote und Projekte, die sie in der Entwicklung ihrer naturwissenschaftlichen, musischen, sprachlichen, kreativen, sozialen und motorischen Interessen unterstützen.
Lassen Sie sich informieren!

Wir bereiten Ihre Kinder gut auf die Schule vor!
Für wesentliche Lernerfahrungen sind die ersten Lebensjahre entscheidend.
Wissen, Fertigkeiten, Fähigkeiten, Sozialverhalten und die Möglichkeit, sich sprachlich kompetent äußern zu können, benötigen dabei eine solide Basis, um Ihren Kindern einen guten Start in die Schule zu ermöglichen.
Deshalb gibt es bei uns gezielte Angebote für Vorschulkinder, und wir streben eine erfolgreiche Kooperation mit den Grundschulen in unserer Umgebung an.
Sprechen Sie uns auf unser Konzept an!

Die Meinung Ihrer Kinder ist uns wichtig!
Wir hören und schauen sorgfältig hin, wenn Kinder ihre eigenen Anliegen und Bedürfnisse äußern und integrieren diese in unsere Arbeit.
In altersentsprechenden Formen können Ihre Kinder bei uns den Tagesablauf, Angebote und Projekte mit planen und darüber entscheiden. Dazu gehört für uns auch, dass Regeln gemeinsam mit den Kindern entwickelt werden.
So können Demokratie und Toleranz wachsen!

Bei uns ist Essen mehr ...!
In vielen unserer Häuser wird eine Betreuung über die Mittagszeit hinaus angeboten.
Für die Gestaltung der Mahlzeiten sind uns dabei zwei Bereiche wesentlich: ein kindgerechtes, ausgewogenes und leckeres Speisenangebot sowie eine einladende und angenehme Atmosphäre.
Guten Appetit!

1.3 Elternarbeit

Wir bieten Ihnen eine Erziehungs-Partnerschaft an!
Sie sind Experten im Umgang mit Ihren Kindern und somit unverzichtbare Gesprächspartner für unsere MitarbeiterInnen. In vielfältigen Formen ist Ihre Beteiligung in unseren Häusern deshalb möglich und ausdrücklich erwünscht.
In vielen Mitgliedsorganisationen übernehmen Sie darüber hinaus Trägerverantwortung für Ihre Einrichtung, investieren Zeit und Know-how.
Gut, dass Sie da sind!

Sie sollen wissen, was wir tun!
Wir informieren Sie kontinuierlich und umfassend über die Angebote der Einrichtung und die Entwicklung Ihres Kindes.
Unterschiedliche Formen der Dokumentation bilden dafür eine sichere Grundlage.
Fragen Sie ruhig, wir nehmen uns gerne für Sie Zeit!

Maria Groß, Martin Hoyer, Tina Kuhne, Martin Peters, Gerwin Roth, Walter Steinmetz

Wir nehmen Kritik ernst!
Geben Sie uns eine Chance. Wenden Sie sich mit Ihrer Kritik direkt an uns.
Sie geben uns damit Anregungen zur Verbesserung, und bieten uns somit die Möglichkeit, unsere Leistungen weiter zu optimieren.
Nehmen Sie uns beim Wort!

1.4 MitarbeiterInnenqualifikation

Wir legen Wert auf gut ausgebildetes Personal!
Qualifizierte Arbeit erfordert qualifiziertes Personal.
Die kontinuierliche Fort- und Weiterbildung ist für uns darüber hinaus verpflichtende Aufgabe für die Sicherung des Transfers zwischen aktuellen wissenschaftlichen Erkenntnissen und der pädagogischen Praxis.
Das ist uns viel wert!

Der PARITÄTische geht davon aus, dass die Einrichtungen bis zu zwei Jahre Zeit benötigen, um auf die vorliegenden Empfehlungen ihre »individuellen Antworten« zu erarbeiten, diese zu formulieren und in ihre alltäglichen Abläufe zu integrieren. Erst danach werden die MitarbeiterInnen den Eltern und auch dem Verband in Form einer verbindlichen Selbstverpflichtung ihr Qualitätsverständnis erklären und Mitglied der Qualitätsgemeinschaft Kindertagesbetreuung im PARITÄTischen Hamburg werden können. Die Qualitätsgemeinschaft ist ein freiwilliger Zusammenschluss von Trägerorganisationen, die nach den Qualitätsempfehlungen für Kitas im PARITÄTischen Hamburg arbeiten. Die Ziele der Qualitätsgemeinschaft sind:

- Die kontinuierliche Sicherung und Weiterentwicklung der Qualität von Dienstleistungen
- Die Entwicklung und Pflege von Dokumenten, Verfahren und Instrumenten (z. B. Qualitätsempfehlungen/Arbeitshilfe)
- Festlegen von Standards, Sicherstellen von Verbindlichkeit und die Verleihung eines PARITÄTischen Qualitätszeichens.

Um diesen Prozess für die Einrichtungen zu erleichtern, hat der *PARITÄTische* das Institut des Rauhen Hauses für Soziale Praxis (isp) in Hamburg beauftragt, eine Arbeitshilfe zu den Paritätischen Empfehlungen zu entwickeln. Am Beispiel zweier fiktiver Kitas (Regel- und Integrationseinrichtung) werden neben einer theoretischen Einführung zu jeder Empfehlung die beste Fachpraxis sowie ein Dokumentationsinstrumentarium beschrieben. So erhalten die Einrichtungen neben den eigentlichen Qualitätsempfehlungen auch Arbeits- und Umsetzungshilfen an die Hand.

Der *PARITÄTische* in Hamburg stellt durch seine Verbandsarbeit, Beratung und die anderen Dienstleistungen wie Fortbildungen und Veranstaltungen seinerseits sicher, dass die vorliegenden Qualitätsempfehlungen umgesetzt und weiterentwickelt werden.

2 Der Qualitätscheck PQ-Sys® für Kindertageseinrichtungen – ein Instrument zur Qualitätsentwicklung im Deutschen PARITÄTISCHEN Wohlfahrtsverband e.V.

2.1 Hintergrund

Seit einigen Jahren diskutiert der PARITÄTISCHE Wohlfahrtsverband das Thema Qualitätsentwicklung. Dabei befürworten und praktizieren die verschiedenen Landesverbände und auch Fachbereiche teilweise unterschiedliche Konzepte. Die größte Verbreitung hat das Paritätische Qualitätssystem[1], das von neun Landesverbänden und dem Gesamtverband getragen und weiterentwickelt wird und dessen Module unter dem Markennamen PQ-Sys® angeboten werden. Das Ziel des Paritätischen Qualitätssystems besteht u. a. darin, für die Vielfalt der Mitgliedsorganisationen des Verbandes angemessene Qualitätsentwicklungskonzepte zur Verfügung zu stellen. Wichtige Eckpfeiler sind dabei die Verknüpfung von Fachlichkeit und Qualitätsmanagement-Methoden, die Orientierung an internationalen Qualitätsmanagementsystemen (DIN EN ISO 9001:2000 und EFQM-Modell für Excellence), das Bekenntnis zur Ausgewogenheit interner und externer Prüfungen sowie die Umsetzung der Qualitätsentwicklung durch die MitarbeiterInnen der Einrichtungen und Dienste (»so wenig externe Unterstützung wie möglich, so viel wie nötig«).

---

1 Das Paritätische Qualitätssystem beinhaltet personen- und organisationsbezogene Instrumente zur Qualitätsentwicklung und -prüfung. Nähere Informationen finden sich unter http://www.pq-sys.de.

Die Bausteine des Paritätischen Qualitätssystems werden unter methodischer Federführung der Paritätischen Gesellschaft für Qualität von MitarbeiterInnen des Verbandes entwickelt. Als Instrument vor allem für kleinere Mitgliedsorganisationen hat sich der 2000 eingeführte Qualitätscheck PQ-Sys® bewährt, der inzwischen für verschiedene Fachbereiche vorliegt, seit 2003 u.a. auch für Tageseinrichtungen für Kinder. Vor dem Hintergrund vieler, unterschiedlicher Einrichtungskonzeptionen und losgelöst von der Diskussion um ein Gütesiegel will der PARITÄTISCHE Kindertageseinrichtungen bei der Steuerung ihrer Qualität unterstützen und sie damit fit für zukünftige Anforderungen und Herausforderungen machen. Qualitätsentwicklung und Qualitätsfeststellung (sowohl extern als auch intern) gehören im Paritätischen Qualitätssystem untrennbar zusammen und werden den Mitgliedsorganisationen deshalb in einem Modulsystem angeboten.

Im Folgenden werden zunächst das Konzept und die Inhalte des Qualitätschecks PQ-Sys® für Kindertageseinrichtungen aufgezeigt. Die praktische Umsetzung wird anhand der Landesverbände Berlin, Nordrhein-Westfalen und Sachsen aufgezeigt, bevor ein abschließendes Fazit im Kontext der Gütesiegel-Diskussion gezogen wird.

2.2 Konzept

Der Qualitätscheck PQ-Sys® als Teil des Paritätischen Qualitätssystems war schon in den ersten Überlegungen 1998 verankert (Paritätische Gesellschaft für Qualität 1998). Die Grundidee bestand darin, eine fundierte Ist-Analyse mit einer grundlegenden Qualifizierung zu verbinden und Prioritäten für das weitere Vorgehen abzuleiten. Zunächst wurden der Qualitätscheck als bereichsübergreifendes Instrumentarium entwickelt und daraus verschiedene fachliche Varianten abgeleitet. Auch der Qualitätscheck für Kindertageseinrichtungen wurde auf dieser Grundlage entwickelt. Er spiegelt die Vorstellungen der beteiligten Landesverbände hinsichtlich einer angemessenen Qualitätsentwicklung wider, berücksichtigt die spezifischen Anforderungen der Fachgesetzgebung sowie die konzeptionellen und strukturellen Gegebenheiten des Arbeitsfeldes. Das Instrumentarium wurde »aus der Praxis für die Praxis« entwickelt und erhebt keinen wissenschaftlichen Anspruch hinsichtlich Objektivität, Validität und Reliabilität. Im Vordergrund steht vielmehr die

Ermittlung und der Umgang mit den vielfältigen Anforderungen der verschiedenen »InteressenpartnerInnen«[2] der Tageseinrichtung für Kinder, um hiermit die Zukunftsfähigkeit zu erhöhen. Wie im Paritätischen Qualitätssystem insgesamt ist die praktische Umsetzbarkeit gerade auch vor dem Hintergrund knapper werdender Ressourcen unabdingbar. Diesem Anspruch wird u. a. auch dadurch Genüge getan, dass innerhalb von Paritätischen Qualitätsgemeinschaften verschiedene Mitgliedsorganisationen trägerübergreifend in Qualitätsfragen zusammenarbeiten und sich gegenseitig unterstützen.[3]

Zielgruppe

Die Anwendung des Qualitätschecks erfordert einen Überblick über alle Facetten der Kindertageseinrichtung und Leitungsbefugnisse. Er wendet sich daher vorwiegend an Leitungskräfte (Einrichtungsleitungen, Geschäftsführungen, Vorstände) und MitarbeiterInnen mit Querschnittsfunktionen (z. B. Qualitätsbeauftragte). Er setzt Grundkenntnisse in Fragen der Qualitätssicherung und -entwicklung voraus, begleitende Schulungen oder die Erarbeitung der Inhalte in Workshops sind möglich. Die Fragestellungen und daraus gegebenenfalls abzuleitende Maßnahmen werden dann kontextbezogen in der Tageseinrichtung für Kinder diskutiert. Hierfür wird die Bildung einer internen Projektgruppe empfohlen. Gerade der Austausch über relevante Fragestellungen ist ein wichtiger Schritt, um die Notwendigkeit von Qualitätsentwicklungsmaßnahmen zu erkennen und aktiv zu unterstützen.

Aufbau

Anhand von verständlichen Fragestellungen werden in fünf Selbstevaluationsbögen Fragen zu Leitung, Organisation, Arbeitsabläufen, Überprüfung der Leistungen und dem Qualitätsmanagement in der Kindertageseinrichtung gestellt (s. Abschnitt 2.3). Die einzelnen Evaluationsbögen haben folgende Bestandteile (vgl. Abb. 1):

---

2 Kinder, Eltern/Sorgeberechtigte, Kostenträger, Aufsichtsbehörden, Gesellschaft, MitarbeiterInnen, FachexpertInnen u. a.
3 Paritätische Qualitätsgemeinschaften werden auf der Ebene der Landesverbände des PARITÄTISCHEN gebildet. Die Mitarbeit ist den Mitgliedsorganisationen freigestellt. Die Intensität und der Grad der Verbindlichkeit der Zusammenarbeit werden in den Landesverbänden autonom festgelegt.

- Bewertung des Ist-Standes in der eigenen Einrichtung (Skala: nein/trifft nicht zu – kaum – weitgehend – ja/trifft zu); gegebenenfalls können entsprechende Dokumente hinterlegt werden.
- Einschätzung der Bedeutung der Fragestellung für die Einrichtung (Skala: unwichtig – wenig wichtig – wichtig – sehr wichtig).
- Notizen zu Maßnahmen in Stichpunkten (Was? Wer? Bis wann?) mit Verweis auf ergänzende Kommentare.
- Optional: Einschätzung der Bedeutung der Fragestellung durch VerbandsvertreterInnen (Spalte: Gewichtung).

Abbildung 1: Aufbau der Evaluationsbögen im Qualitätscheck PQ-Sys®

Kindertageseinrichtungen				BearbeiterInnen:			Bearbeitungsdatum:		
Ist-Stand in der Organisation				Evaluationsbogen Qualitäts-Check PQ-Sys®		Bedeutung:	Maßnahmen		
nein/trifft nicht zu	kaum	weitgehend	ja/trifft zu	Pos.	III. Angebot und Leistungserbringung	0=unwichtig 1=wenig w. 2=wichtig 3=sehr w.	Was? (Stichpunkt)	Bis wann?	Verantwortlich (Zeichen)	Kommentar? j - n	Gewichtung
				3.	Orientierung an den Kindern und deren Eltern/PSB (Leistungsempfängerinnen)						
				3.1	Information der Eltern/PSB						
				1	Besitzt die Einrichtung eine übersichtliche und ansprechende schriftliche Information (z.B. Broschüre) über die Angebote?						2
				2	Werden Interessierten auf Anfrage weitergehende Informationen (z.B. Konzeption) zur Verfügung gestellt?						2
				3	Hält die Einrichtung weitere Angebote zur Information vor (z.B. Kindergartenzeitung, Möglichkeit zur Hospitation etc.)?						1

Auswertung

Die mit dem Qualitätscheck verbundene Auswertung liefert Anhaltspunkte für das weitere Vorgehen. Durch den Vergleich der Einschätzungen lassen sich zusätzliche Erkenntnisse und Anregungen gewinnen. Die Auswertungsmöglichkeiten werden zudem dadurch erweitert, dass in der Regel mehrere Tageseinrichtungen für Kinder eines Landesverbandes gemeinsam den Qualitätscheck durchführen und damit auch als Benchmarking im Sinne eines gegenseitigen Lernens nutzen.

Anwendungsmöglichkeiten

Die (Selbst-)Evaluationsbögen im Rahmen des Qualitätschecks PQ-Sys® können in verschiedenen Formen eingesetzt werden (auch Kombinationen und Varianten sind denkbar, die Umsetzungsverantwortung liegt in Händen der Landesverbände):

- Als **Qualitätscheck PQ-Sys®** steht die angeleitete Analyse der eigenen Organisation im Vordergrund. Zum Ausfüllen der Bögen sind zumindest Grundkenntnisse in Themenfeldern der Qualitäts- und Organisationsentwicklung erforderlich.
- Der **Qualitätscheck PQ-Sys®** plus besteht aus sechs von einer/m ProjektbegleiterIn moderierten eintägigen Workshops und einem Auswertungstag, die im Abstand von sechs bis acht Wochen durchgeführt werden sollten. In den Workshops werden zentrale Themen der Qualitätsentwicklung vermittelt und anschließend vor Ort in Projektgruppen der Stand in der eigenen Organisation mit Hilfe der Selbstevaluationsbögen erfasst. Eine sinnvolle Anwendung des Qualitätschecks PQ-Sys® plus erfordert auch die Offenheit, die eigenen Ansätze mit anderen Einrichtungen zu diskutieren.
- Mitgliedsorganisationen können die Evaluationsbögen auch ohne externe Unterstützung nutzen. Dieses Angebot wird als **Qualitätscheck PQ-Sys® PUR** bezeichnet.

Externe Überprüfung

Im Anschluss an den Qualitätscheck PQ-Sys® ist optional eine externe Überprüfung des Ist-Standes der Qualitätsentwicklung möglich (»Externer Q-Check PQ-Sys®« als einmalige Prüfung ohne Gültigkeitszeitraum). Die im Externen Q-Check PQ-Sys® im Vordergrund stehenden Fragestellungen können (und sollten) landesverbandsspezifisch (z. B. bezüglich der Trägerstruktur und der Landesgesetzgebung) angepasst werden, um einen größtmöglichen Nutzen für die Mitgliedsorganisationen zu erzielen. Dabei werden – soweit vorhanden – die Standards der jeweiligen Paritätischen Qualitätsgemeinschaft mit einbezogen. Bei Erfüllung der vorgegebenen Mindestanforderungen (Festlegung durch VerbandsvertreterInnen in den Landesverbänden) wird eine Bescheinigung einer erfolgreichen externen Qualitätsprüfung ausgestellt. Im Zuge der weiteren Qualitätsentwicklung steht es den Mitgliedsorganisationen prinzipiell frei, sich an internationalen QM-Standards oder fachspezifischen Instrumenten zu orientieren. Methodisch wird die Ausrichtung an der DIN EN ISO 9001 empfohlen (mit Blick in Richtung EFQM-Modell für Excellence), die natürlich mit fachlichen Standards »gefüllt« werden muss. Eine externe Überprüfbarkeit des QM-Systems muss gegeben sein (dies kann, muss aber keine Zertifizierung nach DIN EN ISO 9001 sein).

2.3 Themenfelder

Die zur Zeit (10/2004) im Revisionsstand 1.1 vorliegenden Evaluationsbögen orientieren sich in ihren Inhalten an den zentralen Anforderungen einer strukturierten Organisation, die auch in den einschlägigen Gesetzen impliziert wird. Eine Kompatibilität zu den Anforderungen der verschiedenen Qualitätsmanagementansätze (DIN EN ISO 9001, EFQM-Modell für Excellence) ist sichergestellt. Der Qualitätscheck PQ-Sys® besteht aus fünf Evaluationsbögen mit 290 Einzelfragen, die in thematische Blöcke mit in der Regel bis zu zehn ausformulierten Fragestellungen zusammengestellt sind.

- Evaluationsbogen I: Struktur und Verwaltungsorganisation
  In diesem Evaluationsbogen werden vor allem die räumlichen, organisatorischen und personellen Rahmenbedingungen sowie wesentliche Informationsflüsse und Verwaltungsabläufe thematisiert.
  Der Einstieg mit der »Strukturqualität« wurde bewusst gewählt, weil hier das Ausfüllen aufgrund der eindeutigen Sachverhalte in der Regel unproblematisch ist und die Bearbeitenden damit die Gelegenheit haben, sich mit der Methodik des Qualitätscheck PQ-Sys® vertraut zu machen.
  Im Einzelnen beinhaltet der Evaluationsbogen die Fragenblöcke »Gebäude und Ausstattung«, »Aufbauorganisation und Personal«, »Verwaltungsorganisation« sowie »Ehrenamtliche und Vorstand«.
- Evaluationsbogen II: Verantwortung der Entscheidungsträger
  Hier stehen die Aufgaben der Leitung im Vordergrund, was im Kontext des Qualitätsmanagements auch als Führungsqualität bezeichnet wird. Dabei wird der Weg von der Ermittlung der Anforderungen der verschiedenen KundInnengruppen der Organisation bis zur Ableitung von Strategien und Zielen verfolgt. Daneben werden Fragen der internen Kommunikation, der Kooperation, der Arbeitssicherheit und der Finanzen angesprochen. Dies verdeutlichen auch die Fragenblöcke: Bedarf der »Interes-

senpartnerInnen«, »Strategie der Kindertageseinrichtung«, »Fachliche Grundlagen der Kindertageseinrichtung/Konzeption«, »Interne Kommunikation«, »Kooperation und Kommunikation mit Externen«, »Sicherheit im Betrieb«, »Finanzmanagement/Risikomanagement/Controlling«.

- Evaluationsbogen III: Angebot und Leistungserbringung
Im Gegensatz zum zweiten Evaluationsbogen steht hier die operative Umsetzung der Angebote und Leistungen im Blickpunkt. Auch hier wird eine stringente Abfolge über die Ermittlung der Kundenbedarfe und daraus die Ableitung von Angeboten, die Beschreibung der Leistungen der Organisation, deren Umsetzung und Dokumentation vollzogen. Fragenblöcke dieses Evaluationsbogens sind: »Beschreibung der Leistungen«, »Bedarf der Kinder und ihrer Eltern/PSB«, »Angebotsplanung«, »Orientierung an den Kindern und deren Eltern/Personensorgeberechtigten«, »Umsetzung der pädagogischen Konzeption/Beschreibung der wichtigsten Abläufe«, »Ausgewählte zentrale Abläufe der Leistungserbringung – wichtige Fragestellungen aus QM-Sicht, die zuvor aus fachlich-konzeptioneller Perspektive der Kindertageseinrichtung betrachtet werden«, »Leistungsdokumentation«, »Dienstplanung«.

- Evaluationsbogen IV: Ergebnisqualität
Neben der Festlegung von organisationsspezifischen Kriterien für die Ergebnisqualität (z.B. Zufriedenheit der LeistungsempfängerInnen, Kostenträger und MitarbeiterInnen) steht deren Erfassung bzw. Messung und die Verwendung der Ergebnisse im Vordergrund. Daraus ergeben sich folgende Fragenblöcke: »Regelkreis zur Bewertung der Ergebnisqualität«, »Bewertung der Ergebnisqualität durch intersubjektive Verfahren« (Fallbesprechungen, externe Gutachten etc.), »Bewertung der Ergebnisqualität durch Kennzahlen«, »Zufriedenheit der InteressenpartnerInnen« (Befragung der Kinder und Eltern/Personensorgeberechtigten sowie der MitarbeiterInnen, Erfüllung von Vorgaben der Kostenträger, Fachaufsichtsbehörden und sonstigen Behörden).

- Evaluationsbogen V: Qualitätsmanagement-System
Abschließend werden einige der zuvor inhaltlich angesprochenen Sachverhalte unter dem Fokus eines QM-Systems vertiefend beleuchtet. Dabei wird deutlich, dass ggf. schon einige Bestandteile (unbewusst) verankert sind. Die thematisierten Bestandteile des QM-Systems orientieren sich an der DIN EN ISO 9001,

ohne die dort geforderten Inhalte vollständig abzubilden. Dabei ist die Möglichkeit zu einer Weiterentwicklung des QM-Systems in Richtung DIN EN ISO 9001 möglich, aber nicht erforderlich (die wichtigsten Bestandteile sind bei positiver Beantwortung der Fragen vorhanden). Der Evaluationsbogen V umfasst folgende Fragenblöcke: »Qualitätsstrategie der Kindertageseinrichtung«, »Zuständigkeiten für das QM-System«, »Planung und Einführung des QM-Systems«, »Qualitätsstandards«, »Umsetzung des QM-Systems«, »Qualitätsdokumentation/QM-Handbuch«, »Überprüfung des QM-Systems durch die Entscheidungsträger«.

Der angemessene Umgang mit den fünf Evaluationsbögen des Qualitätscheck PQ-Sys® ist ein entscheidender Faktor für den Erfolg und damit den Nutzen für die eigene Organisation. Neben der Planung des Zeitbudgets und der Kosten gehört hierzu die Fähigkeit zur Selbstreflexion und zur kritischen Auseinandersetzung mit der eigenen Arbeit und den bestehenden Vorgehensweisen – idealerweise in einer organisationsinternen Projektgruppe. Dies ist unabdingbare Voraussetzung, um aus der Selbstevaluation Maßnahmen ableiten zu können.

2.4 Umsetzung des Qualitätschecks PQ-Sys® für Kindertageseinrichtungen in verschiedenen Landesverbänden des PARITÄTISCHEN

2.4.1 Umsetzung in Berlin

In Berlin wird der Qualitätscheck PQ-Sys® für Kindertageseinrichtungen derzeit auf zwei Ebenen verwendet. Zum einen wird in einem Pilotprojekt die Arbeit eines Trägers mit neun kleineren Kindertagesstätten überprüft, bewertet und neu geordnet, zum anderen wird der Check als »qualifiziertes Messinstrument« der bereits seit dem Jahr 2000 bestehenden PARITÄTISCHEN Qualitätsgemeinschaft Kita genutzt, um die bestehenden Qualitätsmanagementsysteme der beteiligten Träger von Kindertagesstätten zu evaluieren und weiterzuentwickeln. Hier werden die Erfahrungen aus dem Pilotprojekt dargestellt.

Der Träger im Pilotprojekt wurde viele Jahre durch das starke Engagement seiner Gründungsmitglieder und MitarbeiterInnen »der ersten Stunde« getragen. Innerhalb kurzer Zeit wuchs der Verein als

Träger von vier Einrichtungen zu einem Träger von neun Einrichtungen an. Der bisher stark an den Mitarbeitenden orientierte Ansatz, der durch persönliche Beziehungen gestützt wurde, stand damit zu Beginn der Arbeit mit dem Qualitätscheck auf dem Prüfstand.

Eine zum Start des Prozesses durchgeführte MitarbeiterInnenbefragung[4] bestätigte den Eindruck, dass die pädagogische Arbeit der einzelnen Einrichtungen als gut einzustufen ist. Diese Selbsteinschätzung ließ sich auch durch die überdurchschnittlich gute Belegung der Einrichtungen und Elternrückmeldungen weitgehend bestätigen. Als kritisch durch die MitarbeiterInnen eingestuft wurden hingegen die internen Entscheidungs- und Kommunikationsstrukturen.

Anders als für spätere Anwendungen des Qualitätschecks geplant, wurde im Pilotprojekt auch die trägerinterne Diskussion umfassend durch den PARITÄTISCHEN begleitet. In verschiedenen Workshops mit der Geschäftsführung und Vertreterinnen der neun Einrichtungen wurden die Evaluationsbögen erläutert und Grundzüge des Projekt- und Qualitätsmanagements erarbeitet.

Die Selbstbewertung anhand der Evaluationsbögen erfolgte durch die MitarbeiterInnen in den einzelnen Einrichtungen und mit dem Leitungsteam. In den Workshops wurden die Ergebnisse gemeinsam gesichtet und bewertet. Die erreichten Ergebnisse waren unter anderem:

- Struktur zur Neuordnung des Vereins
- Hinterfragung der Einrichtung als »trägerunabhängige Einheit«
- Einstieg in die Diskussion über Trägerstandards
- formell geplanter, fachbezogener Austausch
- gemeinsame Weiterbildungen für die verschiedenen Einrichtungen
- Verwendung von Evaluationsbögen für die Aufgabenplanung.

Die Erfahrungen in Berlin machen folgende Vorteile des Instrumentes »Kita-Check« deutlich:
- Ein sofortiger und systematischer Einstieg in die Qualitätsentwicklung wird ermöglicht.

---

4 Ein Modul des Paritätischen Qualitätssystems sind MitarbeiterInnen- und KundInnenbefragungen. Durch eine weitgehende Standardisierung der Fragestellungen können Vergleiche mit anderen Einrichtungen vorgenommen werden, was die Aussagekraft und Verwertbarkeit der Ergebnisse deutlich erhöht.

- Der Kita-Check ist ein anwendungsnahes und kostengünstiges Instrument für kleinere und mittlere Organisationen.
- Die gesamte Einrichtung wird in den Prozess einbezogen.
- Interne Strukturen und Prozesse werden optimiert.
- Eine systematische Selbstbewertung der Organisation unter Berücksichtigung ihrer Eigenheiten wird vorgenommen.
- Der »Kita-Check« dient als »Messinstrument«, mit dem der aktuelle Entwicklungsstand der Organisation erfasst werden kann – und als Lotse bei der praktischen Umsetzung.
- Qualitätsentwicklung kann ressourcenorientiert umgesetzt werden als praktisches Instrument des Projektmanagements.
- Qualitätsentwicklung wird nicht losgelöst von der Organisation erfahren, sondern als Instrument der Organisationsentwicklung und damit der Zukunftssicherung.

Aufgrund der in Berlin anstehenden massiven Veränderungen der Rahmenbedingungen nimmt der Druck auf Kitas zu, sich flexibel auf neue Herausforderungen einstellen zu können.

Der PARITÄTISCHE Berlin wird deshalb das Instrument des Qualitätscheck PQ-Sys® für Kindertageseinrichtungen nutzen und seinen Mitgliedern als einen schnellen und fundierten Einstieg in die Trägerentwicklung weiterhin anbieten.

2.4.2 Umsetzung in Nordrhein-Westfalen

Als Mitgesellschafter der Paritätischen Gesellschaft für Qualität (PQ) ist der Landesverband NRW seit Ende der 90er Jahre in der Umsetzung des Paritätischen Qualitätssystems engagiert. Zu den Maßnahmen gehörte eine mehrtägige Schulung von MitarbeiterInnen aller Funktionsgruppen aus mehreren Fachbereichen zur/zum QualitätsberaterIn PQ-Sys® (verbandsinterne MultiplikatorInnenschulung).

Die in dieser Schulung vermittelten Informationen und Kenntnisse insbesondere zum Qualitätscheck PQ-Sys® wurden von drei FachberaterInnen für Tageseinrichtungen für Kinder und einer fachkundigen Bildungsreferentin im Auftrag der Fachbereichsleitung in der »AG Q-Check« vertieft und gewürdigt. Die Arbeitsgruppe hatte folgende Ausgangslage zu berücksichtigen:

- Der fachgesetzliche Rahmen in NRW, das »Gesetz über Tageseinrichtungen für Kinder« (GTK), enthält für die Träger von Tageseinrichtungen für Kinder keine Vorschrift zu Qualitätssicherung und -entwicklung[5]. Einrichtungen und Trägergruppen entscheiden sich demgemäß freiwillig und aus eigenen Beweggründen für systematische Qualitätsentwicklung und für das jeweilige Verfahren.
- Dem PARITÄTISCHEN Landesverband NRW gehören etwa 1000 Träger von Tageseinrichtungen für Kinder als Mitgliedsorganisation an. Der größere Teil dieser Träger sind Elterninitiativen mit einem relevanten Anteil bei 1- und 2-gruppigen Einrichtungen.

Die Arbeitsgruppe Q-Check in NRW war in ihrem internen Bericht Anfang 2002 zu folgendem Ergebnis gekommen: »Der Qualitäts-Check PQ-Sys® ist nach entsprechender Anpassung eine geeignete Möglichkeit für Qualitätsentwicklung in Tageseinrichtungen für Kinder.« Gleichzeitig wurde die Durchführung von Pilotprojekten mit dem Qualitäts-Check PQ-Sys® empfohlen.

Zeitgleich mit den Aktivitäten innerhalb des Verbandes hatten sich vier Integrative Montessori-Kinderhäuser zu einem »Qualitätszirkel« zusammengetan und suchten nach einem geeigneten Instrument zur Qualitätssicherung und -entwicklung. Mit diesen Einrichtungen wurde das »Pilotprojekt Qualitäts-Check KiTa NRW« durchgeführt (damals noch mit der fachübergreifenden Version in der Variante Qualitäts-Check plus). Das Pilotprojekt wurde evaluiert. In einer Befragung gaben die TeilnehmerInnen an, große Fortschritte zu folgenden Themenbereichen erzielt zu haben:

- Objektive Messung bzw. Bewertung der Kita-Arbeit
- Verbesserungen auf Entscheidungsebene/Verantwortungsbewusstsein bei Träger bzw. Vorstand
- Gültigkeit von Regelungen über Vorstandsperiode hinaus
- Auf dem Boden bleiben – an Realität orientieren

---

5 Im August 2003 haben Fachministerium und Spitzenverbände die »Bildungsvereinbarung NRW« unterzeichnet. Ziel der Bildungsvereinbarung ist, den Bildungsauftrag des GTK zu präzisieren und die Bildungsarbeit der Tageseinrichtungen für Kinder zu stärken. Die Bildungsvereinbarung NRW formuliert erstmals die Anforderung, dass Träger die Bildungsarbeit intern evaluieren und Qualitätsentwicklungsmaßnahmen durchführen sollen. Vermutlich vor dem Hintergrund verschlechterter Rahmenbedingungen hat die Bildungsvereinbarung bisher jedoch nicht zu einem Boom bei der Einführung systematischer Qualitätsentwicklung geführt.

- Ist-Zustand der Einrichtung erfahren
- Strukturen hinterfragen.

Während des Pilotprojektes wurden von den beteiligten Einrichtungen u. a. folgende Maßnahmen durchgeführt bzw. begonnen:

- Beschwerdemanagement
- Prozessbeschreibungen
- Evaluation intern und extern
- Supervision
- Einführung eines QM-Teamtages
- Aktualisierung von Internet, Stempel, Flyer, Aufkleber
- Klärung von Kompetenzen
- Aktualisierung des Aktenplans
- Stellen- bzw. Aufgabenbeschreibungen
- Überarbeitung der Konzeption im Team
- Erstellung von Kooperationspartnerlisten.

In ihrem Gesamtfazit haben die TeilnehmerInnen bestätigt, dass der Qualitäts-Check mit der Begleitung in den Workshops eine geeignete Möglichkeit für Qualitätsentwicklung in Tageseinrichtungen für Kinder ist.

2.4.3 Umsetzung in Sachsen

Seit den 90er Jahren konnte der PARITÄTISCHE Sachsen zunächst besonders in der Altenhilfe Erfahrungen und Ergebnisse durch die Implementierung des PARITÄTISCHEN Qualitätssystems aufweisen. Der Fachbereich Kindertageseinrichtungen konnte somit im Jahr 2000 auf diese Ressource aufbauen und den Mitgliedsorganisationen insbesondere durch das Einstiegsmodul Qualitäts-Check Beratung und Begleitung der Qualitätsentwicklung anbieten.

Die Motivation der PARITÄTISCHEN Kita-Träger in Sachsen, den Qualitäts-Check für Kindertageseinrichtungen zu nutzen, entsteht z. B. durch die Sicht auf bisher geleistete Arbeit. Für viele Träger sind Reflexion und Weiterentwicklung der pädagogischen Arbeit in den Kindertageseinrichtungen seit jeher feste Bestandteile ihres Selbstverständnisses. Die Entwicklung der vielfältigen pädagogischen Konzeptionen in den letzten Jahren verdeutlichen dies beispielhaft.

Gleichfalls sind die Aktivitäten des Freistaates Sachsen hinsichtlich der Nationalen Qualitätsinitiative (NQI) für viele Träger zur Motivation geworden. Sachsen beteiligte sich an drei Teilprojekten der NQI und hat für diese nunmehr eine Implementierungsphase initiiert. Hier bedarf es jedoch noch eines ausführlichen Austausches zwischen den QM-Systemen der Spitzenverbände und der NQI über die Kompatibilität und gegenseitige Anerkennung und auch die zur Verfügung gestellten Rahmenbedingungen.

Auch die Wünsche nach kontinuierlichem Fachaustausch und intensiver Begleitung und Beratung waren für Träger Motivation, sich am Angebot des Qualitäts-Checks PQ-Sys® durch den PARITÄTISCHEN Sachsen zu beteiligen.

Vier Qualitätsgemeinschaften arbeiten seit Sommer 2004 im PARITÄTISCHEN Sachsen im Qualitäts-Check plus für 30 Monate zusammen. Eine verbindliche Zusage, die Klärung der Finanzierung und die Planung des Personal- und Zeiteinsatzes waren erste Hürden, die überwunden werden mussten. Eine Bewertung der Ergebnisse dieses Vorgehens durch die Träger wird Ende 2006 erfolgen.

In den vorangestellten Informationsveranstaltungen und im Einführungsseminar zum Qualitäts-Check plus wurden folgende gegenseitige Erwartungen formuliert:

- Die eingeleitete Analyse und die kontinuierliche Begleitung des Check-Prozesses garantieren einen weiteren Schritt des Entwicklungsprozesses der Kita und des Trägers.
- Die durch die Struktur des Qualitäts-Check plus initiierten Qualitätsgemeinschaften stellen eine »Benchmarkingsituation« her, die gegenseitiges Lernen anregt.
- Die Workshops beziehen sich auf die Schwerpunkte und Themen der Qualitätsgemeinschaft.
- Die dem Qualitäts-Check plus zugrunde liegende Fragenphilosophie eröffnet bei allen TeilnehmerInnen individuelle und neue Denkprozesse.
- Der Fragenkatalog kann fachaktuell und landesspezifisch erweitert werden und damit die Verknüpfung zu allen Kita-relevanten Themen herstellen (Nationale Qualitätsinitiative).

Maria Groß, Martin Hoyer, Tina Kuhne, Martin Peters, Gerwin Roth, Walter Steinmetz

Das Resümee zu den bisherigen Aktivitäten des PARITÄTISCHEN Sachsen lautet:

- Der Qualitäts-Check PQ-Sys® plus ist die erste und grundlegende Etappe im Kontext des Paritätischen Qualitätssystems.
- Der Qualitäts-Check PQ-Sys® plus ist ein wesentliches Handwerkszeug, um einen langfristigen und nachhaltigen Qualitätsentwicklungsprozess zu gestalten.
- Auf ihn kann je nach eigenen Ressourcen und eigenem Zeitmanagement aufgebaut werden.
- Der Qualitäts-Check PQ-Sys® plus für Kindertageseinrichtungen stellt die Vernetzung zur aktuellen Fachdebatte her.
- Die Vielfalt der Fragenkomplexe zeigt, dass das System »Kindertageseinrichtung« ganzheitlich berücksichtigt wird.
- Fachbezogene und kontextbezogene Selbstevaluationsbögen können vom Träger je nach vorhandenen Ressourcen oder dem Selbstverständnis in Eigenregie zur Überprüfung genutzt werden.
- Sie zeigen dem Träger den Ist-Stand und den möglichen weiteren Weg zur Qualitätssicherung und -entwicklung auf.

Im PARITÄTISCHEN Sachsen beruht die Dynamik der Qualitätsentwicklung im allgemeinen auf dem Regelkreisdenken »Planen – Durchführen – Checken – Anpassen«. Der Qualitätsprozess erreicht Ziele wie die hohe Zufriedenheit aller Beteiligen, die Erfassung und Erfüllung externer und interner Anforderungen sowie optimale Abläufe und klare Verantwortlichkeiten nur dauerhaft, wenn dieser Kreislauf als ein sich immer wiederholender Prozess verstanden wird, der im Sinne der Qualitätsentwicklung nie endet. Ein einheitliches Gütesiegel könnte hier, als starres Zeichen nach außen, ein blockierendes Signal sein.

3 Fazit

Die Notwendigkeit einer Qualitätsentwicklung in Kindertageseinrichtungen wurde von den Einrichtungen, die sich an den Prozessen beteiligt haben, als sinnvoll bestätigt. Dies auch hinsichtlich des Potenzials, das eine externe Überprüfbarkeit für die Qualitätsentwicklung der einzelnen Einrichtung sowie des Systems der Tagesbetreuung insgesamt beinhaltet. Die Einführung eines einheitlichen Gütesiegels ist jedoch umstritten.

Die VerfasserInnen dieses Beitrages sehen kritisch die Frage, inwiefern ein wie auch immer gestaltetes einheitliches Gütesiegel zur Verbesserung der Qualität in Tageseinrichtungen für Kinder erforderlich oder auch nur dienlich ist. Viele der in der Diskussion genannten Vorteile eines Gütesiegels sind in den einschlägigen Modellen und Vorschlägen einer systematischen Qualitätsentwicklung für Tageseinrichtungen für Kinder (und auch in anderen Bereichen) enthalten, wie z. B. Anknüpfung an Ziele, Konzeption und Fachlichkeit der Einrichtung, Relevanz von Standards (Konzeption, Beobachtung, Situationsbezug, Teamarbeit, Beteiligungskultur etc.), Notwendigkeit einer Transparenz und adäquaten Dokumentation der Leistungen etc. Diese werden in der Regel strukturiert und systematisch aufbereitet und dargestellt, und es ist den Qualitätssystemen auch gemeinsam, dass Qualitätsentwicklung »nur« die konzeptionellen und organisatorischen Rahmenbedingungen für die pädagogische Arbeit der ErzieherInnen mit den Kindern und ihren Familien schafft.

Die frühzeitige Einbindung der MitarbeiterInnen in die systematische Qualitätsentwicklung für die eigene Einrichtung, von der Planung und Konzeption über die Umsetzung bis zur Überprüfung, war im Rahmen der Durchführung der Qualitätsentwicklungsmaßnahmen im PARITÄTISCHEN ein wichtiger Baustein für den Erfolg. Auf diese Weise motivierte MitarbeiterInnen konnten Qualitätsentwicklung zu ihrem Thema machen und verbesserten die Qualität ihrer Arbeit.

Ein einheitliches Gütesiegel birgt in hohem Maße die Gefahr, dass ein formaler, rein an den vorgegebenen Kriterien orientierter Qualitätsrahmen aufgebaut wird und dabei die tatsächlich gelebte Qualität davon kaum profitiert oder gar unberührt bleibt. Qualität kann als starres Konstrukt wahrgenommen werden, was eher zur Demotivation als zur Motivation beiträgt, mit den entsprechenden Auswirkungen auf die Kinder. Damit wird das ursprüngliche Ziel der Nationalen Qualitätsinitiative eher konterkariert.

Kritisch zu hinterfragen ist sicherlich auch, ob ein Gütesiegel gleich welcher Art in einer breiten und finanzierbaren Anwendungspraxis dann tatsächlich den wissenschaftlichen Ansprüchen einer Messung genügen kann. Es geht um personenbezogene Dienstleistungen mit den bekannten Mess- und Bewertungsproblemen wie

Intangibilität (Nichtgreifbarkeit), Situationsgebundenheit, Gleichzeitigkeit von Erbringung und Inanspruchnahme, Individualität, Subjektivität etc. Eine praktikable Überprüfung kann sich nur an (geringen) Stichproben orientieren.

Abgesehen von einigen Beispielen in Modellen und Projekten wird der Aufwand für systematische Qualitätsentwicklung nicht öffentlich finanziert. Wenn Träger also eigene Mittel für systematische Qualitätsentwicklung bereitstellen, sollte ihnen die Wahl des Instrumentes ebenso überlassen bleiben wie die Entscheidung darüber, ob sie aus externer Prüfung und einrichtungübergreifendem Vergleich Nutzen ziehen wollen. Insbesondere kleine Einrichtungen sind finanziell meist nicht in der Lage, die notwendigen Finanzmittel für »Gütesiegel« aufzubringen, jedoch interessiert, ihre Qualität praxisnah zu verbessern.

Nicht zuletzt würde die Einführung eines einheitlichen Gütesiegels die durch viele Organisationen und Einzelpersonen geleistete Entwicklungsarbeit und verausgabten Ressourcen nicht nur in Frage stellen, sondern wertlos machen. Angesichts der aktuellen Ressourcen stellt sich die Frage, ob dies ein sinnvoller Weg ist.

Ob für Eltern wirklich eine fundierte Entscheidungshilfe durch ein Gütesiegel geschaffen wird, erscheint uns fraglich.[6] Es scheint uns sinnvoller, wenn den Eltern in verständlicher Weise die Standards, denen sich die Einrichtung verpflichtet fühlt, und das tatsächliche Leistungsspektrum der Einrichtung verdeutlicht werden – dies in der jeweils aktuellen Version.

Wir sollten uns beim Streit um das Gütesiegel von der Illusion befreien, damit die Qualität in Tageseinrichtungen für Kinder nachhaltig und unter Beibehaltung der vielfältigen Facetten objektiv überprüfbar und vergleichbar zu machen. Wir plädieren stattdessen dafür, die Gesamtsituation einer Einrichtung und ihrer MitarbeiterInnen in ein Qualitätsentwicklungssystem einzubeziehen und damit Innovationspotenziale hervorzuholen und zu stärken.

---

6 Wichtiger erscheinen das Ansehen bzw. Ruf der Tageseinrichtung vor Ort sowie die faktischen Rahmenbedingungen der Eltern (Entfernung, Öffnungszeiten, Kosten, Belegungssituation bzw. Wartezeiten ...). Eltern, die den Willen und die faktischen Möglichkeiten zur Wahl der Tageseinrichtung für Kinder haben, besitzen genügend Gelegenheiten, sich über die (Alltags-)Qualität der Einrichtung zu informieren. Ein Gütesiegel wäre nicht mehr als ein ergänzender Mosaikstein.

4 Literatur

Der PARITÄTische Hamburg (Hrsg.) (2003): Qualitätsempfehlungen, Kitas im PARITÄTischen – Arbeitshilfe, September 2003

DPWV Landesverband Sachsen (Hrsg.) (2004): EI-QM – Qualitätsmanagement für Elterninitiativen. (Projektdokumentation eines Modellprojektes). Dresden

Irskens, B. (2002): Dokumentation der Fachtagung: Qualitätsentwicklung in Hamburger Kindertageseinrichtungen, 02/2002

Paritätische Gesellschaft für Qualität (Hrsg.) (1998): Wir setzten Zeichen. Saarbrücken

Autorinnen und Autoren

Doris Beneke
Diakonisches Werk der EKD
Abt. Frauen, Jugend, Familie
Reichensteiner Weg 24
14195 Berlin-Dahlem
E-Mail: beneke@diakonie.de

Martin Bonsen
Institut für Schulentwicklung (IFS)
Universität Dortmund
44221 Dortmund
E-Mail: bonsen@ifs.uni-dortmund.de

Angelika Diller
Deutsches Jugendinstitut e.V.
Nockherstraße 2
81541 München
E-Mail: diller@dji.de

Brigitte Döcker
Bundesarbeitsgemeinschaft der freien Wohlfahrtspflege e.V. (BAGFW)
Oranienburgerstr. 13-14
10178 Berlin
E-Mail: brigitte.doecker@bag-wohlfahrt.de

Dieter Dohmen
Forschungsinstitut für Bildungs- und Sozialökonomie
Platenstr. 39
50825 Köln
E-Mail: D.Dohmen@fibs-koeln.de

Beate Dreiner-Tönnes
Ulla Sevenich-Mattar
Fachverband für Kinder- und Jugendhilfe der AWO Mittelrhein
Zeisstr. 1
50126 Bergheim
E-Mail: dreiner-toennes@awo.erft.de

Ralf Haderlein
KTK Freiburg
Verband Katholischer Tageseinrichtungen für Kinder
Bundesverband e.V.
Karlstr. 40
79104 Freiburg
E-Mail: ralf.haderlein@caritas.de

Hilmar Hoffmann
FH Düsseldorf
Universitäts Straße
Gebäude 24.21
40225 Düsseldorf
E-Mail: hilmar-hoffmann@gmx.de

Tina Kuhne (Gesamtverband e.V.)
Maria Groß (PARITÄTISCHER Sachsen)
Martin Hoyer (Landesverband Berlin e.V.)
Martin Peters (PARITÄTischer Hamburg)
Gerwin Roth (PARITÄTischer NRW)
Walter Steinmetz (Paritätische Gesellschaft für Qualität mbH)
Paritätischer Wohlfahrtsverband – Gesamtverband e.V.
Oranienburgerstr. 13-14
10178 Berlin
E-Mail: kifa@paritaet.org

Hans Rudolf Leu
Deutsches Jugendinstitut e.V.
Nockherstraße 2
81541 München
E-Mail: leu@dji.de

Dagmar Schulze-Oben
Ulrich Wittenius
AWO Be Niederrhein e.V.
Lützowstr. 32
45141 Essen
E-Mail: dagmar.schulze-oben@awo-niederrhein.de

Wolfgang Tietze
Charis Förster
Freie Universität Berlin
Institut für Kleinkindpädagogik
Takusstr. 4
14195 Berlin
E-Mail: tietze@zedat.fu-berlin.de